U0946541

21世纪高等院校会计学专业精品系列（案例）教材

丛书编辑委员会

策划编辑　乔　剑　qiaojian0906@aliyun.com

21世纪高等院校会计学专业精品系列（案例）教材

成本管理会计研究

理论·实务·案例·习题

杨世忠 马元驹 许江波 编著

21SHIJI GAODENG YUANXIAO KUAIJIXUE ZHUANYE JINGPIN XILIE(ANLI) JIAOCAI

首都经济贸易大学出版社
·北 京·

丛书总序

新世纪的会计教学面临着新的挑战,特别是我国加入 WTO(世界贸易组织)以后,情况更加严峻。我国普通高校本科会计学专业肩负着为各条战线输送会计专业人才的重要任务,在新的形势下,只有不断地进行教学改革,用最新的专业知识武装学生,努力从各个方面提高教学水平,才能培养出符合时代需要的会计人才。在教学改革中,教学内容的改革是关键,而教学内容的改革又主要体现在教材的改革和建设上。我国目前各高等院校会计学专业所使用的教材,尽管存在着版本众多、内容和结构有所差别、各校可选择的空间较大等特点,但仍有继续进一步改革之必要。这是因为:第一,目前各校所使用的教材,大都编写于 20 世纪末期,而这几年会计所处的环境发生了很大变化,新的会计理念和新的会计处理方法不断出现,再加上电子计算机、网络技术和电子商务的不断发展,原有的会计教材内容需要不断更新。第二,随着会计理论与会计实践的发展,人们对会计的认识也在不断深化,对于原有教材的某些内容也需要在新的认识基础上重新解读,使学生能够在更宽广的视野和更高的层次上掌握会计这门专业知识。第三,原有各种版本的会计专业教材虽然在内容上略有不同,但总体而言却是小异大同,各种版本存在着雷同化倾向。其实,具有创新性、突破性、与我国实际情况结合紧密的可选的素材很多,但从目前看来版本不同的教材却难以起到相互补充的作用。第四,现有教材在体系结构上大多采取教材、案例、习题相分离的编排形式,而且有的教材根本没有案例,这给教学工作带来诸多不便,需要加以改进。

基于上述情况,由首都经济贸易大学出版社牵头,我们共同组织策划、出版了这套定名为《21 世纪高等院校会计学专业精品系列(案例)教材》的丛书,邀请在相关领域的教学、科研方面有突出成果的国内知名高等院校和研究机构的学者、教授参与编写。这套丛书基本上涵盖了大学本科会计学专业的核心课程。我们在策划这套教材时,从新世纪面临剧烈竞争的客观环境出发,本着"不断改革、与时俱进"的精神,经过深入研究、多方研讨,确立了这套教材的总体设计方案。其基本思路是:在充分继承我国原有教材良好的编写风格(包括内容、结构、体例以及行文)的基础上,尽可能吸收近年来国内外会计研究的新成果和实践中的新创造,力争处理好会计国际化与国家化的关系,努力编写出一套既体现国际会计通行惯例又符合中国国情的理论性、操作性并重的新教材。在内容编写上,我们要求作者应根据各门课程发展的新动向,尽可能吸取最新研究和实践成果,努力扩大信息量,强化可读性,使教材内容具有较强的科学性、先进性和适用性。在案例的选材上,作者力争采用第一线的调查材料,追踪实践中出现的新问题,使案例真正成为联系理论与实践的纽带。在结构安排上,本书各章均采取了内容提示、专业知识论述、案例展示和思考题、习题并列的方式,以方便教、学双方的使用。据我们了解,目前国内所使用的会计本科专业教材将专业知识讲述和案例展示结合在一起进行编排的情况尚不多见,这种安排可以说是本套教材的一大特点。

本套丛书的编写,我们邀请了中国人民大学、复旦大学、厦门大学、南京大学、中南财经政法大学、上海财经大学、东北财经大学、西南财经大学、天津财经学院、首都经济贸易大学、国家会计学院等著名院校以及财政部财政科学研究所的学者、教授参与,对他们的热情支持表示深切的谢意。首都经济贸易大学出版社为我们编写这套丛书提供了良好的条件,我代表全体作者向他们表示衷心的感谢!

2002.8.8 于中国人民大学

前　言

进入21世纪,管理会计的理论和方法得到了快速的发展和广泛应用。从1999年6月开始,我国政府主管部门陆续出台了一系列关于企业绩效考核、内部控制和全面风险管理的文件。财政部在2014年出台了《关于全面推进管理会计体系建设的指导意见》(财会〔2014〕27号),又于2016年发布了《管理会计基本指引》,以及2017年以来陆续发布的《管理会计应用指引》等文件,对管理会计在我国的推广应用起到了极大的促进作用。

为了适应管理会计迅速推广应用和发展的新形势,让会计专业的硕士研究生进一步理解成本管理会计应用工具间的内在逻辑,提升研究生的专业素养,掌握成本管理会计的前沿理论与方法,熟悉成本管理会计应用于微观管理和宏观管理的各种工具、方法与程序,学会利用成本管理会计的理论和应用工具,分析和解决企业面临的价值管理和价值增值问题,我们以首都经济贸易大学会计学院为学术硕士研究生开设的《成本管理会计研究》课程的授课讲义为基础,编写了这本以会计专业硕士研究生为教学对象的《成本管理会计研究》教材。本教材是在大学本科阶段《成本管理会计》教材基础上的进一步深化、扩展和提高,与已经出版的本科生教材《成本管理会计》形成姊妹篇。

本教材的第一章"成本管理会计的产生与发展"、第六章"绩效考核与激励"、第九章"质量管理会计"和第十章"环境管理会计"由杨世忠教授编写;第二章"成本管理会计的职业道德与组织"和第三章"经营预测分析"由马元驹教授编写;第四章"预算管理"、第五章"内部控制与风险管理"、第七章"作业成本管理"和第八章"国际与战略管理会计"由许江波教授编写;方心童博士对各章的内容进行了审核与校对,全书由杨世忠教授总纂。

本教材在编写过程中参阅并引用了许多学者的文献和成果,在此,对于相关文献和成果的作者表示衷心感谢!同时,还感谢首都经济贸易大学出版社乔剑女士,由于她的督促,本教材才得以在今年之内付梓出版。

我们希望并努力将成本管理会计理论和实践的最新成果吸收到教材之中,但是,由于作者受认识水平的局限,书中难免存在错漏,对此我们敬请读者批评指正!

作者

2018 年 8 月

目　录

成本管理会计的产生与发展

本章要点

本章介绍成本会计和管理会计的产生与发展及其形成的成本管理会计基本概念,要求学生深入了解成本管理会计产生的历史:英国工业革命与成本会计的形成,以及美国成本管理会计的形成与演变;掌握成本管理会计的基本概念,即管理会计定义、成本管理会计主体、成本管理会计目标、成本管理会计对象、成本管理会计职能、成本管理会计特点、成本管理会计基本方法等;了解成本管理会计的发展趋势。

第一节　成本管理会计的产生

一、工业革命以前的成本会计

从逻辑上看，人类核算成本的行为是在成本观念的指导下进行的。成本观念的萌芽产生于物品交易——为了获得己方需要而对方拥有的物品，必须以付出己方拥有的物品为代价。比起偷盗、掠夺和杀戮，人类的交易行为是互利而文明的行为。交易的前提是要有剩余产品。大约在新石器时代，人类各个氏族部落便开始有了剩余产品及其交易活动。据《易·系辞下》记载，神农氏时期已经有了较为频繁的物品交易——"日中为市，致天下之民，聚天下之货，交易而退，各得其所"①。

成本观念伴随着商品经济的萌芽、生长和发展而逐渐成型。在成本观念的指导下，对成本的核算由来已久。现代人说起成本核算，总认为是工业革命以后的事。其实，早在工业革命以前，各种工商业组织就在核算经营对象的成本了。司马迁在《史记·货殖列传》里讲："用贫求富，农不如工，工不如商"，指明了经营农业、经营手工业和经营商业三者获利程度的不同。经营是否获利，离开了对收入和成本的计算便无法得知。所以，凡是有对获利的算计，就一定伴随着成本的核算。只不过其核算的准确程度和复杂程度因对象、方法、手段的不同而不同罢了。

从我国的历史看，早在商周时期就出现了以青铜冶炼铸造、制陶、酿酒、骨器玉器制作等官营做场（郑学檬等，2001）；到了秦汉魏晋南北朝时期，官营、民营做场同时发展，并且开始形成商业企业的雏形。隋唐五代时期，工商企业得到进一步发展。宋朝是中国古代唯一长期不实行"抑商"政策的王朝。一幅《清明上河图》，反映了北宋首府开封繁华的商业市景。北宋时期大量开采金、银、铜、铁、煤等矿藏，全国各地出现了世界历史上最早的制造工厂和加工工厂，造船厂、火器厂、造纸厂、印刷厂、织布厂和制陶官窑等十分兴盛。除官营的工厂外，一些民营的工厂也相继大量出现。官营企业的利润主要靠封建特权垄断的行业，如盐、铁等。民营企业的发展除了靠集资合伙以外，很重要的因素就是盈利。利润是企业生存发展的关键，它不仅影响单个企业，而且影响不同的

① 杨天才，张善文，译注．周易[M]．北京：中华书局，2011：603.

行业。

资本主义生产方式及其萌芽,不仅在中国的北宋时期就已经存在,而且在欧洲的文艺复兴时期也开始产生。在意大利地中海沿岸城市,商业贸易、航海运输、手工业和金融业发达。正是在这个时期,基于威尼斯、热那亚、佛罗伦萨等城市的金融与商业企业会计实践,佩鲁贾大学教授卢卡·帕乔利(Luca Pacioli,1445—1517)总结出了复式记账原理(《数学大全》,1494)。复式记账亦称复式簿记,它伴随着资本主义生产方式的发展,从南欧传到了北欧。先是在从事海上贸易更为发达的荷兰驻足,由荷兰数学家西蒙·斯蒂文(Simon Stevin,1548—1620)对其做了进一步的总结和完善(郭道扬,2008),后又到了工业革命的发源地英国,并在那里形成较为完备的工业簿记(保罗·加纳,1954)。

据美国学者保罗·加纳(S·Paul Garner,1910—1996)的考证,早在中世纪时期,伴随着东西方贸易往来和意大利沿海商业城市的兴起,以"保持准确成本记录"为特征的会计实践就已经开展起来了。他对当时的热那亚轮船账目、福格家族账目和梅迪席家族账目、德·波恩毛纺织企业账目等9户会计主体的账目进行论证,得出的结论是:"在1350—1600年之间,已经产生了一定的成本技术和实务""工业会计的开端可以追溯到将资本主义生产方式引入国内企业以取代手工方法之时""相应地,产品生产成本变得主要起来"。

二、18世纪:英国工业革命与成本会计的形成

虽然成本核算或称成本会计早已存在,但是,现代人所指的成本会计却是狭义的,特指工业企业的成本核算,尤其是制造业企业的成本核算。这种狭义的成本会计源于18世纪英国工业革命期间的工业企业。从时间上看,英国工业革命源于18世纪60年代,完成于19世纪40年代。这期间具有标志性的相关事件有:

1733年,约翰·凯伊(John Kay)发明"飞梭",使织布实现机械化。

1759年,乔赛亚·韦奇伍德(Josiah Wedg Wood)创办陶瓷工厂,使用"韦奇伍德"品牌;1769年建新厂并进行专业化分工,实现车间流水作业。他在管理方面改进账目,用于定价、计件定额和确定销售成本百分比。

1765年,哈格里夫斯(J. Hargreaves)发明"珍妮纺纱机"。

1767年,詹姆斯·斯图亚特(Jame Stuart)出版《政治经济学原理研究》,研究管理人员和工作之间的分工问题。

1769年,理查德·阿克莱特(Richard Arkwright)发明水力纺纱机并于1771年创办第一个棉纱工厂,不到5年,其工厂规模达到5 000名工人。同年,瓦特发明第一台蒸汽机。

1775 年,索霍工厂陆续开发出适应不同用途的蒸汽机并赢得了市场,到 1787 年开始获取利润。索霍工厂管理享誉世界的是初步工作研究和生产流程细分——部门划分与层次管理。

1776 年,亚当·斯密(Adam Smith)出版《国富论》,论及分工问题、控制职能、计算投资还本问题,提出经济人的观点。

在英国工业革命时期形成的成本会计主要是计算工厂成本。由于采用机械化生产并且细化和扩大了分工,管理职能也进一步分化与强化,以设备折旧和管理费为主要内容的间接费用大幅增加,工厂成本构成不再是手工业时期的材料费加人工费了,而是形成"三足鼎立"(直接材料、直接人工和制造费用)的格局。成本计算采用品种法,每种产品的成本直接与该产品销售收入相对应。

三、19 世纪:美国制造业的兴起与成本会计的发展

19 世纪,随着美洲大陆的开发和大批欧洲移民的不断涌入,美国的制造业开始崛起。这期间具有标志性的相关事件如下:

1830 年,美国东部修建铁路,铁路企业规模随之扩大,成为当时横跨地域最广、组织结构最为复杂的企业组织,在企业管理中开始采用丹尼尔·麦卡勒姆(Daniel Craig Mccallum)的"组织图"和艾伯特·芬克(Albert Fink)的"成本会计法"(吨公里成本、顾客公里成本和经营比率)。

1835 年,位于罗德岛的斯莱特纺织厂已发展至 15 个分厂,各分厂使用工厂分类账户,计算每码棉布成本,"罗德岛制"品牌声誉鹊起。

1838 年,工程师本杰明·拉特罗伯(Benjamin Latrobe)与人合编了一本有关铁路机车和铁路公司运营的手册,用统计数据解释机车运营成本和单位旅行成本;铁路公司在拉特罗伯的倡导和指挥下,使用了各种业务及比较性统计指标,进行铁路运输业务及成本的管理控制。

1851 年,世界工业博览会上,"美国制造系统"闻名于世。

1872 年,卡内基(Andrew Carnegie)秉持"将所有鸡蛋放入一个篮子里,然后看好它"的理财观念,集中资源投资于钢铁制造业,通过应用转炉技术工艺,进行产业纵向整合,采用分步成本计算方法并利用成本计算单对生产部门和员工进行业绩评价。"卡内基和他的总经理们还依靠成本计算单来检查原材料的质量和组合"(卡普兰,Robert S. Kaplan,1999)。

1876 年,L&N(Louisille & Nashville)铁路公司副总裁兼行政主管艾伯特·芬克向国会委员会的陈词中提出以统计为基础的成本分析系统。在这套系统中,芬克把费用分为三类:第一类是不受业务量变化影响的费用,称之为固定或"不可避免的成本

(Inevitable Cost)";第二类是因为维持在各个车站收发货物和售票的人员而发生的支出,这类费用中有一部分会随业务量而变,另一部分则不随业务量而变,属于混合成本;第三类是与列车运行量相关的费用,属于典型的变动成本,包括燃料以及与列车运行相关的其他一些直接成本。芬克认为,铁路线越长,总的固定成本越高;不过,在该路线上的业务量越大,固定费用对正常运营成本的影响就越小。由于在成本管理方面的巨大创造,芬克被称为"成本会计学之父"。

1885 年,美国军械师亨利·梅特卡夫(Henry Metcalfe)的《制造成本》出版,书中主要是讲述产品成本计算问题,但已在一定程度上论及了成本管理问题。

据保罗·加纳的总结:"英国成本会计师对成本会计的基本观念和程序做出了不可磨灭的贡献;之后,美国理论家和实践者超过了他们的英国同行……"可见,伴随着美国制造业兴起而在企业会计实践中发挥重大作用的成本会计,其应用范围和计算方法有了进一步发展,尤其是卡内基的成本计算单和芬克的成本分析系统,已经使成本会计从核算职能发展到了控制职能。但是,从成本信息产生的时间看,它们还处于"事后算账"阶段,因此还只是属于财务会计信息,不能归入管理会计的范畴。

四、泰罗的科学管理与标准成本系统

(一)泰罗其人

F. W. 泰罗(Frederick Winslow Taylor,1856—1915),美国管理学家、科学管理倡导者,被后人尊称为"科学管理之父"。泰罗出生于美国费城的一个律师家庭。1874 年,他考入哈佛大学攻读法律学位,后因眼疾而辍学。此后进入费城恩特普里斯水压工厂当学徒工,学习制作模具。1878 年,泰罗转到米德维尔钢铁公司工作。工作期间,他历任机械工人、车间管理员、小组长、工长、技师等职。1881 年,泰罗开始在米德维尔钢铁公司进行劳动时间和工作方法的研究,进行著名的"金属切削试验"。1883 年,通过业余学习,他获得新泽西州霍肯博的史蒂文斯技术学院机械工程学位,次年担任米德维尔钢铁公司的总工程师。1890 年,他到费城一家造纸业公司任总经理。1893 年他辞去总经理任职,开始独立从事工厂管理咨询工作。此后,他在多家公司进行科学管理的实验:在斯蒂尔公司,创立标准成本制度;在西蒙德滚轧机公司,改革了滚珠轴承的检验程序;在伯利恒钢铁公司,进行著名的"搬运生铁块试验"和"铁锹试验",并与怀特(Munsell Wright)共同发明高速钢。1901 年以后,他从事不收取报酬的管理咨询、写作和演讲工作,推广科学管理,先后发表了《计件工资》《车间管理》《论金属切削技术》《制造业者为什么不喜欢大学生》《论成功之道》《效率的福音》等文章和演讲,1911 年正式出版了《科学管理原理》。1915 年,泰罗因患肺炎在费城去世,终年 59 岁。

（二）《科学管理原理》与“泰罗制”

1. 科学管理与“泰罗制”的主要内容

在《科学管理原理》中，泰罗阐述了他的一系列观点。第一，劳资双方共赢观。泰罗认为：“管理的主要目的，应该是使雇主实现最大限度的利益；同时也使每个雇员实现最大限度的利益。”“如果不能用合作与和平的新见解来代替旧的对立与斗争的观点，那么就谈不上科学管理。”第二，劳资双方协作观。泰罗指出，资方和工人的紧密、亲切以及其和个人之间的协作，是现代科学或责任管理的精髓。他认为，科学管理的目标是共赢，要共赢就要协作，要协作就要公平，公平不能脱离效率。在泰罗的眼里，公平不等于平均，公平体现为高工资、高盈利与高效率挂钩，低效率只能得到低工资、低盈利甚至无盈利。无论是资方还是劳方，其利益的增长必须建立在提高效率的基础上，而不是建立在你争我夺的斗争之中。因此，效率是问题的关键。只有提高效率，才能实现高工资、低成本。高工资实现劳方的利益，低成本实现资方的利益。第三，用实地观察和科学实验的方法寻找提高效率的途径。泰罗认为，任何事情都离不开一定的方法和条件，方法具有多样性和可选择性，现行的做法只是其中之一，而且未必是最好的；条件也同样。所以，通过实地观察、统计分析和比较研究，就可以找到更好的办法和工序流程。泰罗说：“干同一种活计常常有许多不同的办法，也许在每个行业的每种动作上就有四五十甚至一百种办法；同样的道理，在每一类工作上也使用种类繁多的工具。但是在每个行业的每个具体活计上所使用的众多办法和工具中，往往有一种办法和一样工具比其他任何的办法和工具要更好些。通过对一切在用的办法和工具进行科学的研究和分析，结合着进行准确、精密的动作和工时研究，就能发现和发展这个最佳办法和最佳工具。”这就意味着要用科学实验的方法取代过去单凭经验的办法。第四，细化分工并使之专业化是提高效率的最佳选择。提高效率需要熟练，熟练需要工作具备易重复性，只有专业化分工才能凸现出工作的重复性。把对工作方法的研究、工艺选择、人员选择与培训、标准制定和工作指导等职责从工人那里分解出来，由管理人员承担，这是专业化分工的文中之意。分工必须协作，否则就没有分工的必要。泰罗认为，组织中需要有一批人，通过对时间的研究，来促使劳动科学的发展；还需要另一批人，他们本身主要是熟练工人，去充当老师，对工人的操作进行帮助和开导；再一批是工具房的人，供应合适的工具，使工人能维持正常的操作秩序；还需要一批职员，他们事先把工作计划好，使工人们能以最少的时间耗损从一处往另一处转移，他们还要准确地记录每个工人的收入等。这就为资方和工人之间的协作提供了一个基础。第五，不仅要使物质资源的利用率最佳，而且要使人力资源的利用率最佳。人尽其才、才适其用是科学管理的重要内容。泰罗认为：“人生来就不一样，任何把他们搞成一个样的做法，显然是违背自然规律的，是

终究要失败的。”“如果这个工人完不成任务，就该派某个称职的老师去仔细地教他，确切地告诉他这活计该怎么干才能最出色，开导、帮助和鼓励他，同时还要研究他当一个好工人的可能性。因此，在使每个工人个人化的计划下，不是由于他一次失职就蛮横地将他开除，或降低他的工资，而是给他以所需要的时间和帮助，使他对现有的活计熟练起来；如有更适合于他智力或体力的活计的话，也可以更换他的工种。”“我们并不想去探索一个人在一次短促突击或三两天中最多能干多少活，我们所研究的是在一个整劳动日里，一个头等工人活计的实际构成是什么；一个工人能年复一年地正常地完成一个劳动日的最佳工作量，下班后仍然精神旺盛。”“一个工人在重载下的全部时间里，他胳膊肌肉正处在衰竭的过程中，这就需要不断地给予休息的时间，让血液能有机会促使这些组织复原。”科学管理并不是要把人累死，而是要保持符合工人生理特征的工作节奏，其前提是要把合适的人放在合适的岗位上，其目的是提高工作效率。第六，生产者与消费者共赢观的建立。虽然泰罗没有专门研究成本习性，区分变动成本与固定成本，但是通过亲身经历和管理实践，他深知细化分工和强化协作的结果是工作效率提高、产品产量增加、产品单位成本下降，进而有可能降低产品售价，“使全体公众，包括买方和用户，对劳动与机器共同制成的产品，能够用较低价格买到，因而受益”。第七，要用制度来实现科学管理。建立在泰罗科学管理原理之上的管理制度被称之为“泰罗制”。“泰罗制”的主要特征是标准化管理。实施标准化管理，首先要对各项具体的料、工、费进行写实性的观察、测量、计量和统计；然后进行合理化分析与设计，制定出料、工、费的消耗标准；再将料、工、费的费率（价格）考虑进去，形成标准成本；最后，再将各项标准及其标准成本应用于预测、决策、评价和控制等管理行为之中。

2.“泰罗制”的成效

“泰罗制”产生的历史背景有三大特点。第一，劳资矛盾凸显。19 世纪末，美国正在经历第一次资本主义经济危机。在危机期间，资方常采用随意克扣或拖延支付工人工资、延长劳动时间、劣化工作条件和裁员等措施，而工人也以消极怠工、毁坏设备、制造废品和罢工等手段来应对。第二，生产技术不断创新，机器设备工艺取代了传统的手工工艺。秉承 18 世纪英国第一次工业革命的成果，19 世纪的美国不仅将欧洲先进的工业生产技术引进美洲大陆，而且还在专利制度的保障下不断引进和推出新的技术，譬如转炉炼钢、汽车制造、飞机制造和电报电话等。第三，规模化的员工培训方式取代了传统师傅带徒弟“一对一”的培训方式。与专业分工的不断细化和生产的规模化相适应，员工的培训方式也发生了变化。师傅带徒弟的方式不能适应企业采用新的生产技术的需要了，除了师傅本身的技术也过时以外，“一对一”的培训效率也过于低下了。

“泰罗制”的产生正好顺应和推进了当时的历史发展进程。首先，在采用“泰罗制”

的企业里，在标准成本系统和计件工资制的作用下，资方和劳方的预期得以确定，双方的不信任程度得以降低，高工资、低成本成为现实，劳资矛盾得以缓解。其次，在采用“泰罗制”的企业里，生产工艺得到改进，生产流水线得以形成（如福特汽车制造），人机配合程度提升，生产效率提高。再次，规模化的员工培训易于克服传统技术工人对企业采用新技术的抵制和阻碍，并且提高了培训效率。

3.“泰罗制”的局限

尽管许多企业对泰罗的科学管理及其“泰罗制”持欢迎态度，但是其理论和制度从一开始就饱受人们的诟病与批判。之所以如此，除了各种利害关系的因素以外，“泰罗制”及其理论本身所存在的局限也是重要的原因。“泰罗制”及其理论的局限主要表现在三个方面：第一，人性假设局限。泰罗认为，人具有惰性，工作总是被动的，如果没有一定的利益诱导和制度保障，工人是不会积极工作的。这种人性假设，不仅在一定程度上忽视了人们的精神作用，而且在实践中，令人服从于整齐划一的单调性生产节奏，容易导致工人产生厌烦情绪。第二，激励手段局限。泰罗将工资视为激励工人积极工作的重要手段，虽然他也提倡奖励提出合理化建议并改进技术的工人，却没有在制度中体现出来，在实践中被资方将工资作为实施“泰罗制”的唯一激励手段。第三，应用范围和历史局限。“泰罗制”主要应用于生产车间。泰罗本人的经历以及生命给予他的时间局限，使得他对于超出车间范围的复杂的研发系统、营销系统、财务系统和其他管理系统未能做出相应的研究。第四，阶级立场局限。列宁认为：“资本主义在这方面的最新发明——泰罗制也同资本主义其他一切进步的东西一样，有两个方面，一方面是资产阶级剥削的最巧妙的残酷手段，另一方面是一系列的最丰富的科学成就，即按科学来分析人在劳动中的机械动作，省去多余的笨拙的动作，制定最精确的工作方法，实行最完善的计算和监督制等等。苏维埃共和国在这方面无论如何都要采用科学和技术上的一切宝贵成就。社会主义实现得如何，取决于我们苏维埃政权和苏维埃管理机构同资本主义最新的进步的东西结合得好坏，应该在俄国研究与传授泰罗制，有系统地试行这种制度，并且使它适应于我国条件。”①

五、成本管理会计的产生

“泰罗制”及其标准成本系统的问世，标志着管理会计在实践中产生了。卡内基的“成本计算单”虽然具有管理作用，尤其是对成本的控制作用，但是从成本信息质量特征来看，仍然属于财务会计的范畴。因为它是实际成本，是上期与当期的实际成本。它具有真实性、可靠性、可验证性和可追溯性等质量特征，尤其是真实性特征。泰罗的

① 列宁．列宁选集（第3卷）[M]．北京：人民出版社，1972：511.

“标准成本”就不同了。虽然它也是来自于实际,但却是在对实际成本进行统计的基础上,考虑在科学合理用料、用工、用费的条件下制定的,它是客观实际与主观预期的统一,它具有相关性(与管理当局的要求、与劳资双方的利益相关)、指导性、预测性和反馈性等质量特征,所以它属于管理会计信息。

虽然管理会计的实践产生于19世纪末,但是管理会计成为一个会计分支或专有名词,却是20世纪的事。值得一提的有下列时点及其事件:

1893年,泰罗开始在实践中推行标准成本系统。

1905年,泰罗发表《车间管理》。

1909年,美国学者诺珀尔(Noo Perle)首创“利润坐标图”,开始研究“本量利”关系。

1911年,泰罗出版《科学管理原理》。

1919年,美国成本会计师协会成立(National Association of Cost Accountants, NACA),与会人员要求结合泰罗制的实施制定原材料、直接人工等成本项目的消耗标准,通过标准成本与实际成本的比较确定成本的节约或浪费额,并设置“效率差异”和“价格差异”账户对实际成本与标准成本的差异进行反映,以便对生产过程中的料费与工费进行及时控制。

1921年,美国工程师哈里森(G. C. Harrison)设计出第一套健全的标准成本制度,并发表了第一组成本差异分析公式,由此建立了标准成本计算方法,为生产过程的成本控制提供了基础条件;同年,美国政府公布《预算和会计法》。

1922年,美国学者詹姆斯·麦肯锡(James O. Mckinsey)出版《预算控制》;同年,美国学者奎因斯坦(Quinn Stan)出版《管理会计:财务管理入门》,第一次提出“管理会计”名词。

1923年,艾尔弗雷德·斯隆(Alfred Pritchard Sloan, Jr.)出任通用汽车公司总裁并推行事业部制和责任会计。

1924年,詹姆斯·麦肯锡出版《管理会计》。

1928年,美国一些会计师和工程师根据成本与产量的关系,揭示成本习性,提出固定成本、变动成本等概念,据此分别制定弹性预算和固定预算,解决了间接制造费用的预算数与实际数无法比较的难题,使企业的预算能合理地控制不同性质的费用支出,将成本控制的范围由直接材料和直接人工扩展到了间接制造费用。

1929年,标准成本系统纳入会计系统。

1930年,工程师亨利·赫斯(Henry Hess)撰文研究“盈亏临界图”,进一步揭示“本量利”之间的关系。

杨时展教授(1989)认为,现代会计的发展有三个阶段:第一阶段是账证相符阶

段，这一阶段要求会计信息互相印证，责任归属清晰，为管理当局履行受托责任服务；第二阶段是账实相符阶段，这一阶段要求会计信息所反映的经济事项真实可信，为管理当局履行受托责任并做出决策服务；第三阶段是账计相符阶段，这一阶段要求会计信息要与事先的计划相符合，为管理当局履行受托责任做出决策与规划，并对过程实施控制服务。第三阶段就是管理会计产生以后的发展阶段。为此，杨时展教授(1992)提出著名的"秤星"理论：买鱼论尾，一尾鱼的重量对买主是不确定的，秤的作用就在于把这个不确定数计量出来。买肉论斤，肉的重量是买主事先提出的，秤的作用就在于控制肉的重量，使它符合事先提出的要求。称鱼和称肉都是称，但称的作用不一样。称鱼的作用在反映，秤肉的作用在控制。现代商品经济和传统商品经济都离不开会计，而会计的作用不一样。传统会计的作用在真实反映，现代会计的作用在严格控制。

最后，杨时展教授指出：管理会计有五个方面贡献：一是充实了会计学的内容；二是提高了会计的作用；三是改变了会计学的性质；四是明确了会计工作的目的；五是推动了审计学术的发展。

第二节 成本管理会计的基本概念

一、管理会计的定义

(一)美国会计专业团体的定义

美国会计学会(American Accounting Association, AAA)下属的管理会计委员会在1958年为管理会计做出定义："管理会计是运用适当的技术和概念来处理某个主体的历史的和预期的经济数据，帮助管理当局制定达到合理经济目标的计划，并做出实现这些合理目标的决策。"

美国全国会计师联合会(National Accounting Association, NAA)下属的管理会计实务委员会在1981年为管理会计做出定义："管理会计是为向管理当局提供用于企业内部计划、评价、控制，确保企业资源合理利用和管理层履行经营管理责任而进行确认、计量、归集、分析、编报、解释和传递信息的过程。"

美国管理会计师协会(The Institute of Management Accountants, IMA)为管理会计做

出定义:“管理会计是一种深度参与管理决策、制定计划与绩效管理系统、提供财务报告与控制方面的专业知识以及帮助管理者制定并实施组织战略的职业。不同于传统的财务会计,管理会计服务于企业内部各级管理者,面向企业未来发展,通过分析解读财务数据,从财务角度为企业经营决策提供可行性方案。”①

(二)英国会计专业团体的定义

英国成本和管理会计师协会(Institute of Cost and Management Accounting, ICMA)在 1982 年为管理会计做出定义:“除外部审计以外的所有会计分支均属于管理会计的范畴,包括簿记系统、资金筹措、编制财务计划与预算、实施财务控制、财务会计和成本会计等。”

英国特许管理会计师公会(The Chartered Institute of Management Accountants, CIMA)2015 年为管理会计做出定义:“管理会计是管理整体的一部分,主要是对信息的确认、表述和解释于下列方面:构成战略设想;计划和控制各项活动;决策;资源利用最佳化;对股东和其他企业外部方面的揭示;对雇员的揭示;保障资产安全。上述各项涉及参与管理,以保证下列方面的有效性:形成各种计划来满足各种目标(编制战略计划);形成各种短期经营计划(编制预算,编制利润计划);取得和利用财务手段(财务管理)和记录业务(财务会计和成本会计);交流财务和经营信息;为使计划和结果一致而采取的纠正行动(财务控制);对系统和经营的审查和报告(内部审计,管理审计)。”

(三)中国会计管理权威机构的定义

中国政府的会计管理机构 2014 年对管理会计的表述是:“管理会计是会计的重要分支,主要服务于单位(包括企业和行政事业单位)内部管理需要,是通过利用相关信息,有机融合财务与业务活动,在单位规划、决策、控制和评价等方面发挥重要作用的管理活动。”②

(四)研究述评

从上述定义可以发现两点:第一,从历史角度看,随着企业经营环境和组织结构的发展变化,管理会计的职能与作用也在不断扩大,这一点从对美国专业团体的三个定义的比较当中可以看出(需要指出的是,NAA 与 IMA 是同一个专业团体,该团体成立于 1919 年,原名美国成本会计师协会 NACA,1957 年更名为美国会计师协会 NAA,1991

---

① http://www.imanet.org.cn/about,2015－09－02.

② 财政部:《关于全面推进管理会计体系建设的指导意见》(财会〔2014〕27 号).

年再次更名为美国管理会计师协会IMA)。第二,从职能作用的范围看,有狭义和广义两种定义。美国会计专业团体的定义和中国财政部的表述属于狭义,英国会计专业团体的定义属于广义。对比狭义与广义两种定义,英国定义将管理会计视同于企业会计,把外部审计以外的会计各个组成部分都包括进管理会计范围。这或许与工业革命源于英国、当时两权分离的公司形式尚未发展起来,财务会计尚未从企业会计中分离出来有关。美国的定义则是狭义的,它将企业会计分为财务会计(外部报告会计)和管理会计(内部报告会计)两个部分。中国财政部与学术界的表述从内容看与美国定义一致;从主体看,则明确了行政事业单位也在管理会计的应用范围之内。需要指出,CIMA的定义目前也在向美国定义靠拢。

二、成本管理会计的主体

会计主体是会计记账算账的立场所在。成本管理会计要站在谁的立场上记账算账?只能站在信息使用者的立场上记账算账。所以,成本管理会计的主体,就是成本管理会计信息的使用者,即成本管理会计的服务对象。从国内外专业团体或权威机构对管理会计的定义看,AAA和NAA将管理当局作为管理会计的主体,IMA则将企业内部各级管理者作为管理会计的主体,中国财政部则把企业和行政事业单位作为管理会计的主体。

管理会计与财务会计的根本区别在于:管理会计的主体具有层次性,财务会计的主体则具有双重性,即财务会计的服务对象兼具外部性。商品经济与社会分工的发展,使得在工业革命早期经营权与所有权合为一体的企业模式逐渐被以两权分离为特征的现代企业模式所取代,企业的投资人——无论是债权投资者抑或权益投资者——不再直接经营管理企业,而是委托给企业的经营者。一方面,他们远离企业生产经营第一线,似乎所有生产经营活动均与他们无关;另一方面,企业生产经营活动的盈亏成败又与他们的利害息息相关,他们的命运与企业的命运通过资本纽带相连接。这就需要企业经营者必须如实地向远离现场的企业所有者报告生产经营及其盈亏情况。当资本市场形成、企业所有者成为社会公众时,企业经营者就要向社会公众披露生产经营活动及其盈亏的信息。企业经营者作为企业管理当局,要求会计提供信息服务。为了向企业的投资人报告财务信息,财务会计形成了。从这个意义上看,财务会计的产生滞后于企业会计。

与财务会计要遵循社会权威机构发布的会计准则、通过管理当局向外部披露财务信息不同,管理会计直接为企业经营者服务。这种服务在早期表现为成本核算、盈亏计算、成本控制和预算控制,后来发展为经营预测、经营决策、投资决策、责任追溯、绩效考核,乃至战略分析、战略选择、战略评价、内部控制和风险管理。

随着企业的规模和组织形式的不断演变，企业内部管理的职能分工和分层分级也随之而变，责权统一的内部单位也要进行其工作成效的核算及其绩效考核，财务与其他业务之间的相互渗透、融合，成为实现企业战略目标和具体职能成效的必然途径。管理会计的服务对象不再仅仅是唯一的企业管理当局，而是伴随着企业管理当局深化和细化管理的要求而服务于企业内部的各级组织。从这个意义上说，管理会计的主体具有层次性和多元性的特点。即，每一个权、责、利相统一的责任主体都可以成为管理会计的主体，并不一定非得是法人实体。

不仅如此，成本管理会计方法早已越出了企业的边界，在非营利的组织和部门里也得到了应用，如预算的编制与控制、费用习性分析与管理、医疗成本与教育成本的核算等。而且财政部已经明确地将管理会计的服务对象确认为企业和行政事业单位。

人们在不停地计算微观领域经济效益和风险防控的同时，学术界已经广泛地关注到宏观领域的经济发展成效与代价问题，作为社会管理的权威机构，各国及各级政府也在关注其辖区范围内的资源开发与生态环境保护问题，人们在呼唤着宏观视角的科学管理与可持续发展。科学的管理需要科学的核算与控制，如同当年泰罗在车间层面的科学管理催生了管理会计，如今的国家和地方政府层面的科学管理，也必将促进管理会计的逻辑与方法应用于宏观管理层面。届时，管理会计的主体将有可能遍及所有的微观管理组织和宏观组织。

三、成本管理会计的目标

美国会计学会(AAA)下设的管理会计学科委员会(Committee on Course in Managerial Accounting)认为：管理会计基本目标是向企业管理人员提供经营决策所需的会计信息。管理会计辅助目标是：①协助企业管理人员履行计划管理职能；②协助企业管理人员履行组织职能；③协助企业管理人员履行控制职能；④协助各业务部门管理人员履行管理职能。

美国学者唐·R. 汉森(Don R. Hansen)认为管理会计系统有三大目标：①为计算产品、服务以及管理当局感兴趣的其他对象的成本提供信息；②为计划、控制和评价提供信息；③为决策的制定提供信息[①]。

我国李天民教授指出："管理会计的总目标似可改为总任务，即：协助管理当局做出有关改进经营管理、提高经济效益和社会效益的决策。"总任务统帅下有四个方面的具体任务(目标)："确定各项经济目标，合理使用经济资源，调节控制经济活动，评价考

① [美]唐·R. 汉森，玛丽安·M. 莫文. 管理会计(4版)[M]. 王光远，等译校. 北京：北京大学出版社，2000：2.

核经济业绩。”①

彼得·德鲁克(Peter F. Drucker)认为,组织实施管理的逻辑是:要从组织的外部寻找到组织存在的根本原因,组织存在的根本原因决定了组织的性质,组织的性质决定了组织的使命或目标,组织的使命或目标是组织进行管理和评价各种活动及其绩效的出发点和落脚点。对于企业而言,因为“顾客是企业的基石,是企业存活的命脉”,企业是因顾客而存在的,所以,企业的目标就是要“创造顾客”,即创造并满足顾客的需求。企业所有活动的绩效都要以此来进行评价。“企业的活动可能会产生大量的非经济性成果:为员工带来幸福、对社区的福利和文化有所贡献等,但是,如果未能创造经济成果,就是管理的失败。如果管理层不能以顾客愿意支付的价格提供顾客需要的产品和服务,就是管理的失败。”②德鲁克所指的经济成果,就是适销对路的产品或服务和营业收入。在商品经济条件下,人们以“是否营利”为标准,将组织划分为营利性组织和非营利性组织两类。企业的性质是营利性组织,行政事业单位和社会团体的性质属于非营利性组织。作为营利性组织的企业,德鲁克认为,只有“创造顾客”,才能获得营业收益。

对于事业单位而言,因为服务对象及其需求是事业单位存在的原因,所以,事业单位的使命就是创造并满足服务对象的需求。学校和医院是两个很好的例子。学校的使命是培养人才,医院的使命是救死扶伤,其所有的活动及其绩效评价都要围绕其使命来展开。“从使命及其要求开始也许是企业界能从成功的非营利组织中学习的第一堂课。它使整个组织着眼于行动。它确定了达到关键性目标所需的具体战略。它创立了有纪律的组织。”“一个定义明确的使命可经常提醒人们需要着眼于组织外部,这不仅是为了‘顾客’,而且也是为了寻求‘成功之道’。”(德鲁克,1999)对于营利性组织和非营利性组织来说,二者的区别只是开展活动的约束条件不同。企业是以“不亏损”和一定程度的盈利为约束条件,事业单位是以所拥有的人、财、物能力为约束条件。

这种以创造和满足服务对象及其需求为使命或目标的管理逻辑,同样适用于管理会计。首先,管理会计产生和发展的原因来自于组织的管理当局及其需要,管理当局需要了解组织内外各种要素及其变化的相关情况,尤其是在其数量方面,从而能够做出对未来形势的判断预测,对未来行动的选择决策与计划安排,对过程和活动进行控制,对工作成效进行考核评价等。其次,管理会计作为组织管理的一个重要组成部分,除了被动地满足管理当局的种种需求以外,还要围绕实现组织的使命或目标积极主动地创造并满足管理当局的需求。所以,管理会计的目标就是创造和满足组织管理当局的需求。这个逻辑,可以解释“管理会计是为管理当局服务的会计”的定义。

---

① 李天民. 管理会计研究[M]. 上海:立信会计出版社,1994:58－59.

② [美]德鲁克. 管理的实践[M]. 齐若兰,译. 北京:机械工业出版社,2009:6;28.

四、成本管理会计的对象

关于成本管理会计的对象,国内学者有不同的认识。主要有五种观点:一是"现金流动观",这种观点认为企业的现金流动是管理会计的对象(余绪缨,1984);二是"价值差量观",这种观点认为企业资金运动产生的价值差量是管理会计的对象(青光源,1986);三是"资金总运动观",这种观点认为企业资金总运动是管理会计的对象(孙宝厚,1987);四是"现在和未来的资金运动观",这种观点认为企业现在和未来的资金运动才是管理会计的对象(刘德银,1990);五是"经济活动观",这种观点认为管理会计的对象是企业能够反映和控制的经济活动及其发出的信息(李天民,1994)。

按照李天民教授的观点,由于管理会计和财务会计是现代会计分系统的两个子系统,因此,管理会计和财务会计的对象,从总体上来说应该是一致的,即能反映和控制的经济活动及其发出的信息,但是,两者由于分工的不同,在"时间""空间"两方面应各有侧重。管理会计的对象,在时间上侧重于现在的以及未来(预期)的经济活动及其发出的信息,在空间上侧重于各级责任单位的部分的、可供选择的或特定的经济活动及其发出的信息;而财务会计的对象,在时间上侧重于过去的、已经发生的经济活动及其发出的信息,在空间上则侧重于整个经济主体的系统的、连续的综合经济活动及其发出的信息。

在实际工作中,管理会计并不是同财务会计平行的另搞一套,而是直接运用财务会计所提供的资料进行分析、加工、调整和延伸,并结合其他有关信息编制成各种管理报表,据以规划、控制和考核企业的经济活动。

五、成本管理会计的职能

根据前述成本管理会计的定义和目标,可以判定成本管理会计的职能体现在七个方面。

(一)预测职能

古人曰:"凡事豫(预)则立,不豫(预)则废。"(《礼记·中庸》)孙子道:"夫未战而庙算胜者,得算多也;夫未战而庙算不胜者,得算少也。多算胜,少算不胜,而况于无算乎!吾以此观之,胜负见矣。"(《孙子兵法》)预测未来,"未战先算"是管理的第一职能,也是管理会计的第一职能。与其他的预测不同,管理会计是从价值与业务的关联角度对未来进行预测的。具体说,就是要在广泛收集、加工和利用企业内外的宏观与微观的相关信息的基础上,根据企业战略管理与日常经营管理需要,采用科学合理的方法,有针对性地对在一定条件下的相关经济指标(利润、收入、成本、资金等)进行科学的预测分析。

(二)参与决策职能

管理会计师或其他管理人员要从价值增值或优化资源利用的角度,对企业的各种战略发展备选方案、项目投资方案,以及各种经营决策方案的利弊程度和风险大小进行测算,并将测算的依据、过程和结果提交管理当局,作为其决策的依据。

(三)规划与预算职能

严格地说,规划与预算不同于预测和参与决策。企业的中长期发展规划或项目投资规划是将企业战略决策落实到实施阶段的第一个步骤;企业的经营计划及其预算则是将企业经营决策落实到具体实施的首要步骤,即先有战略决策和经营决策,后有发展规划和经营预算。在战略决策和经营决策的制定过程中,管理会计师扮演的是"参谋角色"(余绪缨,2005);而在发展规划和经营预算的编制过程中,管理会计师则要扮演编制者(操作者)的角色。

(四)核算职能

成本管理会计的核算职能主要是对各项成本费用进行归集和分配,以计算出适应管理要求的具体形态的成本数据,如材料采购与加工成本、产品成本、部门成本、质量成本、变动成本和作业成本等。

(五)控制职能

成本管理会计的控制职能表现在对"揭示差异和处置差异"方面,即根据预定的原则、制度、程序、标准和预算等,与实际执行结果进行比较,及时揭示其偏差并加以处理,使企业的经营不脱离正确和正常的轨道。

(六)考核评价职能

成本管理会计的考核评价职能是根据企业的战略和管理目标及其体现目标的各项计划和预算、责任单位的业绩报告和相关核算资料,对各责任单位的履职情况和责任落实情况业绩报告进行考查核对,分析各种差异产生的原因并追溯责任,对责任单位功过进行客观的分析和如实的评价,为企业奖优罚劣、奖勤罚懒,正确处理分配关系,完善激励机制和约束机制提供依据。

(七)机制建设职能

任何单位的健康发展都离不开良好的机制。所谓机制,就是企业或单位依据正确

的发展方向而形成的一种能够自觉适应外界环境变化而保证自身生存发展的行为模式。企业的机制主要是由决策机制、执行机制、激励机制(动力机制)和监管机制(约束机制)组成的,每一种机制又是由相关制度和价值导向(价值观)共同作用形成的。成本管理会计涉及各种机制的制度基础,对相关的制度基础进行维护和修正是成本管理会计的职能之一。

六、成本管理会计的特点

美国学者罗伯特·S. 卡普兰(Robert S. kaplpan)和阿特金森(Anthony A. Atkinson)认为管理会计信息具有三个特点:①管理会计信息既具有历史属性,又具有未来属性;②管理会计面向组织内部职工和管理者,满足其决策需要;③管理会计信息在如何确立和陈述内容方面没有预先规定的形式或规则。

我国学者则偏向于将成本管理会计与财务会计相比较而凸显出其特点(见表1 –1)。

表1 –1 成本管理会计的特点

比较项	财务会计	成本管理会计
会计主体	比较单一,主要是法人单位	多层次、多元性
会计目的	为投资者提供反映企业财务状况的信息	创造与满足管理当局的管理需求
服务对象	主要为投资者服务	为管理当局服务
服务职能	核算与控制	预测、参与决策、规划与预算、核算、控制、考核评价、机制建设
信息质量特征	真实可靠与全面	以相关性为主
信息来源	企业经济活动涉及的交易事项	企业内部与外部相关的各种信息
核算要求	比较固定,弹性小	不固定,弹性大
约束依据	社会权威机构颁布的会计法、会计准则与会计制度	自行制定的制度
报表报送时间	有统一明确的规定	管理当局自行确定
核算程序	按照"经济业务—原始凭证—记账凭证—账簿登记—编制报表—报送报告"的程序进行	主要由管理当局或管理会计师自行确定
方法应用	传统的会计核算方法	多种多样的方法
报告重点	过去发生的经济事项及其结果——资产负债、损益、现金流、所有者权益	因管理需求而异

续表

比较项	财务会计	成本管理会计
使用量度	货币	货币与业务相关的物理量度
规范程度	规范	不一定规范
公开程度	公开程度高	不一定公开
实施程度	实施程度高	实施程度不高
人员素质要求	相对稳定	视野开阔、知识面广、灵活度高

七、专业组织及学者对成本管理会计内容的概述

成本管理会计的内容广泛，只要涉及价值量变化与资源利用效率，都有成本管理会计发挥作用的空间。不同的专业组织或学者对成本管理会计内容总结概括的结果有所不同。

（一）美国管理会计师协会

根据美国管理会计师协会（IMA）出版的《管理会计公告》（2012），成本管理会计涉及的内容有六个方面。

1. 领导力、战略和道德规范

价值观和道德规范：从确立到实践。道德行为准则：基本准则——诚实、正直、客观和责任；具体准则——能力、保密、诚信和信誉。管理跨职能团队：总则、范围、定义、目的、作用、实施指南、工具和技术、运行机制、个人和组织、失败分析。竞争情报管理：发展全面竞争情报。

2. 科技支持

理解并实施互联网电子商务：总则、范围、管理会计的作用、互联网电子商务的定义、电子商务网络基础设施、实施互联网电子商务的好处、互联网电子商务商业模式、电子商务实施战略和电子商务面临的挑战。

3. 战略成本管理

实施作业成本核算；计量生产能力成本；作业成本管理的工具和技术；实施目标成本管理的目标和技术。约束理论：管理系统的基础；实施生产能力成本管理系统。设计集成式成本管理系统：创造利润，提高绩效；实施目标成本管理。精益企业会计：会计范例的重大变革。

4. 公司绩效管理

责任的发展演变:会计师的可持续发展报告;管理全球供应链的总成本;有效的标杆管理;实施公司环境战略。股东价值创造:计量与管理;实施集成式绩效管理系统的工具和技术。实施集成式供应链管理:打造竞争优势;精益企业基础。实施流程管理:改进产品和服务;实施自动化工作流程管理。价值链分析:评估竞争优势。环境会计工具和技术:服务企业决策;管理质量改进。

5. 财务治理、风险与合规

企业风险管理:框架、要素与集成,有效实施的工具和技术。

6. 管理会计实务

直接材料成本的定义和计量;工作点成本的会计分类;财务职能再设计;财务职能再设计的工具和技术;建立共享服务中心。

(二)美国管理会计研究杂志

美国管理会计研究杂志(Journal of Management Accounting Research)将管理会计的内容概括为八个方面:①绩效计量与评价;②激励制度设计;③绩效指标设计;④股东价值创造;⑤会计信息质量;⑥分权与管理会计;⑦管控系统;⑧集团公司内部资金分配。

(三)英国管理会计研究季刊

英国管理会计研究季刊(Management Accounting Research)将管理会计的内容概括为十六个方面:①预算管理;②管理会计与组织变革;③利益相关者与业绩指标设计;④转移价格;⑤风险管控与管理会计;⑥管理控制系统;⑦激励制度;⑧领导风格与管理会计信息的作用;⑨政府预算;⑩组织行为与管理会计;⑪财务会计与管理会计集成;⑫IT集成;⑬战略管理会计;⑭成本管理;⑮环境会计;⑯多学科研究。

(四)于增彪教授的观点

清华大学于增彪教授认为成本管理会计的内容可以用“三五六”来概括:“三”是会计主体分为高层、中层和基层;“五”是指具体内容分为成本、预算、平衡记分卡、管理驾驶舱和组织的社会责任五个方面;“六”是指成本管理会计的范围包括六种会计,即战略会计、老板会计、资源会计、绩效会计、社会责任会计和行为会计。

八、成本管理会计的方法

成本管理会计的方法很多,可以从不同的角度对其进行分类。按照管理的职能进行归类有以下七种方法:

(一)预测分析方法

预测分析方法有 PEST 分析、成功关键因素分析、行业环境分析、产品生命周期分析、波士顿矩阵分析、SWOT 分析、五种竞争力博弈分析、行动评估矩阵、战略群体分析、产品性价比分析、产品关联度分析、德尔菲法、头脑风暴法、回归分析、简单算术平均、加权算术平均、移动加权算术平均、指数平滑法、比率分析法、数学模型、成本习性分析和本量利分析等。

(二)决策分析方法

决策分析方法有可行性分析、净现值法、现值指数法、内部收益率分析、外部收益率分析、投资报酬率分析、投资回收期分析、年平均现金净流量分析、概率分析、风险报酬率分析、决策树法、决策表法、成本习性分析、本量利分析、边际分析、增量分析、差量分析、边际贡献分析、敏感性分析、矩阵分析、函数极值分析(优化分析)、成本—功能分析(价值工程)、价值链分析、安全边际分析、产品性价比分析、资源利用效率分析和技术开发经济分析等。

(三)规划与预算方法

规划与预算方法有增量预算、零基预算、全面预算、目标预算、固定预算、弹性预算、滚动预算、作业预算、数学模型、敏感性分析、投入产出分析、标杆瞄准、甘特图、流程图和平衡记分卡等。

(四)核算方法

核算方法有品种法、分批法、分步法、分类法、标准成本法、变动成本法、作业成本法、项目分解法、高低点法、散布图法和回归直线法等。

(五)控制方法

控制方法有目标控制、制度控制、标准控制、对比分析、因素分析(连环替代法、差额替代法、因素分解法、因素分摊法)、杜邦分析、结构分析、平衡分析、平衡记分卡、动态分析、鱼刺图、实地观察、动因分析、功效分析、预警分析、雷达图、财务比率分析、临界分析、ABC 分析、风险分析、风险评估、风险应对、生产进度分析、生产均衡性分析、生产成套性分析、产品品种分析、产品质量分析、质量成本结构分析和共享财务服务中心等。

(六)考核评价方法

考核评价方法有鱼刺图法、因果分析、逻辑分析、产品产量完成情况分析、绩效综合考评、财务报表分析、财务比率分析、财务指标综合分析、平衡记分卡、案例分析、资产评估市场法、资产评估收益法和资产评估重置成本法等。

(七)机制建设

机制建设有调查问卷、访谈、座谈会、专家咨询、文献查阅、实地考察、实验分析、软件开发、典型经验分析、案例分析、业务跟踪、责任中心划分及其考核指标确定、制度修改与制度创建等。

第三节 成本管理会计的发展

一、成本管理会计主体:从基层到高层,从微观到宏观

回顾历史,成本管理会计的主体开始时是工厂甚至车间,实施的是基于产品成本对象的标准化管理,先是对直接材料和直接人工费用进行标准化管理,之后是对基层间接费用——制造费用进行标准化管理,从此形成标准成本制度。但是,标准化的逻辑并没有止步于工厂层面,而是继续对更高层次间接费用——企业管理费用和营业费用进行标准化管理,不过不再称标准化,而是预算。当预算管理的应用从基层走向高层以后,开始超出企业管理的范围而向其他类型的组织扩展。一方面是随着企业规模的扩大而扩展到企业集团和跨国公司,渐渐模糊了微观与宏观的界限;另一方面是扩展到非营利组织和政府部门。当政府将管理会计的方法——主要是预算的方法,应用于宏观管理的时候,管理会计的主体就完全进入了宏观层面。

展望未来,随着商品化、市场化向深度和广度的发展,以及经济全球化的发展,宏观管理主体应用会计的逻辑对财政收支、债权、债务实施管理将会越来越频繁、越来越常态化。一方面,政府要对财政收支实施预算管理,对债权、债务实施控制,这就需要采用全面预算、弹性预算、零基预算、目标预算、绩效考核、费用功效分析、风险评估、风险应对、风险控制、预警分析、压力测试、信用评估、编制资产负债表和现金流量表等一系列现代会计的方法;另一方面,现代工业文明发展的局限性随着生态环境危机的频发而日

益凸显，取代工业文明的生态文明建设理念日益深入人心，政府作为人类社会的最高管理主体，必然责无旁贷地要肩负起协调人与自然关系的历史重任。作为管理会计分支的环境会计为政府所用已经提上了政府改革的议事日程。中国共产党十八届三中全会提出"探索编制自然资源资产负债表，对领导干部实行自然资源资产离任审计，建立生态环境损害责任终身追究制"（2013）的要求就是明证。历史上，中国的官厅会计一度领先于世界各国；未来，随着"五位一体建设①"全面布局的展开，相信中国的管理会计尤其是宏观层面的管理会计，会得到迅速的发展。

二、成本管理会计目标：从具体到综合，从局部到全局

成本管理会计主体的变迁，必然使得成本管理会计的目标也发生变化。不同性质的会计主体具有不同的会计目标。按照对称性的思维逻辑，商品是功效与价值的集合体。在商品化社会里，各种组织的存在基础决定了组织的性质和目标。其中，追求价值增值的是营利性组织——企业，追求功效增值②的是非营利组织——事业单位。其中，企业还可以分为商业类企业和公益类企业③；事业单位还可以分为公益一类事业单位和公益二类事业单位④。企业是营利性组织，所追求的是基于一定商品功效基础上的价值增值，成本管理会计必须为之服务；事业单位是非营利组织，所追求的是基于一定价值额度基础上的服务功效增值，成本管理会计也必须为之服务。至于公益类企业和公益二类事业单位，则属于介于两类极端形态之间的组织，其目标的构成是混合的，唯侧重点不同而已。各级政府的性质，更像公益一类事业单位，只是其目标是面向全体公民和所有组织，为其提供基于一定价值额度内的管理服务。其服务的质量和绩效，应由其服务对象来评定。

成本管理会计的目标及其作用体现在为管理当局服务，不同的会计主体即是不同的管理当局。对于企业类管理当局，成本管理会计的目标和作用在于促进企业的价值增值；对于事业单位类管理当局，成本管理会计的目标和作用则在于促进事业单位服务功效的增值。二者的共同之处是提高资源利用效率，这必然也是应用成本管理会计所

---

① 即2012年中国共产党十八大提出的"经济建设、政治建设、文化建设、社会建设、生态文明建设"。

② 马克思在《资本论》里将功效认定为使用价值，功效增值便是使用价值增值。

③ 据2015年9月13日新华社发布的《中共中央国务院关于深化国有企业改革的指导意见》，商业类国有企业按照市场化要求实行商业化运作，以增强国有经济活力、放大国有资本功能和实现国有资产保值增值为主要目标；公益类国有企业以保障民生、服务社会、提供公共产品和服务为主要目标，引入市场机制，提高公共服务效率和能力。

④ 据2012年4月16日新华社发布的《中共中央国务院关于分类推进事业单位改革的指导意见》，公益一类事业单位是指不能或不宜由市场配置资源的公益服务单位；公益二类事业单位是指可部分由市场配置资源的公益服务单位。

要达到的目标。

如前所述,成本管理会计的主体具有多层次和多样性特征,所以其目标也具有具体性与综合性、局部性与全局性并存的特征。

从行业管理的角度看,我国财政部于2014年提出管理会计发展目标是:“当前和今后一个时期,要着力建立起与我国社会主义市场经济体制相适应的管理会计体系。争取在3~5年内,在全国培养出一批管理会计师,推动加快管理会计人才能力框架、资格认证制度和评价体系等方面建设,为全面提升单位经济效益和资金使用效益服务。力争通过5~10年左右的努力,中国特色管理会计理论体系基本形成,管理会计指引体系基本建成。同时,结合预算管理制度改革,坚持问题导向,逐步加强行政事业单位管理会计工作。”重点任务是:“研究建立中国管理会计人才能力框架;研究建立管理会计公告制度;积极推进管理会计实践;加强管理会计人才队伍建设;加强信息系统建设。”

三、成本管理会计对象:从单一到多样,从物体到主体

由成本管理会计主体和目标的特征所决定,成本管理会计的对象也具有多层次与多样性的特征。以成本核算为例,开始是有形的产品,然后是材料(采购与加工)和人工(服务),往后是无形的产品(服务),是项目,再往后是作业。在对物的核算越来越细致、越来越精准的同时,基于履行受托责任的要求的责任主体的核算也发展起来,先是岗位、个人、班组、工段,后是部门、企业、领导班子,再是事业单位和各级政府。未来的发展,循着组织的权限及其责任所及,成本管理会计的对象还将转向资源环境,并且随着资源环境的再生能力或周期,使会计期间呈现长短不一的现象更为突出。长,可以按照一代人甚至数代人计算,短,仍然可以按照年、月、日计算。

四、成本管理会计内容与方法:从核算到谋划,从狭义到广义

余绪缨教授对成本管理会计内容的发展有过深入的研究。他认为现代管理会计有七个方面的发展。

第一,从计算到衡量。这是指管理会计的职能从侧重于计算得失,为管理当局提供决策依据向衡量业绩、考核绩效,以及比较竞争对手业绩为企业战略管理服务发展。

第二,从二维结构到三维结构。二维结构是指基于复式记账原理的会计系统。在此基础上增加的“一维”是“知识资源”,即企业资产及其权益关系的形成根源。以“树木”来比喻:“一维结构”的单式记账,反映的是立于湖岸边的树木“本体”;“二维结构”的复式记账,反映的是树木“本体”和水中的“倒影”;“三维结构”的管理会计发展方向是既要反映“本体”和“倒影”,又要揭示埋藏于地下的“树根”。正是由于“树根”的存

在，才能为“树木”的发育、成长吸收和输送养分。“根深”才能“叶茂”。

第三，从标准化到非标准化。这是指管理会计在经营情况复杂多变、竞争激烈的背景下，从侧重于标准化管理向非标准化、不确定性甚至风险管理方向发展。

第四，从机械观到系统观。“机械观”认为，组织就像一台机器，是机械地进行运作，其动力来自组织的外部。基于借贷复式记账法的会计系统，视整体为局部的简单加总，认为整体与局部的关系是一种简单的线性依存关系。“系统观”认为，一个系统不是由从属于它的小系统进行机械凑合（简单加总）形成的，而是一个有机体。有机体各部分之间形成一个具有互动关系的网络，这种互动关系的运转不是像钟表那样要靠外力的推动，而是它们本身之间存在着一种内在作用力的相互驱动。组织是一个动态的有机体。“以物为本”的管理系统是在“机械观”指导下建立的，将被在“系统观”指导下的“以人为本”的管理系统所取代。

第五，从物本到人本，即从“物本管理”到“人本管理”。管理会计是从对物的管理开始形成的。泰罗的科学管理是典型的物本管理。物本管理的特点是规范化、标准化、定量化和可优化，并且精确、清晰、确定。“人本管理”则是面向“人”而不是“物”的管理，是“以人为本”的管理。人本管理认为，不可能从员工的屈从中得到真正的创造力。因而要求运用以“思辨的定性”为基本特征的“人文语言”进行管理，借以深入到人的心理、社会层面和丰富的感情世界，从员工对自己行为的自主性和人际关系的和谐性出发，充分调动广大员工个人和各种组织群体的积极性和创造性。人本管理的这种灵活、非规范（非标准化）和不确定的特性，说明它具有“软（柔性）管理”的属性，实质上是其人文性的体现。从物本管理向人本管理的发展，标志着企业的决策支持模式要从科学观转变为人文观，决策目标从“最优化”转变为“满意解”。

第六，从技术层面到人文层面。会计问题绝不是单纯的技术性问题。要使通过会计方法进行收集、加工、综合、分析所形成的会计信息，对社会经济的发展充分发挥积极作用，首要的问题是必须以正确的社会文化观作为指导。由于管理会计的技术方法比财务会计更为复杂多样，重视这一点尤为必要。技术层面是会计学科的硬件，社会文化规则是它的软件。后者是前者的灵魂和生命。

第七，从刚性管理到柔性管理。刚性管理即物本管理、标准化管理；柔性管理则是人本管理、非标准化管理。

余绪缨教授还认为，管理会计的新方法论可以归结为“三个重于”和“三个并重”。“三个重于”是指：衡量重于计算；认知性重于精确性；悟性重于理性。“三个并重”是指：量化与非量化并重；量化的各种形式并重；量化的各种形式中，货币计量与非货币计量并重。

郭道扬教授对现代会计的未来发展做出过九个方面的研判，其中与成本管理会计

的发展直接相关的有八个方面。

第一,会计思想将由“以产权为本”向“以人权为本”转变。

第二,各国的会计准则框架将在全球化背景下趋于形成“一致性会计准则”“趋同性会计准则”和“协调性会计准则”三个不同层次、进取目标一致和彼此关联的基本框架。

第三,计算机技术的应用与会计技术体系的改进结合发展。

第四,会计报告一方面深化解决信息质量问题,发展可扩展性企业报告语言(XBRL);另一方面将建立和完善“以人权为本”的第二会计报告体系。

第五,借贷复式记账法将与计算机技术的发展结合起来,同时记账的二维性也将受到三维性甚至多维性的挑战。

第六,未来的管理会计有待研究的更加重要的问题是,立足于一国和全球性生态环境治理的战术性控制与战略性控制问题。一是要把履行企业社会生态责任作为财务会计与管理会计共同的行为;二是要制定企业绿色成本控制制度,严格区分能源或资源的正常耗费与非正常耗费;三是评价企业“双排”(废水、污水排放)治理状况及其效率,为外部审计提供依据;四是把生态环境治理竞争放在企业竞争战略目标选择的重点之上。

第七,未来公司综合治理工程中的财务管理、财务会计、管理会计与内部审计将形成一体化控制格局,其中,管理会计治理既体现在公司内部的作业会计控制方面,也体现在公司内部的以绿色成本控制为中心的生态环境控制方面。

第八,未来会计学科的发展变化趋势是成为一门边缘学科和交叉学科,将公司内部的财务管理、财务会计、管理会计、内部审计放在内部控制制度与理论建立的一体化框架中来研究。会计方法与计算机应用的结合,向着快速与精细、精确化的方向发展。未来会计学科的演进路径将是以微观控制为基础,不断向中观控制、宏观控制扩展的过程。财务与会计问题研究,无论在理论上还是方法技术上,必然与统计学、数学、数理统计学、价值工程学、计量经济学,以及其他相关数量科学实现深层次上的结合。

就管理当局的需求和管理发展趋势来看,财务服务共享、大数据下的战略管理会计、机制建设、职业道德与伦理、绩效管理、驾驶舱技术、研发成本管理、精准化成本管理、社会责任会计、质量管理会计、人力资源会计、无形资产会计、法务会计、税务会计、环境会计(包括微观与宏观)、政府会计、非营利组织会计、内部控制和风险管理等,将会成为成本管理会计研究与发展的领域。

本章思考题

1. 工业革命以前的成本会计与英国工业革命时期形成的成本会计有何不同?

2. 为什么说标准成本系统的产生就意味着成本管理会计的产生?
3. 成本管理会计与财务会计的区别是什么?
4. 试述成本管理会计在转变经济发展方式过程中如何发挥作用。
5. 成本管理会计未来将如何发展?

本章作业题

1. 试举例说明中国古代的成本核算与18世纪英国工厂成本核算的异同。
2. 试举例说明管理会计师如何参与企业或事业单位的决策。

本章参考文献

[1][美]A. C. 利特尔顿. 1900年前会计的演进[M]. 宋小明,等译. 上海:立信会计出版社,2014.
[2][美]F. W. 泰罗. 科学管理原理[M]. 韩放,译. 北京:团结出版社,1999.
[3][美]罗伯特·S. 卡普兰,安东尼·A. 阿特金森. 高级管理会计[M]. 吕长江,主译. 大连:东北财经大学出版社,1999.
[4][美]S. 保罗·加纳. 1925年前成本会计的演进[M]. 宋小明,张敦力,杨兴全,译. 上海:立信会计出版社,2014.
[5][美]美国管理会计师协会. 管理会计公告[M]. 刘霄仑,主译. 北京:人民邮电出版社,2012.
[6]李天民. 管理会计研究[M]. 上海:立信会计出版社,1994.
[7]余绪缨. 管理会计[M]. 北京:首都经济贸易大学出版社,2004.
[8]郭道扬. 会计史研究(第三卷)[M]. 北京:中国财政经济出版社,2008.
[9]王满,耿云江. 管理会计[M]. 北京:清华大学出版社,2014.
[10]韩文连,黄毅勤,刘志翔. 成本管理会计(修订第二版)[M]. 北京:首都经济贸易大学出版社,2012.
[11]杨时展. 中国会计的现代化问题(下)[J]. 财会通讯,1989(4):3-5.
[12]杨时展. 会计信息系统说二评——反映论和控制论的论争[J]. 财会通讯,1992(5):13-16.
[13]孟焰. 面向21世纪的中国管理会计[J]. 会计研究,1999(10):45-49.
[14]杜荣瑞,肖泽忠,周齐武. 中国管理会计研究述评[J]. 会计研究,2009(9):72-80.

[15]楼继伟．加快发展中国特色管理会计 促进我国经济转型升级[EB/OL]. http://www. mof. gov. cn/index. htm,2014 - 08 - 30.

[16]财政部．关于全面推进管理会计体系建设的指导意见(财会〔2014〕27 号).

[17]课题组．对建立我国会计信息质量特征体系的认识[J]．会计研究,2006(1):16 - 24.

[18]杨世忠．先谋而后动,胜算定未来——余绪缨教授新书《管理会计》读后感[J].会计研究,2005(6):75 - 76.

[19]杨世忠．管理会计的逻辑(1)——主体、目标与定位[J]．财会通讯,2015(16):10 - 12.

成本管理会计的职业道德与组织

本章要点

本章主要说明成本管理会计人员职业道德的重要性以及会计职业组织的演变对成本会计人员专业知识的要求。学习本章,要求学生理解和熟悉成本管理会计的职业道德,了解国内外成本管理会计师职业团体以及管理会计师的地位,为培育有志于成为成本管理会计师的学生树立职业道德意识奠定基础。

第一节　成本管理会计人员的职业道德

成本管理会计职业道德已经成为包括成本管理会计师在内的人们普遍关注的问题。除了专门的论述和探讨成本管理会计师伦理道德的著作以外，在很多成本管理会计专业教科书中也设有专章或专节来专门论述成本管理会计职业道德问题，在一定程度上缓解了成本管理会计师的道德困境，也有利于唤醒成本管理会计人员自身职业道德意识和道德自觉。成本管理会计的职业道德是职业道德的组成部分，受到自古以来职业道德先驱们关于职业道德思想的影响，也传承着历史上职业道德的精髓。本章着重介绍希波克拉底(Hippcrates)、卢卡·帕乔利(Luca Pacioli)和潘序伦等先贤的职业道德。包括成本管理会计职业道德在内的职业道德是一种历史现象，既是历史文明的积淀，又随着社会的发展而发展和传承。学习和遵从职业道德的历史传承，必将为我们带来有益的道德行为指导和提供可供选择的道德模式。

一、职业道德思想的历史渊源

(一)希波克拉底誓言的职业道德思想

希波克拉底，约公元前460—公元前377年，是古希腊著名医生，欧洲医学奠基人，被西方尊为“医学之父”。希波克拉底出生于小亚细亚科斯岛的一个医生世家，祖父、父亲都是医生，母亲从事接生工作。在古希腊，医生的职业是子承父业的职业，所以希波克拉底从小就跟随父亲学医。希波克拉底在医学方面有很高的造诣，但更主要的贡献就是他所制定的医务执业界的从医道德规范——希波克拉底誓言。

希波克拉底誓言的主要内容为：“我要遵守誓约，矢志不渝。对传授我医术的老师，我要像父母一样敬重……对我的儿子、老师的儿子以及我的门徒，我要悉心传授医学知识。我要竭尽全力，采取我认为有利于病人的医疗措施，不能给病人带来痛苦与危害。我不把毒药给任何人，也决不授意别人使用它……我要清清白白地行医和生活。无论进入谁家，只是为了治病，不为所欲为，不接受贿赂，不勾引异性。对看到或听到不应外传的私生活，我决不泄露。”

尽管传世的希波克拉底誓言有多个不同的版本，但概括起来其主要内容涉及四个方面：一是尊师重传承；二是为病人谋利益；三是不利用职业做缺德事；四是保守职业秘密。

希波克拉底誓言是人类历史上迄今为止最早的职业道德范本，为职业道德树立起了不朽的楷模，也为包括成本管理会计师在内的各个行业职业道德的建立奠定了伦理基础。希波克拉底誓言迄今已有两千多年了，至今仍然熠熠生辉，为当今社会的各个职业群体指明了职业道德的方向。

1948 年世界医学会（WMA）在希波克拉底誓言的基础上制定了《日内瓦宣言》，作为医生职业群体的道德规范：

“值此就医生职业之际，我庄严宣誓为服务于人类而献身。我对施我以教的师友衷心感佩。我在行医中一定要保持端庄和良心。我一定把病人的健康和生命放在一切的首位，病人吐露的一切秘密，我一定严加信守，决不泄露。我一定要保持医生职业的荣誉和高尚的传统。我待同事亲如弟兄。我决不让我对病人的义务受到种族、宗教、国籍、政党和政治或社会地位等方面的考虑干扰。对于人的生命，自其孕育之始，就保持最高度的尊重。即使在威胁之下，我也决不用我的知识作逆于人道法规的事情。我出自内心以荣誉保证履行以上诺言。”

显而易见，希波克拉底誓言体现的职业道德至今仍然具有时代意义，也是成本管理会计师职业群体的职业道德基础和源泉。

（二）帕乔利的会计职业道德思想

卢卡·帕乔利，现代会计之父，大约在 1445 年生于意大利托斯卡尼的桑塞普尔克罗，1517 年卒于意大利的桑塞普尔克罗。1494 年，帕乔利撰写了著名的《算术、几何、比与比例概要》，这是历史上第一次系统地介绍复式簿记方法的著作，被认为是关于复式簿记最早的历史文献，反映了 15 世纪末期威尼斯的先进簿记方法，从而有力地推动了复式簿记的传播和发展。这种复式记账方法历时 500 年仍然是现代复式记账方法的支柱和基础，也极大地促进了当时社会商业企业经营管理的条理化、系统化和精确化，对地中海沿岸国家的经济发展起到了积极推动作用。

从会计发展的历史来看，应当说会计史是一部由会计道德引导的会计发展和进步的历史。《算术、几何、比与比例概要》的第三卷第九部第十一篇题为《计算与记录要论》（中文翻译为《簿记论》）系统介绍了复式记账方法。从《簿记论》的内容来看，除了论述记账方法，还充满了帕乔利的道德情怀。

第一，《簿记论》充满深厚的人文关怀。帕乔利生活在意大利文艺复兴的时代，具有很深的人文关怀的情节。《簿记论》（附录三）中记载了帕乔利撰写《簿记论》的目的，即：“编集数学知识和簿记知识，传授给意大利人民，希望他们能够运用这些知识改善自己的生活。”在《簿记论》第四章“财产盘存与财产目录的编制方法”的论述中，帕乔利不仅仅论述了内部控制的方法，更重要的是提出了会计职业群体的职业道德思想。他提出成功商人必备的三个条件中的第一个条件就是金钱和信誉。他认为，信誉对于商人的事业成功非常重要：“许多意大利人只是凭良好的信用而从事大量的商业活动，由于他们能够获得信贷，他们就敛聚了财富。”“因为诚信的确挽救了每一个人，没有诚实，就不可能取悦于上帝。”同时他明确提出了“商人的目的或目标就是获取合法和满意的利润，以便能继续经营”。

第二，《簿记论》提出经商记账要敬畏上帝。商人经商记账的第一步就是“在开始记录自己的业务之前应在每本账簿的扉页上写下上帝的圣名，并必须始终牢记上帝的圣名”①。《簿记论》第四章在对成功的商人的训诫与忠告中，他对商人提出忠告：“按照下面几章所述的方法逐日地记录任何事项。但最重要的是时刻牢记上帝，千万不要忘记每日清晨的祈祷”，并以耶稣之名告诫商人：“汝等当先寻求天国和上帝的正义，尔后，一切都将属于汝”②，并且要“在各账本的前面都标上一个荣耀的符号，它将使异教徒望而生畏，使魔鬼胆战心惊”。而且，无论开多少账簿，“第一套账簿都要以神圣的十字架作标志”③，分类账“也应标上神圣的十字架记号”④，“要以上帝的名义来记录自己的全部交易”⑤。

第三，《簿记论》提出在尊重自己财产权利的同时也要尊重他人的财产权利。帕乔利提出，在开始编制财产目录之前要明确声明：“我本人，或通过簿记员先生系统地记下了我的所有动产与不动产，以及这一天我欠别人和别人欠我的钱财。”而对于各种债务要“一一列出你的债权人名单。说明你们之间的事务是否清楚明了，是否有任何书面凭据或契约”“应非常清楚地记录各种不同的证券、债务，或向别人做出的承诺，以及你的朋友托你保管的（或是供你使用或出借给你的）物品或其他东西”“还必须懂得如何依照债务人的请求为其编制账户摘录单（或说明）。债务人的这种正当请求是没有理由加以拒绝的，在他与你保持着长期往来的情况下尤其如此”。显然，《簿记论》不只介绍了如何全面登记自己的财产，同时也要记录“我欠别人”的钱财，在关注自己财产权利的同时，也要尊重别人的财产权利。

第四，《簿记论》表明诚信为本、反对造假的立场。《簿记论》强调：“你要仔细并如实地以此描述每个项目。永远以真实作为您的指南”；同时对造假行为进行了严肃批评。帕乔利指出：“不少人设有两套账，给买者看这一套，给卖者看的则为另一套。更糟糕的是，他们一边发誓要诚实，一边又在作伪证。他们的行为是如此荒谬！”最后，帕乔利为我们提出了他关于会计职业群体的价值取向，那就是：“每一年都结清账簿是一

①②③④⑤　帕乔利．簿记论［M］．上海：立信会计出版社，2009：4；13；16；31；19.

个好办法,当你与他人合伙经营时尤为如此。正如谚语所说的那样:‘账目常清,友谊长存’。”

马克斯·韦伯(Max Weber)认为,建立一个充满理性、秩序井然的社会,首先要有精神秩序,然后才有政治和法律秩序;精神秩序的形成有赖于商业伦理道德和社会诚信文化形象的完善。毫不夸张地说,帕乔利的《簿记论》中彰显出的会计道德思想奠定了会计职业群体所追求的精神秩序。从某种意义上讲,会计道德就是会计职业群体精神秩序的根基,是良好的职业道德和执业能力得到保障的基础,是会计职业群体精神家园和情感世界的重要组成部分,也是会计职业群体产生凝聚力和向心力的源泉所在。

(三)潘序伦的会计职业道德思想

潘序伦先生是我国会计学界公认的泰斗级人物,江苏宜兴人,生于1893年7月,卒于1985年11月8日。潘先生早年留学美国,学成归国以后,开创了集会计教学、会计文献出版和会计实务的产、学、研于一体的立信会计事业。他一生倡导立信的会计道德,引领会计理论研究,培养会计专业人才,创办会计实务平台,成就卓著,声誉斐然,被誉为“中国现代会计之父”。

潘序伦先生的会计职业道德集中体现在他提出会计“立信”的伦理思想上。潘序伦先生为立信会计学校所题的校训为:“信以立志,信以守身,信以处事,信以待人,毋忘立信,当必有成。”这一24字校训精辟地阐述了他的“立信”思想,旗帜鲜明地标识出会计职业群体的“价值追求”或“价值取向”,“立信”体现了潘序伦先生倡导的会计职业道德。

二、会计专业人员的道德准则

当今世界商业模式和会计信息系统都发生了巨大的变革。然而,社会公众和会计人员自身对于会计职业群体的道德要求仍然保持较高的道德标准。成本管理会计团体或机构普遍认为,职业道德解决的是会计人员什么该做、什么不该做的问题。会计专业人员的职业道德贯穿于会计人员职业活动的各个方面。一般来说,会计专业人员的道德包括诚实、公正、负责、自尊以及热情。

我们通常认为道德就是做正确的事情。判定一个决策是否符合道德准则,反问自己是一个十分有效的方式。当决策者第二天在公司正式出台的文件中读到自己的决策行为时,是否会满怀激情?另一个相反的判定标志就是当面对一种职业行为出现的不良后果,出现“其他人也在这样做”的辩解时,这个行为很可能是不道德的。沃伦·巴菲特(Warren Buffett)认为这是“五项最危险的商业词语之一”,如果这是一个好的理由,为什么有些人还会对这种合理的行为进行辩解?

为什么会计人员诚实很重要？如果一个人买了一部手机，他会在手机说明书中看到许多关于如何正确使用这部手机的信息。但是会计信息不同，使用者无法看到如何正确使用这些会计信息的资料，当人们发现问题的时候，所造成的后果可能已无力挽回。因此，会计信息的使用者就是依靠会计人员的诚实保证信息的真实可信。如果会计专业人员没有诚信，必然导致会计信息不真实，那么这些不真实的会计信息将误导投资者，欺骗大众。

正因为会计人员的职业道德对于会计信息的质量至关重要，所以美国注册会计师协会(AICPA)等会计职业组织致力于成本管理会计师的专业能力和道德标准的提高。大多数职业会计组织都制定了有关职业道德的行为准则，并推动这些会计职业道德标准的实施。

美国注册会计师协会专门设立了职业道德部，负责职业道德规范的制定和发布。

美国注册会计师协会的职业道德规范由职业道德原则、行为规则、行为规则解释和道德裁决四部分组成。

1. 职业道德原则

职业道德原则是对注册会计师应当具备的品质做出的一般性规定，包括责任、公众利益、正直、客观和独立、应有的谨慎、服务的范围和性质。职业道德原则表明了注册会计师承担的责任，也反映了职业道德的基本信条。这些原则要求，即使牺牲个人利益也要履行职业责任，坚持正确的行为。

2. 行为规则

美国注册会计师协会的章程要求，会员应当遵守《职业道德守则》中的规则，并对偏离规则的行为做出合理的解释。如果说，职业道德原则是注册会计师的理想行为，则行为规则就是注册会计师行为的最低标准，具有强制性。

3. 行为规则解释

由于经常有会员就某一具体规则提出问题，因而有必要对行为规则做出公开的解释。美国注册会计师协会职业道德部成立了一个主要由执行公共业务的执行人员组成的委员会，由委员会对行为规则做出解释。在行为规则解释最终定稿之前，要向职业界征求意见，虽然解释不具有强制性，但会员要在纪律检查听证会上说明背离解释的正当理由。

4. 道德裁决

道德裁决是美国注册会计师协会职业道德部执行委员会根据一些具体的实际情况做出的解释，也是行为规则及其解释在具体情况和案件中的应用。如同行为规则解释一样，道德裁决不具有强制性，但要求会员说明任何背离道德裁决的理由。

美国管理会计师协会除了通过主办注册管理会计师(Institute of Management Accountants, IMA)和注册财务管理师(Certified Management Accountant, CMA)项目的认证来提高管理会计师的专业能力外，也通过发布管理会计从业人员道德行为准则来提

高管理会计从业人员的道德素养。管理会计师协会发布的管理会计和财务管理从业人员道德行为准则如下：

管理会计和财务管理从业人员有义务对公众、职业、所在组织以及自身保持道德行为的最高标准。正是意识到这一义务，管理会计师协会才发布了下述道德职业实践标准。这些标准，无论在国内还是在国外，都是管理会计目标的组成部分。管理会计和财务管理人员不应做出违背这些标准的行为，也不允许其组织中的其他人做出有违标准的行为。

管理会计师协会道德职业实践公告：

管理会计和财务管理从业人员的行为应该符合道德。职业道德行为承诺包括表达我们的原则和指导我们行为的准则。

原则——管理会计师协会的道德原则包括：诚实、公正、客观和责任。从业者应该按这些原则行事，同时鼓励组织中的其他人遵守这些原则。

准则——从业者不能遵守相关准则可能会遭受惩戒。

能力——每一位从业人员有责任：通过不断提高其知识和技能来保持适当水平的专业能力；按照相关法律、法规和技术标准履行其职责；提供准确、清晰、简洁、及时的决策支持信息和建议；确认并沟通可能妨碍可靠判断或妨碍活动顺利进行的职业限制或其他约束。

保密——每一位从业人员有责任：除非法律要求或经授权，禁止披露在工作中获取的机密；告知所有相关方正确使用保密信息，并且监督下属的活动以确保得到遵守；禁止使用保密信息获取不道德的或非法的利益。

正直——每一位从业人员有责任：减轻实际利益冲突，定期与企业非正式会员沟通，避免表面利益冲突，通知各方任何潜在的冲突；禁止从事各种可能会妨碍其遵守道德行为标准履行职责的活动；禁止从事或支持各种有损本职业名誉的活动。

可信性——每一位从业人员有责任：公正和客观地传达信息；披露所有能合理预见到会影响使用人理解报告、分析和建议的相关信息；根据组织政策和适应法律披露信息中的延迟或不足、及时性、过程和内部控制。

三、职业道德困境

会计职业群体和其他专业群体一样，也存在各种各样的道德困境。对此我们需要认真对待，通过加强伦理教育、自我修养等方式不断提高道德意识，摆脱职业道德的困境。

（一）海因茨道德困境

案例1. 海因茨该不该偷药？

法国有个叫哈尔塔的小镇，镇上有位妇女患了一种特殊的癌症，生命垂危。医生认为只有一种药能救她,就是本镇一个药剂师最近发明的镭。药剂师花了400美元制造镭,但一小剂他竟索价4 000美元。病妇的丈夫海因茨到处借钱,试过各种合法手段,可只借到2 000美元,只够药费的一半。不得已,他只好告诉药剂师说他的妻子快要死了,请求药剂师便宜一点卖给他,并允许他赊账,但药剂师说:"不行!我发明这种药就是为了赚钱。"实在是别无他法,海因茨最后想到,晚上撬开药剂师的药房门,把药偷走,挽救妻子的生命。

在这种情况下,请问海因茨应该去偷药吗?如果应该,是为什么,如果不应该,又是为什么?他去偷药是对还是错?为什么?

案例2. 布朗该不该抓捕海因茨?

接续上面的故事。海因茨有一位交往多年的好朋友布朗,两人从小学到初中一直是同班同学,布朗现在在哈尔塔镇当警察。当晚,布朗正好值夜班。在下班回家的途中,布朗经过镇中心的教堂,月色下,正好看见远处一人准备击破窗子进入药剂师的药房内。虽然值班时间已过,但布朗认为维持全镇治安是自己职责所在。于是,他轻轻地走到药房,守在窗口,等着小偷出来就可以一举抓获。可是,当小偷被抓住的时候,布朗惊讶地发现,那个小偷竟然是自己最好的朋友海因茨。几经追问,海因茨说出了自己缺钱买药的困境,并央求布朗为他保密,但又不肯把偷来的药还给药剂师。迟疑之间,海因茨就拿着偷到的药物回家救妻子去了。

布朗警官应不应该进一步追查海因茨破窗偷药的案件?如果应该,是为什么,如果不应该,又是为什么?他放过好友是对还是错?为什么?

无论是海因茨还是布朗都面临着两难的困境,这样也不是,那样也不是。如果海因茨偷药,则违反了法律;如果不偷,则要眼看妻子丧命,无法尽到丈夫的责任。如果布朗不追究,则是失职;如果追究,则要眼看好友面临丧妻之痛并进监狱。

(二)成本管理会计人员的道德困境

海因茨和布朗都面临着两难的道德困境。其实,作为职业的成本管理会计师在很多方面也会面临职业道德的困扰。

案例3. 软件开发成本该不该被费用化?

一位管理会计师正在评估一套软件产品的商业价值。为了内部报告的目的,该软件的开发成本正被费用化而不是资本化为一项资产。如果全部费用化,软件开发部门将出现亏损,并将可能导致一次"适度的举措"。软件开发部门的经理认为,该软件作为一项资产是合理的,因为新产品将会产生利润,但拿不出证据支持自己的观点。该软件开发部门最近开发的两款产品并不成功。这个管理会计师有多个朋友在软件开发部门就职,并且也不想与软件开发部门经理发生个人冲突。

案例4. 会计师该不该受邀度假?

一位成本会计师受到一位朋友的邀请,去一个海边的旅游景点度假。该会计师知道,他的这位朋友与一家正在投标的供应商有比较密切的关系,虽然在邀请时他的朋友并没有提到有关投标合同的事,但他担心供应商会通过他的朋友向他打听关于新招标合同的成本问题以及竞争对手的成本报价等细节问题。

四、会计人员职业道德困境的化解

(一)职业道德困境的化解方式

如何化解成本管理会计师的职业道德困境?在执行成本管理会计师职业道德实践标准时,人们可能会面对如何确定不道德的行为或如何解决道德冲突的问题。面临问题时,应当从会计师职业组织所建立的解决这种冲突的规则中找答案。通常,成本管理会计师职业组织会制定职业的道德准则,如果这些规则不能解决道德冲突,会计从业人员应该考虑下述行动方针:

第一,与直接上司讨论该问题,除非有迹象表明该上司也卷入其中。在这种情况下,应将问题上报到上一级管理层。如果没有获得满意的解决方法,就应上报到更高一级的管理层。如果直接上司是首席执行官或相同级别,那么可接受的受理机构包括审计委员会、执行委员会、董事会、受托人委员会或业主。假如直接上司未卷入该道德问题,那么越级上报应该在其知晓的情况下进行,并且除非法律要求,与非本组织聘请的权威机构或个人讨论这些道德问题是不恰当的。

第二,私下与美国管理会计师协会(IMA)的顾问或其他公正的顾问讨论以澄清相关的道德问题,从而更好地理解可能的行动方针。

第三,涉及道德冲突中的法律义务与权利问题,需咨询律师。与最近的监管者进行讨论,除了当冲突涉及监管者时。在这些情况下,将问题向下一层级反映,如果得不到满意的解决方案,将其呈交给下一个管理层级。如果最近一级的监管者是CEO或者与自己平级,那么可接受的审查权威机构可能就是诸如审计委员会、管理层委员会、董事会、信托董事会或者所有人之类的组织。与高于最近层级的监管者沟通应该先考虑监管者的认知,假设他(或她)没有涉及该冲突。这类问题向权威机构反映或者向个人反映都不合适,除非自己相信这是一个明显的法律纠纷。明确划分相关道德事宜,并在初始时与IMA道德咨询师或者其他非偏见性的咨询师进行保密性讨论,以便得到对于可能的解决途径的更好的认识和理解,如果有关道德冲突涉及有关法律上的义务和权利时,也可以咨询公司或自己的代理律师。

（二）树立职业道德典范

成本会计师的道德准则是机械的条文，需要鲜活的范例以供成本管理会计师垂示。

普华永道的职业操守——为客户保守秘密的典型事例

普华永道（Price Water House Coopers）是奥斯卡奖计票的独家合作伙伴，双方的合作从 1934 年就开始了——那时还没有普华永道，审计伙伴由普华提供。每年的奥斯卡得奖计票结果，将由普华永道派出的一个很小的计票团队计算出来，但结果只有两名级别最高的会计师知晓。2014 年，普华永道美国董事长布莱恩·考利曼（Brian Culliman）成为两名负责人之一。2015 年，与好莱坞的影视公司极为熟络，而且在计票团队工作多年的玛莎·露易丝（Martha Ruiz）成为另一名负责人。

为求稳妥保险，唯一知道奥斯卡获奖秘密的两个人，会将获奖者的名字一式两份分别装入两个信封，并分放到两个皮箱里，每个皮箱里都有一套完整的奥斯卡评选结果。另外，这两人还要用脑子记住所有的获奖者姓名，以保证万无一失。至于之前所有的统计材料以及工作档案都会被全部销毁。

早些年，有美国媒体就奥斯卡奖项的计票工作采访过曾经参与计票的普华永道行政主管里克·罗莎(Like·Luosha)。他表示，所有参与奥斯卡计票的会计师都口风极严，绝不会对任何人泄露“情报”，他们的亲友也都知趣地很少询问。“如果可以的话，我们甚至可以把结果带到坟墓里去。”另一名主管会计师布赖德·奥特曼斯(Bulaide Aotemansi)则说，“把结果交给司仪前，我会在后台把每个信封看 15 到 20 遍，以确保我给对了信封”。

奥斯卡开奖当天，为规避交通状况带来的不确定风险，两位主管会计师会各自手提一只装有获奖者信息的黑色皮箱，分别乘坐两辆车，在警察的保护下，从不同的道路前往颁奖礼现场。到达后，两人将从秘密通道直接进入剧场的后台，并站在舞台的出口，亲手把密封好的装有计票结果的信封交给每一位即将上台的颁奖人。

2017 年奥斯卡颁奖发生了颁错奖的乌龙事件，普华永道表示对该乌龙事件承担全部责任①。2018 年颁奖仪式中改进的措施包括如下四项：

---

①　美国当地时间 2017 年 2 月 26 日，第 89 届奥斯卡颁奖典礼即将落幕之时，出现了奥斯卡颁奖史上尴尬一刻：颁奖嘉宾沃伦·比蒂因为拿错了信封，把最佳影片颁给了《爱乐之城》，当主创在台上欢呼庆祝，接连发表获奖感言时，组委会突然紧急宣布——搞错了，最终的获奖影片应该是《月光男孩》。沃伦·比蒂非常抱歉地解释道，信封里写着艾玛·斯通《爱乐之城》（最佳女主角），让他犹豫了很久。主持人吉米·坎摩尔表示很无辜：“这不是事先准备好的恶搞，我们真的犯了一个错误。”奥斯卡颁奖礼信封乌龙事件的“罪魁祸首”终于浮出水面。据《综艺》报道，普华永道会计事务所证实：办事员布莱恩·卡里南当晚将错误的信封递到了颁奖嘉宾沃伦·比蒂手中，导致了最佳影片“乌龙事件”的发生。

第一，增加一名普华永道的合伙人，作为计票第三名合伙人。这位新增加的合伙人将会和奥斯卡制作人一起坐在节目的控制室里，就像在杜比剧院舞台两侧的投票人一样，这位合伙人将会有一套完整的获奖者名单的信封，并记录获奖者名单。

第二，在 2017 年的奥斯卡颁奖典礼上爆出乌龙事件的普华永道两位合伙人已经被替换，不过他们仍在普华永道工作。2018 年负责这些信封递交两位合伙人是里克·罗萨斯（Rick Rosas），他曾在该职位上工作了 14 年，而同事金伯利·布尔登（Kimberly Bourdon）则来自公司的洛杉矶办公室。

第三，当信封被移交时，2018 年会新增加一个正式的控制程序，那就是：名人主持人和舞台管理人员都将需要先确认他们已经得到了他们将要展示的这个类别正确的信封（2017 年，普华永道的合伙人意外地向颁奖嘉宾错给了最佳女演员奖的信封，而不是最佳影片奖的信封）。

第四，3 名计票的普华永道合伙人都将参加演出彩排，并练习如果出了问题该如何应对。

普华永道美国 CEO 提姆·赖安（Tim Ryan）接受采访时称，对 2018 年奥斯卡颁奖仪式主办方美国电影艺术与科学学院提出了改进措施；同时，应奥斯卡官方的要求，普华永道合伙人被禁止在颁奖典礼过程中使用手机或社交媒体。电影学院的首席执行官道恩·哈德森（Dawn Hudson）认为，在审查了这两个组织之间的关系后，鉴于奥斯卡奖的计票和保密工作从未受到影响，学院将信封错误归咎于简单的人为错误。这个意外并不是有意违反了既定的技术规则、游戏规则带来的后果，更不是违反了职业道德规则带来的后果。从普华永道和学院合作担任奥斯卡奖项计票工作已经长达 83 年之久的历史来看，普华永道为客户保守秘密的职业道德堪称一流。

（三）重视职业道德教育

美国心理学家劳伦斯·柯尔伯格（Lawrence Kohlberg）的道德认知发展理论（Theory of Cognitive Moral Development，CMD）是在 1969 年提出的用以解释道德认知发展的理论。柯尔伯格依据儿童对遵从规则还是服从需要的行为选择这一规律出发，将儿童的道德发展划分为三个层次、六个阶段。层次一，称为“前习俗水平”，行为受逃避惩罚和获得奖赏的需要驱使，儿童主要着眼于自身的具体结果，还没有发生社会规范的内化。层次二，称为“习俗水平”，儿童认同于父母，并遵从父母的道德判断标准，儿童主要满足社会期望，这时社会规范已开始内化。层次三，称为“后习俗水平”，儿童主要履行自己选择的道德准则，此时社会规范已完成内化。根据柯尔伯格的 CMD 理论，当道德判断从低级向高级发展的过程中，不可能跳跃某个阶段，即一个人的道德判断不可能从第三阶段直接跳跃到第五阶段。但是，当一个人遇到伦理困境时，有可能回到低一级的道德判断阶段。

在借鉴、吸收国内外伦理教育理论的基础上，以柯尔伯格的道德认知发展 CMD 理论作为分析框架和分析工具，将伦理认知发展具有阶段性和层次性为研究的依据和逻辑起点，分层设计针对学校会计专业不同学历层次的会计伦理教育的目标、内容和方法。为了克服目前会计伦理教育存在的不分阶段、不分层次而导致的会计伦理教育目标过大、要求过高和方法过简的现状，以及由此而造成会计伦理教育空洞乏味，影响会计伦理教育的实效性的后果，本书试图通过对会计专业不同学历层次会计伦理教育的目标、内容和方法进行分层研究，以达到丰富会计伦理教育的理论，提高会计伦理教育的效果。

会计伦理分层教育理论和会计伦理分层教育的实践方法以及为我们改进目前会计伦理教育的现状，提高会计受教育者的会计伦理认知、判断的改善和养成具有指导意义。根据目前会计专业受教育者分为本科生、硕士研究生和博士研究生教育阶段的划分，结合柯尔伯格的 CMD 理论，我们力争完成对会计伦理教育目标、会计伦理教育内容和会计伦理教育的分层教育，并以会计伦理分层教育的基本理论为指导，对会计伦理分层教育的目标、内容和方法进行总体设计，并使其随着会计伦理教育的实践逐步完善。我们设计的会计职业伦理分层教育的层级、目标、内容和方法如表 2－1 所示。

表 2－1　会计伦理分层教育的层级、目标、内容和方法一览表

层级	目标	内容	方法
本科生 （阶段 1）	普及会计职业的伦理知识	以会计技术规则为主要内容的伦理教育	把处理会计业务和会计勤勉尽责的会计伦理结合起来：视频案例、角色扮演、小组讨论等
硕士研究生 （阶段 2）	开发会计职业的伦理感悟性	以会计游戏规则为主要内容的伦理教育	把遵守会计准则和会计诚信守约的会计伦理结合起来：角色扮演、小组讨论、案例讨论等
博士研究生 （阶段 3）	改善会计职业的伦理判断	以会计道德规则为主要内容的伦理教育	把提供会计信息和公平对待会计信息使用者的会计伦理结合起来：小组讨论、案例讨论和辩论等

第二节　成本管理会计职业组织

一、国外的成本管理会计职业组织

（一）美国管理会计师协会

美国管理会计师协会（The Institute of Management Accountants，IMA）是一家全球性的国际管理会计师组织，一直致力于支持企业内部的成本管理会计专业人士推动企业的整体绩效和表现。IMA 成立于 1919 年，由美国成本会计师协会（NACA）衍变而来，总部设立在美国新泽西州，拥有遍布全球 265 个分会的超过 65 000 名会员。在国际上，作为 COSO 委员会的创始成员及国际会计师联合会（IFAC）的主要成员，IMA 在管理会计、公司内部规划与控制和风险管理等领域均参与到全球最前沿的实践中。此外，IMA 还在美国财务会计准则委员会（FASB）和美国证券交易委员会（SEC）等组织中起着非常重要的作用。

IMA 不仅为个人会员提供职业发展的各种工具和机会，同时也为全球的管理会计学术领域做出了杰出的贡献。作为 IMA 在学术领域的成就和证明，战略财务杂志、管理会计季刊、IMA 教育案例期刊、IMA 应用研究基金会和校园案例大赛等内容为学术领域持续提供着有价值的知识、工具和技能。

美国管理会计师协会旗下的卓越研究中心（简称 COE）致力于为管理会计专业人士提供研究、最佳实践和工具。如果工作中涉及决策支持、财务计划、预算、分析与预测、风险管理和内部控制等方面，卓越研究中心将成为最佳的信息来源。卓越研究中心涉及多个研究领域：战略成本管理领域；业务绩效管理领域；财务治理、风险和法规遵循领域；技术促进领域；领导力战略和职业道德领域。

（二）英国皇家特许管理会计师公会

英国特许管理会计师公会（CIMA）是全球最大的国际性管理会计师组织，是国际会计师联合会（IFAC）的创始成员之一。CIMA 成立于 1919 年，是英国管理会计师的考试、管理与认证机构，总部设在英国伦敦，在澳大利亚、新西兰、爱尔兰、斯里兰卡、南非、赞比亚、印度、马来西亚和新加坡等国家以及中国香港和内地均设有分支机构或联络处。CIMA 目前大约拥有 15 万名会员和学员,遍布世界 150 多个国家。

CIMA 一直以来紧密结合充满活力和挑战的商界需求,坚持不懈地致力于企业财务管理及战略决策的研究和开发,提供了世界上极具权威性的高端财务职业资格认证。CIMA 资格认证不仅为企业衡量和提升财务管理人员素质和业务水平提供依据,也为各行各业的高级财务人员和管理精英创造展示实力的平台和个人发展的通途。

CIMA 资格不局限于会计方面的内容,而是涵盖了管理、战略、市场、人力资源和信息系统等方方面面的商业知识与技能。它将使财务工作者具备高级决策管理人员的素质,顺利实现财务人员的角色转换,跻身国际商界精英之列。世界知名跨国企业,如联合利华、壳牌、福特和艾森哲等,都对 CIMA 资格推崇备至。

为了顺应全球经济的快速发展,迎合雇主企业在人才需求方面的变化,CIMA 于 2005 年 5 月在全球范围内采用全新的管理会计师职业资格认证体系。CIMA 的这套全新体系不仅受到企业界和学术界的广泛好评,而且成为第一个也是目前唯一一个达到国际会计联合会(IFAC)国际教育标准的会计职业资格体系。它进一步提高了 CIMA 学生的素质,增强了他们在企业管理和战略方面的知识与技能。根据著名财经猎头机构 Robert Half 的最新调查,CIMA 成为世界上最受欢迎的会计职业资格认证机构,CIMA 会员的薪酬也跃居财务人员薪酬的榜首。

通过 CIMA 三级认证考试并达到工作经验要求者可获得 CIMA 会员资格。CIMA 会员即特许管理会计师,可在其姓名之后加注 ACMA 或 FCMA 专衔标志。ACMA(Associate of the Chartered Institute of Management Accountants)代表特许管理会计师公会会员。FCMA(Fellow of the Chartered Institute of Management Accountants)代表特许管理会计师公会资深会员,拥有 3 年决策管理高层工作经验者方可申请授予这一资格。ACMA 和 FCMA 标志是财务管理人员专业实力的见证和事业攀升的加速器。

二、我国的成本管理会计职业组织

(一)中国会计学会

中国会计学会创建于 1980 年,是财政部所属、由全国会计领域各类专业组织以及会计理论界、实务界专业人员自愿结成的学术性、专业性和非营利性的社会组织。

中国会计学会的主要任务是:①组织协调全国会计科研力量,开展会计理论研究和学术交流,促进科研成果的推广和运用;②总结我国会计工作和会计教育经验,研究和推动会计专业的教育改革;③编辑出版会计刊物、专著、资料;④发挥学会的智力优势,开展多层次、多形式的智力服务工作,包括组织开展中级和高级会计人员培养、会计培

训和会计咨询与服务等;⑤开展会计领域国际学术交流与合作;⑥发挥学会联系政府与会员的桥梁和纽带作用,接受政府和其他单位委托,组织开展有关工作;⑦其他符合学会宗旨的业务活动。目前,中国会计学会下设13个专业委员会。其中,管理会计专业委员会的主要任务是开展管理会计理论研究,推广管理会计实践经验,推动管理会计工具普及与创新,促进管理会计学术和实务交流。

(二)中国成本研究会

中国成本研究会是中国财政学会、中国会计学会和中国技术经济研究会的团体会员,会址设在北京。该会是以马克思列宁主义、毛泽东思想为指导,坚持理论联系实际的原则,贯彻"百花齐放、百家争鸣"的方针,组织和推动会员开展学术活动,为提高我国成本管理的理论水平和业务水平、努力降低成本、加速实现社会主义四个现代化服务。

中国成本研究会的职责是:①组织会员积极从事成本管理的理论研究活动,提高会员的理论水平和业务水平;②总结我国成本管理的经验,研究成本管理和成本学科体系;③调查研究成本管理中的问题,探讨解决的途径,向国家和有关部门提出建议;④举办各种形式的学术活动,普及成本管理的基本知识,宣传成本管理的重要意义;⑤积极参加国际性学术交流活动,研究和介绍外国成本管理的理论和经验;⑥编写、翻译、出版有关成本管理的书刊,交流成本管理的情报;⑦加强与各学术团体的联系。

本章思考题

1. 试比较希波克拉底、卢卡·帕乔利和潘序伦的职业道德思想。
2. 会计人员最重要的职业道德准则是什么?为什么要具备这些职业道德准则?
3. 成本管理会计师与注册会计师的职业道德准则有何区别?

本章参考文献和网站

[1]余绪缨. 管理会计学[M]. 北京:中国人民大学出版社,1999.
[2]余蔚平. 认真贯彻企业会计准则 全面提升会计信息质量[J]. 会计研究,2014(6):3-7.
[3]杨世忠. 诚信理财 塑造企业财务品牌[J]. 财务与会计,2004(10):12-14.
[4]马元驹,杨世忠. 注册会计师职业群体价值取向探讨[J]. 审计研究,2015(6):94-99.

[5]中国注册会计师职业道德守则第1号——职业道德基本原则.
[6]马元驹. 账目常清 友谊长存——《簿记论》的内部控制和会计伦理思想解读[J]. 财务与会计,2013(4):76－77.
[7]杨世忠,马元驹. 论会计文化、会计文化传承和会计文化传承的载体[J]. 会计之友,2012(12上):24－27.
[8]马元驹. 关于会计伦理教育的思考和建议[J]. 会计之友,2011(11下):4－8.
[9]马元驹. 关于会计准则正当性的思考[M]//邵瑞庆主编. 会计准则国际化趋势与应对. 上海:立信出版社,2011.
[10]马元驹. 镶嵌在会计徽标中的公平正义——以我国注册会计师协会的徽标为例[J]. 经济与管理研究,2011(2):111－116.
[11]马元驹. 上市公司的"信息界圈"现象及其治理[J]. 上海立信会计学院学报,2010(3):39－42.
[12]张军,马元驹,叶陈刚. 遵道才能得路——论会计的价值教育问题[J]. 经济与管理研究,2010(5):124－128.
[13]马元驹,杨世忠. 对我国会计职业群体"希波克拉底誓言"的期盼[J]. 会计之友,2009(4上):13－15.
[14]查尔斯·T. 亨格瑞,等. 成本与管理会计(英文版·第13版)[M]. 王立彦,译. 北京:中国人民大学出版社,2011.
[15]美国管理会计师(IMA)协会《职业道德守则公告》.
[16]英国管理会计师协会　http://www. cimaglobal. com.
[17]美国管理会计师协会（IMA）http://www. mythbreakers－com/ima.
[18]美国会计协会管理会计分会　http://www. aaa－mas. hyu. edu.
[19]加拿大管理会计师协会(SMAC)　http://www. cma－Canada－org.

经营预测分析

本章要点

本章介绍企业经营预测分析的原理和方法,在成本习性分析基础上着重介绍成本预测分析、量本利分析和安全边际(率)分析。学习本章,要求学生理解和熟悉成本管理会计预测分析的原理、内容和方法;理解和掌握成本习性分析和成本动因分析的方法;理解量本利分析的原理,掌握量本利分析的工具;熟悉安全边际分析,了解成本管理会计预测分析的延伸应用。

第一节　经营预测分析概述

一、经营预测分析的概念和原理

预测是指用科学的方法来预计、推断事物发展的趋势，它是一个由已知推断未知的过程。企业进行经营预测的目的就是了解对未来的经营活动与决策有重要意义的各种不确定因素和未知事件，为企业的经营管理决策提供依据。经营预测分析通常是按照一定的原则和程序，运用专门的方法对企业未来的收入、成本、利润和经营的安全程度等经营状况做出预测的过程。经营预测分析是管理会计的重要内容，通过收入预测、成本预测、利润预测和经营安全程度的预测，为企业的经营决策和管理控制提供基础和依据。

经营预测分析的基本原理就是根据企业历史和现在的相关经营资料，运用一定的预测方法，对未来经济活动可能产生的业务量、收入、成本、费用、利润和现金流量等有关企业经营业绩和企业的经营发展趋势做出预计、推测和分析。科学的经营预测分析是企业做出正确决策的基础，是企业编制预算、进行企业绩效考评的重要依据。

二、经营预测分析的方法

一般而言，经营预测分析可分为定性经营预测分析和定量经营预测分析两种。

定性经营预测分析又称非数量分析，是指由有关方面的专业人员根据个人的经验和知识，结合预测对象的特点进行综合分析，对事物的未来发展趋势做出推测和判断的一类预测方法。它一般不需要进行复杂的数学计算和分析，适用于缺乏完备的历史资料或有关变量之间缺乏明显的数量关系等条件下的预测。

定量经营预测分析又称数量经营预测分析，是指在完整掌握与预测对象有关的各种要素的定量资料基础上，运用现代数学方法进行数据处理，据以建立能够反映有关变量之间规律性联系的各类预测模型的方法体系。它适用于具备完整的历史资料或有关变量之间具有明显的数量关系等条件下的预测。

经营预测分析的方法很多，据不完全统计，经营预测分析的方法已达数百种之多，具体使用哪种经营预测方法，取决于经营预测分析的对象、目的、时间及对经营预测精

确程度的要求等因素。在进行经营预测分析时应综合考虑各有关因素，选择适当的方法进行经营预测分析。

三、经营预测分析视角的确定

一般管理会计教科书中介绍的经营预测分析方法主要涉及销售预测、成本预测、利润预测和资金需要量预测等。本章论述的预测分析是基于成本管理会计的视角而展开的预测，其主要内容包括成本预测、量本利分析和安全边际（率）分析三方面。因为从管理会计工具应用的视角来看，成本预测或估计具有十分独特的意义。准确的成本预测或估计，对于变动成本法的应用、量本利分析的应用、安全边际（率）分析和应用以及经营决策都具有十分积极的意义。成本预测、量本利分析预测是对不同业务量水平下的总收入、总成本和利润水平的一种预测，通过这种预测，可以为企业的经营决策和目标控制提供依据。安全边际（率）预测是根据实际或预计的销售业务量与保本业务量之间的差额来分析确定的能够表示业务量下降多少仍不会导致企业亏损的定量指标。

因此，下面将围绕成本预测分析、量本利分析和安全边际（率）分析的脉络展开论述。

第二节　成本及成本动因的确定与选择

成本预测是指运用一定的科学方法，根据已有的相关资料和实际情况对未来成本水平及其变化趋势做出的估计。成本预测可以把握企业未来的成本水平及其变动趋势，有助于准确地估计成本，减少决策的盲目性，提高决策质量。从成本预测的视角来看，基于成本习性的成本分类是成本预测和成本估计的基础，而按照成本习性来估计成本的前提是需要确定并选择成本和成本动因。

一、成本动因的比较和选择

（一）成本动因的比较

成本动因是决定成本发生的重要活动或事项，决定着成本如何发生，并可作为分配成本的标准。管理者通过选择正确的成本动因可以构建成本函数，从而为成本预测、成本控制和成本计算奠定基础。传统的管理会计中大都是以业务量为成本动因，发展到作业成本法,作业成为为达到组织的目的和组织内部各职能部门的目标所需的种种行动,成本动因成为各项作业被最终产品消耗的方式和原因。

成本动因是引起成本发生的各种因素或活动,是成本发生的起因,是各种资源耗费的真正根源。常见的成本动因主要包括产品生产数量、生产工时、订单数量、搬运次数以及设备调整次数等。传统的成本核算通常以业务量为唯一的成本动因,对于以前生产单一产品或生产成本中的原材料和人工成本占比较高的,其成本可以追溯到产品的数量,选择业务量作为成本动因并作为分配制造费用的基础,对生产成本的估计和生产成本计算的准确性影响不大。但对于现在高度自动化的企业而言,折旧及与设备相关的制造成本计入制造费用,占生产成本的比重逐渐加大,传统的将业务量作为成本动因并作为分配制造费用的基础,则对生产成本的估计和生产成本的计算将产生不准确的影响,需要选择更加适用的成本动因。作业成本法就是根据成本发生和成本动因之间的因果关系,将单一的业务量动因细化为更多、更细的成本动因,使得生产成本中不同的成本项目能准确地对应于不同的成本动因,使产品成本分配与计算更精确。

由此可见,成本动因的选择对于成本预测和成本计算的精确性至关重要,选择不同的成本动因,就会分解出不同的固定成本 a 和单位变动成本 b,进而按照分解出的固定成本 a 和单位变动成本 b 构建的成本预测方程预测的成本也就会不同。成本动因选择还有助于管理者了解所生产产品的成本构成及其与成本动因之间的关系,找到控制成本的措施和途径,便于管理者做出相应的生产决策和成本控制决策。

(二)成本动因的选择

在选取成本动因时,通常考虑影响成本变动最主要和最直接的因素,传统的产品成本计算方法一般选择业务量作为唯一的成本动因,偏重于对直接成本的计算与控制,而对间接成本的计算与控制重视不够。传统成本计算系统使用的是简单的制造费用分配和计算方法。采用最普遍费用分配基础的成本动因是直接人工工时、直接人工费用、直接材料和机器工时(或者混合基础)。这种方法的优点在于原理简单、易于操作,花费成本较少,但缺点是过分简化了成本产生的原因,只有在企业生产产品单一或制造费用在产品生产成本中所占的比例不大的情况下,采用业务量作为成本动因而不会造成较大的成本误差。随着市场竞争的加剧和科学技术的进步,越来越多的企业采用产品多样化战略以及高度自动化设备生产线,使得间接成本的费用增加很多,如果还按照以往传统的成本计算方法对制造费用采用简单的业务量成本动因作为分配间接成本的分配基础,可能造成被分配的费用与产品的数量、人工工时等这些传统成本动因不相符,所以提供的产品成本的信息也就会有误差。因此,业务量作为单一的成本动因在费用分配、成本计算和成本管理中的作用就会受到限制。

通常，企业成本动因的选择是由企业的工程技术人员和成本会计人员组成的专门小组共同商讨后确定的。由于成本动因选择是成本习性分析的核心，成本会计人员需考虑成本动因与混合成本的相关程度、成本核算准确度的要求、产品的多样化程度、批量的多样性程度以及基层管理者的素质等因素，根据既合理又简便的原则确定成本动因及其数量。为了确定成本动因，会计需要收集成本动因信息数据。收集成本动因数据通常有三种方法，分别是经验法、测量法以及回归分析法。经验法的成本较低，但有较大的主观随意性，如果技术人员缺乏认真负责的态度或缺乏经验，则可能造成误差较大；测量法准确性较高，结果较客观，但实施成本高，需要为每个作业中心配备适当的仪器，或每次需要认真记录所测量的数据；回归分析法的实施成本更高，需要对若干期间的数据进行分析。在实际应用回归分析法时，首先根据企业的实际生产情况及生产流程，通过有关专家运用经验法对每个作业或产品的成本动因给出一个大致的确定；然后，在这个基础上，可以运用测量法对相关数据进行记录分析，对一些较为复杂的数据进行回归分析，计算其相关系数；最后，判断并确定每项作业或产品的成本动因。典型的价值链视角成本与成本动因如表 3 - 1 所示。

表 3 - 1　价值链与成本动因

价值链	成本动因
一、研发	
1. 市场调查人员薪金、调查成本	新产品计划数量
2. 产品及工艺工程师薪金	产品复杂性
二、产品、服务、工艺设计	
1. 产品及工艺工程师薪金	设计耗电时间
2. 电脑设计设备成本、产品样品制作成本	每单位产品耗用部件数量
三、生产	
1. 工人工资	工作时间
2. 管理人员薪金	监管人数
3. 维修工人工资	维修时间
4. 机器设备折旧	运行时间
5. 电费	用电量
四、市场营销	
1. 广告费	广告量
2. 营销人员薪金、差旅费、业务招待费	销售额

续表

价值链	成本动因
五、分销	
1. 运输人员工资	工作时间
2. 运输费(包括车辆折旧费与燃料费)	运输货物重量
六、售后服务	
1. 服务人员薪金	服务时间
2. 供应、差旅费用	服务次数

资料来源:Charles T. Horngren, Gray L. Sundem, William O. Stratton, David Burgstahler , Jeff Schatzberg. Introduction to Management Accounting(14th Edition).

成本动因的选择是管理会计的一项基础工作,也是许多管理会计工具应用的前提。成本动因的错误选择会导致错误的决策。一项产品的生产或一项服务的提供可能涉及许多独立的业务活动,因而与此相联系的成本动因可能不止一个。管理会计师的一个任务就是找到正确的成本动因。由于涉及大量的数据分析,所以利用计算机进行回归分析的数据处理,并根据输出的统计指标来确定、解释或评价成本动因及其与成本之间的相关性以及对成本预测的可靠性就成为非常有效的工具。

二、成本习性和成本习性分析

(一)成本习性及分类

成本习性是指成本总额与特定业务量之间在数量方面的依存关系,称为成本习性。按照这种依存关系进行的成本分类可以分为固定成本、变动成本和混合成本三大类。

固定成本是指在一定条件下,其成本总额不随业务量的变动而变动的那部分成本。其特点是:固定成本总额保持不变,但是单位固定成本则随着业务量的增加而下降,或随着业务量的减少而上升。

变动成本是指在一定条件下,其成本总额随业务量的变动而成正比例变动的那部分成本。其特点是:变动成本总额随着业务量的增加成正比例增加,单位变动成本则保持不变,既不随着业务量的增加而增加,也不随着业务量的减少而减少。

混合成本是指介于固定成本和变动成本之间,既随业务量的变动而变动,但又不具正比例变动关系的那部分成本。

（二）基于管理会计工具应用的成本习性分析方法

管理会计工具应用，特别是变动成本法的应用、量本利分析的应用、安全边际（率）分析的应用以及经营决策的前提都需要将企业发生的成本按照成本习性分为固定成本和变动成本两类。然而，在现实生活中，企业成本并不总是以固定成本和变动成本呈现在人们面前，或多或少有一部分成本是以混合成本的形态出现的。这就要求我们按照发生的成本与成本动因之间的关系对混合成本进行分析，进而将混合成本中的固定成本和变动成本分解开来。通过成本习性分析，可以从定性和定量两方面认识各种成本的发生与成本动因之间相互依存关系及其变化规律，进而为应用变动成本计算法、标准成本法、量本利分析、短期决策及编制全面预算和弹性预算奠定基础。因此，成本习性分析既是管理会计的重要内容之一，也是管理会计中需要经常做的具体工作。

成本习性分析是指在明确各种成本与成本动因之间关系的前提下，采用一定的程序和方法将混合成本分解为固定成本和变动成本的方法。

分解混合成本的方法很多，就数量分析法而言主要有高低点法、散布图法和一元直线回归法等方法。高低点法和散布图法比较简单，因而也比较常用，但其计算结果往往比较粗糙，很难令人满意。一元直线回归法则比较复杂，计算工作量相当繁重，但其计算结果比较精确。

通过以上成本习性分析的方法，人们可以估计出混合成本中的固定成本 a 和单位变动成本 b，并在此基础上建立成本预测模型。

$$y = a + bx$$

构建了成本预测模型，我们只要确定了企业未来某一时期的成本动因，将成本动因代入成本预测模型，就可以预测出相应的成本总额。

第三节　成本预测分析

一、混合成本习性分析

在以上的分析中，我们已经构建了成本预测模型。但是，这个成本预测模型的应用首先需要界定和选择进行成本习性分析的混合成本；其次需要获得参数 a 和 b。为此，需要运用一定的技术方法，一般是通过成本习性分析的方法估计成本预测模型中的 a 和 b，即固定成本和单位变动成本。通常使用的成本习性分析方法是高低点法和一元直线回归法。

案例 1. 成本预测分析

青春化妆品公司推销其化妆品的方式是通过对特定顾客群提供皮肤护理咨询，与客户建立比较稳定的产品销售关系。通常，业务员和顾客预约在晚上 7 点到 9 点或周末上门提供咨询和推销产品。业务员的薪酬按照底薪2 000元/月再加销售提成构成。由于这项业务发展很快，公司决定从明年起对业务员给予交通补助，以便扩大产品推销的范围，争取更多的顾客。据公司测算，每个业务员每年上门提供服务平均要行驶约16 000公里的距离。交通补助的基本方案是：推销距离要从平均的16 000公里提高到20 000公里，对超过平均行驶里程的4 000公里的补助标准是自驾车 1 元/公里。业务员小程上年度的行驶里程为16 000公里。小程上年度按月记录的产品推销金额、访问客户时间、薪酬收入、行驶里程和成本费用等有关资料如表 3 – 2 所示。

表 3 – 2　产品推销金额、访问客户时间、薪酬收入、行驶里程和成本费用情况

月份	推销金额（千元）	访问客户时间（小时）	薪酬收入（元）	行驶里程（公里）	成本费用（元）
1	139	40	4 390	1 205	2 085
2	143	45	4 150	1 220	2 100
3	190	53	4 900	1 465	2 439
4	160	48	4 300	1 305	2 205
5	155	46	4 100	1 385	2 200
6	150	45	4 150	1 380	2 100
7	145	46	4 100	1 325	2 090
8	180	50	4 600	1 360	2 280
9	190	53	4 850	1 450	2 368
10	170	46	4 650	1 425	2 210
11	150	43	4 500	1 075	2 020
12	175	47	4 750	1 405	2 230
合计	1 947	562	53 440	16 000	26 327

表3－2中业务员小程上年度行驶成本费用项目构成及其金额如下：

折旧	11 000
保险费	2 100
定期保养费(200元/3个月)	800
发动机检测费(100元/4 000公里)	400
停车费及其他费用	4 027
燃料费	8 000
合计	26 327

预计下年度汽车的每百公里的耗油量不变，但油价会上升20%。如果每公里补助标准是0.95元或0.90元，是否接受该方案？预计下年度业务员小程行驶里程为20 000公里时的成本总额。

问题1：业务员小程通过上年度的行驶成本资料和下年度可能发生的条件变化，预测出下年度的行驶成本，并得出公司对下年度平均行驶里程16 000公里后增加行驶的4 000公里的补助标准，即使按最高标准1元/公里计算也不足以弥补增加的成本，准备拒绝公司的补助方案，而公司的管理层通过对小程及其和小程情况大致相同的其他业务员行驶成本的预测并结合来年将出现的新情况，得出的结论是：每公里补助标准0.9～1.0元都是合理的，基本可以弥补新增行驶里程所增加的成本。这一结论如何？公司提出的补助方案是否可行？

问题2：在上述估计成本的案例中，应当如何确定成本动因？不同的成本动因对于成本估计和激励指标确定的决策有哪些影响？

我们以案例1的资料为例，从行驶里程的成本费用（混合成本）中估计出固定成本a和单位变动成本b并以此为依据做出相应的决策。由于公司的行驶里程补助是以超过16 000公里的平均行驶里程之后的行驶里程数为依据，且案例1提供了行驶里程和成本费用的数据，那么就可以以行驶里程为成本动因，以成本费用为信息成本分解对象，分别用高低点法和一元直线回归法估计a和b。

（一）以行驶里程为成本动因的高低点法解决方案

通过确定最高业务量和最低业务量以及与最高业务量和最低业务量相对应的成本费用，估计出的a和b如表3－3所示。

高低点法的成本月度方程：　$Y=871.45+1.07X$

高低点法的成本年度方程：$Y=871.45\times12+1.07X$

考虑到下年度油价上升20%，因此，将年度成本方程修正为：

$$Y=871.45\times12+(1.07+0.1)X$$

根据修正的成本方程预测下年度行驶里程为20 000公里时的成本总额：

$$Y = 871.45 \times 12 + (1.07 + 0.1)X$$
$$= 871.45 \times 12 + 1.17 \times 20\,000$$
$$= 33\,857.4(\text{元})$$

表3－3 以行驶里程为成本动因

项目	业务量高点	业务量低点
业务量	1 465	1 075
成本费用	2 439	2 020
单位变动成本	1.07	
固定成本	871.45	

（二）以行驶里程为成本动因的一元直线回归法解决方案

利用案例1中的12个月的行驶里程和相应的成本费用进行回归，估计出的固定成本 a 和单位变动成本 b 也如表3－3所示。

一元直线回归法估计的单位变动成本为0.85

一元直线回归法估计的固定成本总额为1 060.1

一元直线回归法的月度成本方程：$Y = 1\,060.16 + 0.85X$

一元直线回归法的年度成本方程：$Y = 1\,060.16 \times 12 + 0.85X$

考虑到下年度油价上升20%，因此，将年度成本方程修正为：

$$Y = 1\,060.16 \times 12 + (0.85 + 0.1)X$$

根据修正的年度成本方程预测下年度行驶里程为20 000公里时的成本总额：

$$Y = 1\,060.16 \times 12 + (0.85 + 0.1)X$$
$$= 31\,721.92(\text{元})$$

如果以行驶里程为成本动因，以成本费用为成本习性分析对象，按照高低点法计算的单位行驶里程成本为1.07元，如果再将下年度的油价上升因素加进来，单位行驶里程成本为1.17元，远远高于公司给予的1元/公里的补贴，易于得出拒绝补贴的决策；按照一元直线回归法计算的单位行驶里程成本为0.85元，即便将下年度的油价上升因素加进来，单位行驶里程变动成本也为0.95元，仍然低于公司给予的1元/公里的补贴，从而易于得出接受补贴的决策。显然，由于技术上的原因，同样的成本和成本动因运用不同的成本估计方法会得出不同的数据和结论。

二、需要进一步研究的问题

在上述案例分析中，我们确定要进行成本习性分析的混合成本是业务员小程的行车成本，选择行驶里程作为成本动因，进行成本习性分析。如果存在多个成本动因时，究竟如何选择成本动因，既需要管理人员的经验判断，也需要一定的技术方法进行辅助判断。

以航空公司为例，从航空公司的成本和成本动因的关系来看存在多个驱动成本变化的成本动因，营业净收入、运输总转量、飞行小时和飞行公里都可以作为驱动成本变化的成本动因。在选择成本动因时，可以将营业净收入、运输总转量、飞行小时和飞行公里与成本费用进行回归分析，以便从多个成本动因中识别并筛选出与成本费用存在较强因果关系的成本动因，即以回归系数的大小判定成本动因，为选择合理的成本动因提供依据。

在案例 1 提供的资料中，推销金额、访问客户时间、薪酬收入和行驶里程都可以作为驱动成本费用的因素，因此可以用估计 a 和 b 及相关系数 r，并以相关系数作为辅助判断的依据。基于不同成本动因估计的 a 和 b 及相关系数的数据如表 3－4 所示。

表 3－4　基于不同成本动因的成本习性分析结果

成本动因	a	b	r
推销金额(千元)	1 158.7	6.38	0.93
访问客户时间(小时)	797.88	29.81	0.91
薪酬收入(元)	843.65	0.3	0.72
行驶里程(公里)	1 060.16	0.85	0.79

表 3－4 中，分别以推销金额、访问客户时间、薪酬收入和行驶里程为成本动因，按照一元直线回归法估计出 a、b 和相关系数 r。依据相关系数推销金额这个成本动因与发生的成本费用的相关系数最高，即拟合效果最好，访问客户时间其次，行驶里程再次，薪酬收入最低。不同的成本动因与发生的成本费用之间的相关系数不尽相同，应当结合管理经验选择和确定成本动因。

无论是传统的成本核算方法还是发展到现在应用最普遍的作业成本法进行成本核算，有关成本动因的选择和确定都是企业通过内部的管理会计信息系统进行收集整理并最终确定的，所获得的成本动因资料也只是用于企业内部的成本核算、成本控制和成本预测。2 014年财政部发布《关于全面推进管理会计体系建设的指导意见》(以下简称《意见》)，就管理会计研究而言，《意见》强调应“推动加强管理会计基本理论、概念框架和工具方法研究，形成中国特色管理会计理论体系。”企业大部分管理会计工具应用所需要的数据要通过管理会计特有的信息系统获得，外部人员无法获得相应的成本动因的相关数据，即使企业内部选择和确定成本动因并利用成本动因进行成本习性分析、本量利分析和安全边际分析，也需要支付相当的成本。

因此，如何解决企业外部利益相关者利用管理会计工具分析企业的经营状况，以及如何降低企业内部使用管理会计工具应用的成本就是一个需要认真考量的问题。如果利用财务报表的信息和数据并进行必要的加工和整理成为能满足管理会计工具应用所需要的信息和数据，就可以大大地扩展管理会计工具应用的范围。我们的思路是：选取利润表中的营业收入进行必要的加工和处理后的营业净收入指标作为进行成本习性分析的成本动因，使其替代传统的业务量作为自变量。选取利润表中的营业成本进行加工和处理后的收入动因成本指标作为成本并从中分解出相应的固定成本和单位变动成本；然后，根据分解出的固定成本和单位变动成本构建成本预测模型：$y = a + bx$；最后，利用成本预测模型预测出企业的未来特定期间的成本费用，也可根据估计的单位变动成本和固定成本进行本量利分析和安全边际分析。从以上管理会计工具应用的视角来看，这的确是一项有意义的管理会计实践。

第四节　量本利分析

量本利分析是在对总收入、总成本和成本动因三者依存关系的分析基础上预测出利润的分析方法和工具。量本利分析需要在成本习性分析的基础上，运用数学模型和图式，对总收入（单价 × 业务量）、总成本（固定成本 + 单位变动成本 × 业务量）和业务量等因素之间的依存关系进行的利润预测分析，其目的是通过研究总收入和总成本及其构成要素随着成本动因变动的规律性，为企业进行收入、成本和利润等经营目标规划和控制提供有效的信息和依据。

一、量本利分析的假设条件与局限

为了保证量本利分析工具应用的方便和有效，通常人为地规定了量本利分析工具的应用需要满足的假设条件。

假设 1：收入能够界定并且都是可以用来弥补变动成本、固定成本和创造利润的。

假设 2：成本能够界定并且可以分解为固定成本部分和变动成本部分。

假设3:销售数量是唯一的收入动因和成本动因。

假设4:在相关范围内,总收入、总成本和销售量之间存在线性关系。

假设5:在相关范围和一定的时期内,单位售价、单位变动成本和固定成本总额不变。

现实中进行的量本利分析其实很难满足上述假设条件。例如,很难做到产销量一致,相关范围也难以确定等。除此之外,从量本利分析方法本身涉及的相关要素来看,也对量本利分析的结果有比较大的影响。例如,收入、成本和利润的确定等。由于受管理会计人员的认知水平限制,特别是生产经营环境的不确定以及管理会计理论和实务提供的解决方案还不够完善,对于量本利分析工具应用中遇到的某些问题人们还没有办法完全解决。因此,量本利分析得出的结论也有其固有的局限,所以不能盲目套搬教科书中关于量本利分析的现成结论,必须积极对量本利分析所涉及的各个要素进行再思考,明确其含义和指向,同时应用动态分析、风险分析和敏感性分析等技术,从动态的角度研究企业经营条件、市场与价格、生产要素以及品种结构与技术条件等诸因素的实际变动情况,适时调整修正量本利分析结论,克服量本利分析的局限性。

下面从对量本利分析结果有一定影响的相关要素进行分析,以期在一定程度上完善量本利分析方法。

二、量本利分析工具应用的要素分析

在使用量本利分析工具时,一般会涉及收入、成本(固定成本+变动成本)和利润三个要素。用公式可以表示为:收入-成本=利润。目前在利润表中表示利润的指标有营业利润、利润总额和税后利润等。无论是哪种利润指标,其本质都是不同的收入和费用配比的结果。不同的收入和成本就有不同的利润,因此,为了提升管理会计工具应用的效果,我们还确实需要对收入和成本做一番深入的思考。

(一)收入要素分析

从会计准则对收入的定义来看,收入是指企业在日常活动中所形成的、会导致所有者权益增加的、非所有者投入资本的经济利益的总流入,包括销售商品收入、劳务收入、让渡资产使用权收入、利息收入、租金收入和股利收入等,但不包括为第三方或客户代收的款项。目前在量本利分析工具应用实务中计算保本点时,使用的是营业收入这一指标。营业收入是商品销售数量和商品单位销售价格的乘积,而单位销售价格中所包含的税金是按照税法的规定,按照适用的税种和税率标准以营业收入为课税对象强制性地向商品的生产经营企业征收的税款。这些税款构成商品价格的组成部分,最终由消费者负担。从理论上讲,这些税费本质上是企业为第三方(国家)代收代缴的税费,

而不是企业真正的营业收入，甚至和收入没有丝毫的关系。基于量本利分析使用的收入要素惯例上都是营业收入，其中绝大部分是符合会计准则的收入定义，也有少部分不符合会计准则的收入定义。其中，不符合会计准则定义的收入主要是指包含在营业收入中的价内税，即"营业税金及附加"项目中的各项税费。从直觉来看，收入中所包含的税费不能用于弥补变动成本，也不能弥补固定成本，更不能成为利润的来源。因此，如果在量本利分析时不对营业收入的口径进行调整，势必缺乏学理层面的支撑，对量本利分析的结果也会产生不利的影响。从量本利分析工具应用的实务来看，大都简单地套用了管理会计教科书介绍的分析方法，未能对量本利分析所涉及的各个要素按照量本利分析的内在逻辑进行分析和提炼，也未能对计算保本点相关要素所包含的内容进行详细的分析并做出相应的调整，导致计算出的保本点过于粗糙，不够精确。

在查尔斯·托马斯·亨格瑞（Charles Thomas Homgren）等的《成本与管理会计》和孙茂竹教授等编著的《管理会计学》（中国人民大学会计系列教材第六版）中列举的量本利分析的假设里就没有提到前述假设1的内容。再者，管理会计工作者在对量本利分析工具的应用中通常也考虑了影响保本点的各种因素，主要涉及销售数量因素的影响、固定成本因素的影响、单位变动成本因素的影响、销售单价因素的影响和产品品种结构的影响等，在量本利关系的敏感性分析中也是按照这些影响因素进行分析的。然而，可能是因为国外间接税负比较低，包含在价格中的税金比例也比较低，因而也就没有把单位售价中的税金作为一个影响量本利分析的因素加以考虑。

现以孙茂竹教授等编著的《管理会计学》（中国人民大学会计系列教材2012年第六版第69～71页）计算保本点的例题为例，说明不同口径收入要素对保本点的影响。

例：设某企业生产和销售单一产品，该产品的单位售价为50元，单位变动成本为30元，固定成本为50 000元，按营业收入计算的保本点见表3－5。

表3－5　按不剔除税金及附加的单价计算的保本点　　单位：元

固定成本	50 000	50 000
单价	50	100%
单位变动成本	30	60%
单位贡献边际	20	40%
保本点	2 500单位	125 000

现假定例题中企业的营业税金及附加占营业收入的比例为10%（参照CSMAR数据库的食品饮料业有关资料分析得出）。如果按剔除税金及附加之后的营业净收入计算的保本点见表3－6。

表 3－6　按剔除税金及附加的单价计算的保本点　　单位:元

固定成本	50 000	50 000
单价(剔除 10% 税金及附加)	45	100%
单位变动成本	30	67%
单位贡献边际	15	33%
保本点	3 333.33 单位	150 000

按不同收入要素口径计算的保本点和安全边际的差异见表 3－7。

表 3－7　按不同收入要素口径计算的保本点的差异　　单位:元

	不剔除税金及附加的营业收入	剔除税金及附加的营业收入	差异	占比
保本点(数量)	2 500	3 333.33	－833.33	75%
保本点(金额)	125 000	166 667	－41 667	75%

以剔除税金及附加的营业收入口径计算的保本点为 3 333.33 单位,以不剔除税金及附加的营业收入口径计算的保本点为 2 500 单位。也就是说,以营业收入口径计算的保本点不能实现保本,要实现保本的话还需要增加 833.33 单位的销售量。可见对收入要素的不同界定对于计算保本点的影响很大。

总之,在现行量本利分析工具应用中使用的收入要素,既无法与会计准则对收入的定义相一致,因为收入中的大部分“会导致所有者权益增加”,而还有一小部分是“不会导致所有者权益增加”的,是应当从收入中剔除的“为第三方或客户代收的款项”,因此它也就不符合“收入能够界定并且都是可以用来弥补变动成本、固定成本和创造利润的”量本利分析假设。如果量本利分析的假设条件不具备,自然也就谈不上量本利分析结果的准确性。

综上所述,为了使量本利分析工具应用更为有效,需要用营业净收入即营业收入减去税金及附加后的营业净收入替代营业收入。因为在现行的营业利润指标计算模式下,营业收入中包括税金及附加,不是企业真正的收入,以此作为收入与费用配比而出现在损益计算模式中的收入,在逻辑上和收入与费用配比的成本不具有明显的因果关系。因此,为了得到真正意义上的营业收入,需要提出营业净收入的概念,即在营业收入中先减去税金及附加,就得到营业净收入。营业净收入是在营业收入的基础上剔除了税金及附加的余额,这才是企业真正意义上的营业收入,即可以用来弥补成本和创造利润的收入,在逻辑上也符合与费用相配比的那个收入的原意。计算营业净收入的公式为:

营业净收入 = 营业收入 - 税金及附加

用营业净收入替代营业收入，能够满足前述量本利分析的假设条件，可以降低流转税税负较高行业的毛利和毛利率，具有修匀该行业上市公司毛利率的效果，可以比较真实地反映企业基本经营业务的经营成果和盈利能力。

（二）成本要素分析

从会计准则对费用的定义来看，费用是企业在日常活动中发生的会导致所有者权益减少的、与向所有者分配利润无关的经济利益的总流出。按照收入和费用配比的原则，费用是为取得收入在日常活动中发生的会导致所有者权益减少的、与向所有者分配利润无关的经济利益的总流出。而在现行利润损益计算模式下，利润表中的营业成本或营业总成本都不符合为取得收入而发生的费用的原意，而且也与营业收入与营业成本费用配比的口径不一致。为了得到真正意义上的与收入和费用配比的那个费用，需要对成本费用重新进行界定。这里我们提出收入动因成本的概念，即为取得营业净收入而发生的支出，这个收入动因成本应当和营业净收入的取得具有比较高的相关性。收入动因成本应当与所销售商品或者所提供劳务而取得的收入进行配比。营业成本是企业为生产产品、提供劳务等发生的可归属于产品成本、劳务等而发生的成本。但是，这个营业成本的概念其实仍然囿于产品制造成本，即为生产出产成品所发生的料、工、费。然而，随着经济和技术的发展和组织形式的变革，以产品制造成本为主体的营业成本的局限性越来越明显，越来越不适应管理决策和业绩评价的需要。因为企业生产产品本身并不是目的，生产产品的目的是为了销售产品取得营业收入。从产品生产完工到取得营业收入还要发生数量相当可观的销售成本和管理费用等。因此，营业成本并不是真正意义上的为取得营业净收入而发生的全部成本。既然营业净收入是由于提供产品或劳务而从客户那里获得的经济资源的流入，那么，为了和这个取得营业净收入相匹配的营业成本就只能是为取得营业净收入而发生的成本，也就是从产品生产并通过产品销售一直到到达客户使用之前甚至还包括售后服务所发生的全部成本。这个收入动因成本才是为了取得营业净收入发生的全部成本费用。只有将它和营业收入配比才具有逻辑上的一致性。因此，收入动因成本概念就是建立在为取得营业净收入而发生的全部成本这个概念基础之上的。有鉴于此，在营业成本的基础上再加上为取得营业净收入而发生的其他支出就是收入与费用配比这个理念之上的费用。收入动因成本具体来说就是营业成本再加上销售费用、管理费用和财务费用。计算收入动因成本的公式为：

收入动因成本 = 营业成本 + 销售费用 + 管理费用 + 财务费用

用收入动因成本的概念，首先明确了保本点保的是什么“本”的问题。用收入动因成本替代营业成本及其他调整项目计算损益，可以反映出从产品生产一直到产品出厂

和到达客户手里使用之前所发生的全部成本以及这一共性指标在控制、考核和评价全部成本的积极意义，同时剔除了资产减值损失、公允价值变动损益和投资收益等个性指标对营业利润所造成的扭曲，为实现收入和费用配比提供了符合逻辑的解决方案。

（三）利润要素分析

一般来说，利润是指企业在一定会计期间的经营成果。当营业净收入替代营业收入、收入动因成本替代营业成本后，用营业净收入减去收入动因成本得出的差额就称为利润贡献。按照这一口径计算损益的模式就是利润贡献损益计算模式。利润贡献损益计算的公式为：

利润贡献＝营业净收入－收入动因成本

综上所述，为了构建具有内在逻辑关联的利润贡献损益模式，我们分别界定了营业净收入和收入动因成本以及利润贡献等新概念，并在此基础上构建了利润贡献损益计算模式。这里提出的利润贡献损益计算模式替代了营业利润损益计算模式，从形式上看，利润贡献损益计算模式比营业利润损益计算模式多一个利润贡献指标，但从内容上看要比营业利润损益计算模式更符合收入与费用配比的内在逻辑。利润贡献损益计算模式既可以使营业净收入成为企业通过日常销售活动获得的为弥补成本乃至创造利润的收入，又可以使成本费用成为为取得收入而发生的支出；既可以使收入和成本费用实现配比，又能够比较科学地揭示企业基本经营活动创造利润的能力，从而能够比较真实地反映企业基本经营业务的经营成果，还可以较好地解释收入和费用实现配比所获得的利润贡献的内在逻辑。与现行营业利润损益计算模式相比，利润贡献损益计算模式更具计算口径一致、逻辑自洽的特征，因而更具有相当的理论意义和广泛的应用价值。

第五节　安全边际分析

一、安全边际概述

（一）安全边际的定义

安全边际（Margin of Safety，MS）是指实际（或预计）销售量（额）超过盈亏临界点销售量（额）的部分。

1. 安全边际的衡量指标

(1)安全边际量。安全边际量是指实际(或预计)销售量超过盈亏临界点销售量的部分。计算公式为:

实际(预计)安全边际量 = 实际(预计)销售量 - 实际(预计)盈亏临界点销售量

(2)安全边际额。安全边际额是指实际(或预计)销售额超过盈亏临界点销售额的部分。计算公式为:

实际(预计)安全边际额 = 实际(预计)销售额 - 实际(预计)盈亏临界点销售额

(3)安全边际率。安全边际率是安全边际量(额)与实际销售量(额)的比值。计算公式为:

实际安全边际率 = 实际安全边际量(额)/实际销售量(额)

2. 安全边际指标的作用

(1)安全边际反映企业的经营安全程度。安全边际越大,企业销售量超过其盈亏临界点越远,企业发生亏损的可能性就越小,表示其经营安全程度越高,经营风险程度越低。反之,则相反。

(2)安全边际反映企业的盈利水平。盈亏临界点销售量所创造的销售收入在弥补自身变动成本之后形成的边际贡献正好可以弥补固定成本,而超过盈亏临界点销售量所创造的边际贡献,在弥补自身变动成本之后,不需要再弥补固定成本,超过部分直接形成企业的税前利润。因此,安全边际越大,企业盈利水平越高。

(二)安全边际分析的内容

安全边际分析,是指利用企业经营信息、财务信息,特别是管理会计信息计算、分析销售量超过盈亏临界点销售量之间的距离,并以此呈现和揭示销售量下降多少企业仍不致发生亏损的幅度,并据此对企业的经营安全程度或者盈利水平做出评价的工具。

二、安全边际(率)分析存在的问题

安全边际分析是根据实际或预计的销售业务量与保本业务量之间的差额分析确定的能够表示销售业务量下降多少仍不会导致企业亏损的定量指标。通常,安全边际率是评价企业安全性的检验标准(根据行业性质不同会有所变化)。安全边际率检验标准如表 3 - 8 所示。

表 3 - 8　安全边际率检验标准

安全边际率	10% 以下	10% ~20%	20% ~30%	30% ~40%	40% 以上
安全程度	危险	要注意	较安全	安全	很安全

仍以孙茂竹教授等编著的《管理会计学》(中国人民大学会计系列教材第七版)计算保安全边际的例题为例,说明量本利分析涉及不同口径收入因素对安全边际的影响。

如果考虑了营业税金及附加的因素并将其剔除,用营业净收入计算保本点情况就大不一样了。显然,按两种不同收入的口径计算出的保本点进行对比分析的这种差异就十分明显了。按不同收入要素口径计算的保本点差异如表3－9所示。

表3－9　　按不同收入要素口径计算的保本点和安全边际率

项　目	营业收入口径	营业净收入口径
预计销售数量	4 000	4 000
保本点	2 500	3 333
安全边际(数量)	1 500	667
安全边际率(数量)	37.50%	20%

以剔除税金及附加的营业净收入口径计算的预计销售4 000单位的前提下安全边际只有667单位,进而计算出的安全边际率也只有20%,而以不剔除税金及附加的营业收入口径计算的,在预计销售4 000单位的前提下,安全边际为1 500单位,进而计算出的安全边际率为37.5%。如果依照通常的安全边际率指标及其评价标准对企业的经营风险做出评价的话,以不剔除税金及附加的营业收入口径计算的,安全边际率为37.5%,企业的经营安全程度属于“安全”范围,而以剔除税金及附加的营业净收入口径计算的,安全边际率为20%,企业的经营安全程度属于“较安全”范围。由此可见,收入中的税金及附加对保本点和安全边际的影响都很大,是量本利分析工具应用中不能忽视的因素。这个问题不解决,量本利分析工具的应用就会受到制约。

第六节　经营预测分析中需要考虑的其他问题

一、成本预测中的成本和成本动因的选择

(一)成本选择和界定

要选择成本动因首先需要识别和确定成本。只有确定了成本,才能根据引起成本发生的因素来识别和确定成本动因。企业销售商品或提供劳务获得营业收入必然会导

致成本的发生,企业的营业收入越多,为取得营业收入而发生的成本就越多。因此,成本本质上是为取得收入而付出的代价。营业收入首先是能够用来弥补成本的营业收入,这样界定的成本和营业收入才具有因果关系。因此,如何选择和确定成本就是首要的问题。

在传统的损益计算模式中,当产品销售收入、劳务收入等实现时,就将已销售产品、已提供劳务的营业成本等计入当期损益,以实现收入与费用的配比。但是这个成本概念其实仍然是为了生产出产品所发生的料、工、费。生产产品并不是企业的目的,企业之所以生产产品是为了销售产品和取得营业收入。从产品生产完工到实现产品销售取得营业收入还要发生诸如销售费用、管理费用和财务费用等成本。因此,产品成本并不是真正意义上的与营业收入可以配比的那个成本。既然收入是由于提供产品和劳务而从客户那里获得的经济资源的流入,那么,与这个营业收入相匹配的成本就是为取得营业收入所发生的从生产一直到产品到达客户手里使用之前所发生的全部成本。

(二)成本动因选择和界定

美国学者罗曼诺(Romana Partick L,1990)指出成本动因是“表示某一特定作业和一系列成本之间的因果关系”。作业是作为成本动因(亦即充当组织内成本发生的诱导性因素)的任何事项或交易(格里森,1991)。广义的成本动因被认为是作业成本计算实施的一部分。狭义地看,它又可视作企业为控制制造费用而努力的一部分(赵三立,王丹,1998)。

综合目前的学术观点,成本动因是决定成本发生的那些重要的活动和事项,支配着成本的发生,导致成本升降的因素即成本驱动因素。成本动因主要围绕企业生产作业展开,按照资源和成本分配标准划分为资源动因和作业动因(资源消耗量和产量);按照是否增值划分为积极性成本动因和消极性成本动因;从企业整体长远战略层面的定位可划分为结构性成本动因(规模、范围、经验、技术、多样性等)和执行性成本动因(劳动投入、全面质量管理、生产能力利用、工厂布局的效率性、产品外观以及与供应商、客户、公司的价值链等)。在一般情况下,成本动因大多是指业务量(产量或销售量)。业务量被认为是驱动企业成本的因素,是目前企业成本管理中应用最广泛的成本动因。

事实上,即便是在生产单一产品或只有单一作业的情况下也会存在多种成本动因的现象,如机器工时和业务量都是产品成本的驱动因素。如何选择合理的成本动因关系到成本核算、成本管理和成本决策的有效性。

本书在成本习性分析中界定和选择了以收入动因成本为成本习性分析对象,以营

业净收入为成本动因，对收入动因成本进行成本习性分析，估计出其中的固定成本和单位变动成本，并以此为基础构建成本预测模型，为量本利分析和安全边际分析的广泛应用奠定了基础，这也是在管理会计工具创新应用方面的一种新尝试。尽管初步的验证证明了这种方法的合理性和可接受性，但是还存在一些需要进一步完善的方面，以便使该方法更加成熟。

二、成本习性分析定量分析方法的选择

将所有成本按其习性划分为变动成本和固定成本，以及由此建立变动成本计算方法是管理会计当中最为基础的理论和方法。然而，成本在按其习性划分为变动成本和固定成本的过程中，却并非能够直接获得所需的满意结果，因为其中尚有介于变动成本和固定成本之间的成本形式——混合成本并有待分解。

从定量角度来看，如前文中所述，分解混合成本的方法很多，主要有高低点法、散布图法和一元直线回归法三种。高低点法、散布图法比较简单，因而也比较常用，但其计算结果往往比较粗糙，很难令人满意；一元直线回归法则比较复杂，计算工作量相当繁重，但计算结果比较精确。

一元直线回归法，是根据一系列历史成本资料，用数学上的最小平法原理，计算能代表平均成本水平的直线截距和斜率。一元直线回归法的优点是：只要有相关的历史成本数据，根据相关公式就可以求出对应的数学模型，从而预测未来成本；由于成本的分解主要运用函数或回归方程的知识，所以过程比较简单。其缺点是：缺乏历史成本数据不能使用此方法；当历史成本具有无效或者不正常的项目时，会影响估计成本的准确性。

因此，在对混合成本进行习性分析时，应根据具体情况选择适用的方法。如果条件许可，建议选用一元直线回归法。

进行安全边际分析，不仅需要销售量的数据，也需要保本点的销售量数据，而要取得保本点的数据，就需要获得单价、单位变动成本和固定成本的数据，而获得单位变动成本和固定成本的数据就需要进行成本习性分析。因此，安全边际分析的内容其实就包括了成本习性分析、量本利分析和安全边际分析三方面的内容。

三、收入和成本界定及其对保本点和安全边际的影响

我们遵循收入和费用配比的会计逻辑基础，认为营业净收入可以被选择为成本动因。首先，从本质上讲营业收入是销售量的另外一种表现形式，如果销售量是一种业务量的话，那么营业净收入就是业务量的价值表现形式。其次，当前越来越多的企业实行以销定产的经营策略，即先确定收入目标，然后为实现这个收入目标组织生产和销售，发生各种支出，营业净收入驱动着成本的发生。最后，现行的预算编制体系都是以销售

预算为起点的，然后才编制生产预算、直接材料、直接人工、制造费用、销售和管理费用预算等。可见，成本的发生都是为了收入的取得。因此，为取得营业净收入而发生的各项支出，即驱动收入动因成本的因素实质上就是营业净收入。

目前，量本利分析工具应用在实务中计算保本点以及计算安全边际时，使用的是营业收入这一指标。但使用这一指标计算出保本点以及安全边际真的准确吗？

特别要指出的是，在以间接税为主的我国，营业收入中包含有一定比例的税费和附加，因此，应该将税金及附加从营业收入中扣除，得到营业净收入（马元驹等，2015）。因为，企业所应缴纳的税金及附加中各项税费的本质是企业交给第三方（国家）的税费，企业生产经营取得营业收入后应先上缴国家规定应交的税金及附加中的各项税费，余下的部分才能够用来弥补企业为取得营业收入而发生的成本，这样就衍生出营业净收入的概念。

因此，如果在量本利分析以及安全边际的计算时不对营业收入的口径进行调整，势必缺乏学理层面的支撑，对分析的结果也会产生不利的影响。同理，如果不对成本费用做出选择和界定，保本的指向就不明确，同样会使成本习性分析，量本利分析和安全边际分析不准确，对相应的决策产生不利影响。

本章思考题

1. 什么是成本动因？如何选择成本动因？哪些指标可作为成本动因？营业收入能否作为成本动因？为什么？

2. 如何提高成本预测的准确性？

3. 如何扩大成本预测的应用范围？

4. 什么是量本利分析？从哪些方面进行量本利分析？不同口径的收入要素的计量对保本点计算有什么影响？

5. 安全边际的衡量指标有哪些？如何计算？不同口径的收入要素的计量对安全边际计算有什么影响？

本章作业题

1. 运用高低点法和一元直线回归法预测成本

假定江海电器公司 2017 年上半年有关蒸汽成本和直接人工的资料如表 3 - 10 所示。

表 3-10　江海电器公司 2017 年上半年成本情况

月份	蒸汽成本(元)	直接人工(小时)
1	15 850	3 000
2	13 400	2 050
3	16 370	2 900
4	19 800	3 650
5	17 600	2 670
6	18 500	2 650
合计	101 520	16 920

要求:

(1)建立蒸汽成本的成本方程。

(2)分别用高低点法和一元直线回归法,预测 2017 年 7 月直接人工小时为 2 800 时的蒸汽成本总额。

2. 盈亏临界点分析案例

假定江海电器公司生产和销售单一产品甲产品。2017 年度内预计有关数据为:产品单位售价 50 元,单位变动成本 30 元,固定成本 50 000 元,预计正常销售量 4 000 件。

要求:(1)根据以上资料,分别计算该公司盈亏临界点的销售量和销售额、安全边际和安全边际率以及利润总额。

(2)从影响盈亏临界点的要素分析,盈亏临界时的保本点保的是什么“本”? 盈亏临界点是不是能够保本?

本章参考文献

[1]余绪缨. 管理会计学[M]. 北京:中国人民大学出版社,1999.

[2]余蔚平. 认真贯彻企业会计准则 全面提升会计信息质量[J]. 会计研究,2014(6):3-7.

[3]Anderson M C, Banker R D, Janakiraman S N. Are selling, general, and administrative costs "Sticky"? [J]. Journal of Accounting Research. 2003, 41(1): 47-63.

[4]Charles T. Horngren, Gray L. Sundem, William O. Stratton, David Burgstahler , Jeff Schatzberg. Introduction to management accounting(14th Edition)[M]. Pearson Education :Prentice Hall. 2008,50-55.

[5]雷丁华,王平心. 成本动因政策:从理论公平到管理导向[J]. 经济问题,2008(9):10-12.

[6]Cooper R ,Kaplan R S. How cost accounting distorts product cost [J]. Management Accounting, 1988(3):20-27.

[7]臧从容. 从动态角度看成本动因的选择[J]. 中共青岛市委党校(青岛行政学院)学报,2008(9):40-42.

[8]汪方军,常华,黄侃. 基于聚类分析的成本动因选择和合并研究[J]. 管理评论,2009,21(9):94-99.

[9]Babad Yair M. , Balachandran Bala V.. Cost driver optimization in activity-based costing[J]. The Accounting Review, 1993, 68(3):563-575.

[10]王平心,等. 成本动因量的同质性研究[J]. 数量经济技术经济研究,1999(5):44-46.

[11]赵惠芳, 徐军, 张璇. 成本动因选择的实证比较研究[J]. 华东经济管理,2006,20(1):93-96.

[12]刘学文,欧阳美辰,徐洁. 作业成本动因选择、合并与评价的系统方法构建[J]. 中国管理科学,2014(11):72-78.

[13]马元驹,杨琳. 基于财务报表数据的成本习性分解方法研究——收入动因成本习性分析模型的构建[J]. 会计之友,2016(6):104-108.

[14]马元驹. 收入要素的不同界定对管理会计工具应用的影响——以保本点和安全边际的计算为例[J]. 财务与会计,2016(12):38-40.

[15]王东清,王煜姣. 上市公司成本习性测度与统计分析[J]. 财会月刊,2013(16):7-9.

[16]张雪琴,张小麟. 混合成本分解方法之研究[J]. 南京财经大学学报,2007(2):42-44.

[17]杨琳,马元驹,潘迪. 保本点真的能够保本吗——营业税金对保本点影响的视角[J]. 财会月刊,2016(30):56-60.

第四章

预算管理

本章要点

本章介绍企业预算管理的基本概念、类型、方法和全面预算管理的全过程。学习本章,要求学生掌握预算管理的本质和原理,理解并掌握投资导向预算、销售导向预算、利润导向预算和现金导向预算四种预算管理模式及其适用条件;理解并掌握预算编制的各种方法及其适用条件,熟悉全面预算管理的主要内容;了解如何通过"业财融合"进行从预算编制到预算执行与调整再到预算考评的全流程管理。

第一节 预算管理概述

一、预算的概念

预算有着悠久的历史渊源,是人类社会发展到一定历史阶段的产物。早在我国的周朝官厅会计中就存在政府预算制度,而在我国古代儒家经典《礼记·中庸》中就明确提出:“凡事豫(预)则立,不豫(预)则废”,凸显了计划和预算的重要性。近代预算制度则产生于英国,预算的英文“budget”来自于法语 bougette(公文包),源于 19 世纪中期英国财政大臣在议员们面前打开公文包,以展示预算资料的习惯。预算制度首先应用于政府机构,后被企业所借鉴并广泛应用,进而发展成为重要的企业管理工具和控制体系。

企业预算是指企业未来一定期间经营计划以及预期所能取得的结果或达到的目标的数量化、价值化的表现与说明。简而言之,预算就是经营计划及其预期结果或目标的数量化与货币化,主要表现为一系列的预计数量统计表格与财务数据。

企业预算与经营计划有着紧密的联系。企业形成预算的前提是先设定经营计划。经营计划是在经营决策的基础上,根据经营目标,对企业的生产经营活动和所需要的各项资源,从时间和空间上进行具体的统筹安排所形成的计划体系。在经营计划的制定过程中,管理者会面临未来诸多问题需要解决,确定解决问题具体方案的过程就是管理者进行决策的过程。所以说,经营计划的核心在于经营决策。管理者一系列经营决策结果的总和就构成了经营计划。一般情况下,经营计划的内容主要包括四个方面:①未来要做什么——目标;②未来如何去做——措施;③未来由谁去做——责任; ④未来何时做、何时完成——时间及进度。

以制造性企业为例。企业的经营计划主要包括以市场预测与决策为基础编制的销售计划,以生产决策和定额标准为依托编制的生产计划、原材料采购计划、库存计划、人力资源与员工薪酬计划,以及以相关决策为基础编制的资产采购和使用计划、资金计划等。

良好的经营计划是以科学的市场分析和经营预测为基础展开的。预测是根据历史资料和相关信息,运用一定的科学预测的方法,对市场趋势和企业未来经营状况及可能

形成的结果进行的预计与推测，它是计划的基础。在经营计划的形成过程中，如果没有进行深入、细致的经营分析和科学预测，而仅仅依靠经验判断甚至“拍脑袋”进行相关经营决策所形成的经营计划，势必是不科学、不符合实际情况的，而在此基础上编制的预算也不可能是高质量的。

还需要注意的是，虽然预算是经营计划及其预期结果或目标的数量化与货币化，但并不意味着预算只是对经营计划的被动反应。如果预算中所反映的经营计划的预期结果与企业所要求达到的目标之间有差距时，企业往往会根据战略需要对经营计划进行调整，以保证企业的战略及其阶段性目标能够通过预算管理得以贯彻和落实。简而言之，经营计划与预算之间不是单向反映的关系，而是通过双向互动反馈，最终形成企业经营计划与预算体系之间的有机统一。

上述企业预算与经营预测、经营计划和经营分析之间的关系如图 4 - 1 所示。

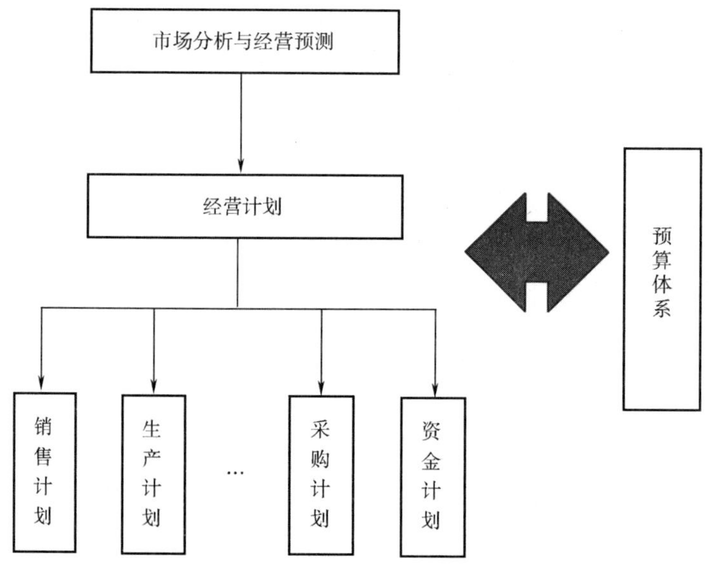

图 4 - 1　企业预算与经营预测、经营计划和经营分析之间的关系

二、预算的分类

预算是一个体系，由一系列对经营计划进行数量化与货币化说明的预算文件构成。预算文件之间是有差异的，可按照一定的分类标准对其进行分类。预算的分类有助于管理者更好地了解不同预算的特点。预算的主要分类如下：

（一）按照预算的内容不同进行分类

按照预算的经济内容分类，可将预算分为业务预算、资本支出预算和财务预算三大类。

1. 业务预算

业务预算也称营业预算，即对企业日常的生产经营活动编制的预算。日常的生产经营活动也就是企业日常的供、产、销活动。业务预算包括销售预算、生产预算、直接材料预算、直接人工预算、制造费用预算、生产成本预算、销售及一般管理费用预算等。由于企业的供、产、销活动是企业最基本、最经常的活动，所以它又被称为基本预算或经常预算。

2. 资本支出预算

资本支出预算也称投资预算或专门决策预算，即对企业扩大、更新或改善生产资源及销售渠道等重大决策活动所编制的预算，如固定资产改建或扩建及更新预算、长期投资预算及开辟新的销售渠道的投资预算等。这些预算的共同特点是：它们体现着企业的重大经营决策和发展方向，预算所涉及的时间较长（一般在 1 年以上），支出的数额较大，不确定因素较多，编制的困难较大，对投资的数量、期间和回收等需做出适当的估计，以便为企业从整体上调度资金提供必需的参考资料。

3. 财务预算

财务预算，即根据其他预算所涉及的有关现金收支、经营财务成果和企业财务状况等变动所编制的预算。现金可以被认为是企业经营活动的“血液”，任何单位、部门所从事的任何活动无不需要现金的支持。企业经营活动结果最终都要以财务成果表现出来，它不仅可表明经营的优劣，在预算中还可表明预算编制是否符合经营目标的要求。因此，财务预算主要包括现金预算、预计损益表及预计资产负债表。

管理者可根据管理需要对不同内容的预算文件进行选择和组合，合理地设计预算体系。其中，如果企业的预算体系包含了上述全部内容，就意味着该企业采用的是全面预算体系，涵盖了企业的全部经济活动及其成果。在全面预算体系中，财务预算是从价值方面总括地反映企业业务预算与资本支出预算的结果，也就是说，业务预算和资本支出预算对企业财务状况和经营成果的影响都可以用货币金额反映在财务预算内。这样一来，财务预算就成为各项业务预算和资本支出预算的整体计划，故亦称为总预算，其他预算则相应称为辅助预算或分预算。显然，财务预算在全面预算体系中占有举足轻重的地位。当然，对于小规模的企业，如果实施全面预算的成本效益不佳，也可以只选择某一类的预算来构建适合本企业管理需要的预算体系，如费用预算体系或现金收支预算体系等。

（二）按照预算编制期间的不同进行分类

按预算编制期间的长短不同，可将全面预算分为编制预算期间大于一个会计年度的预算（即长期预算，如三年度预算、五年度预算等）和编制预算期间在一个会计年度（或长于一个会计年度的一个经营期）内的各项预算（即短期预算，如年度预算、季度预算和月度预算等）。在预算编制过程中，往往应结合各项预算的特点，将长期预算和短期预算结合使用。一般情况下，企业的业务预算和财务预算多为 1 年期的短期预算，年内再按季或月细分，而且预算期间往往与会计期间保持一致。

三、预算管理的过程与职能

将预算作为管理工具运用到企业的管理中就形成了预算管理。具体而言，所谓预算管理就是将预算作为企业针对未来优化预算期内资源的配置、协调和控制企业及各业务部门的经济活动、考评和激励各级管理者，以提高资源的使用效率和效益，实现企业目标的手段而经历的过程。

预算管理过程主要包括四个环节：①预算编制环节。通过编制预算，围绕着经营目标的达成对经营计划进行货币化和数量化的表达与说明，进而优化企业预算期内的资源配置。②预算执行与控制环节。预算编制完成后，经过批复便成为企业各预算单位开展经济活动的根据，而企业预算管理部门也将依据批复后的预算对各预算单位的预算执行情况进行控制。③预算分析与调整环节。在预算执行与控制过程中，企业需要对预算执行情况进行及时、全面的分析，分析实际执行情况与预算之间形成差异的原因，并根据预算执行条件或环境的变化对预算调整的必要性进行评估，确实需要调整的则要对原有预算进行调整。④预算考评和激励环节。预算期结束后，企业应将执行结果与预算值相比较，确认差异，并对差异形成的原因进行分析，根据分析的结果评价各责任主体的工作业绩并按照奖惩制度，将其与各预算责任人的利益挂钩，实施预算激励。图 4－2 是预算管理的过程。

通过上述管理环节，预算管理可以发挥以下职能作用：

1. 计划职能

企业管理当局在明确公司总体经营方向和目标确定的基础上，通过编制预算，可以使企业的经营计划与目标进一步具体化、数量化和货币化。

2. 控制职能

预算一经确定就进入实施阶段，管理工作的重心转入控制，即设法使经济活动按计划进行。企业各部门的经济活动要经常进行分析和控制，使各部门的工作符合总目标的要求。而对各部门的经济活动进行分析、控制的依据就是预算，并用其控制各项经济

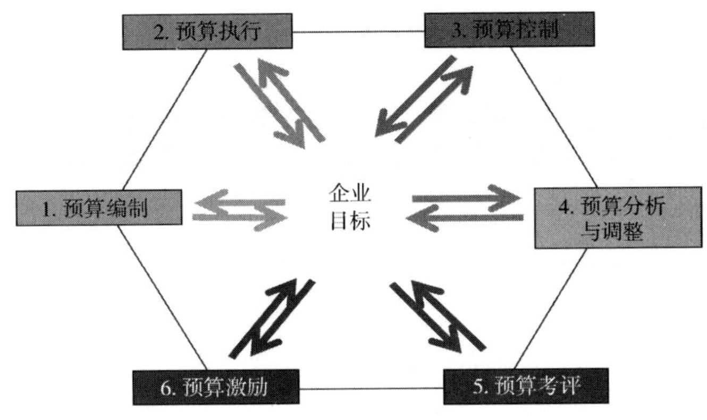

图 4－2　预算管理的过程

活动，从而避免不必要的支出，降低成本费用，保证预定目标的顺利实现，提高企业的经济效益。

3. 沟通与协调职能

组织以预算的形式向每个员工正式表达了组织的计划，所有的员工便会清楚他们在实现这些目标中的作用。企业的各个部门、各项活动的管理者因其职责不同，往往会出现相互冲突的现象，或出现局部活动不符合企业整体利益的情况。由于预算运用货币度量来表达，具有高度的综合性，经过综合平衡以后可以用来解决企业整体与预算单位之间、各预算单位之间的冲突，可以使各预算单位的工作在此基础上协调起来，以实现企业整体利益的最大化。

4. 业绩评价与激励职能

预算作为企业预算期内经济活动的执行依据或标准，使各项活动的实际执行有章可循。因此，预算标准可以作为各部门责任考核的依据。经过分解落实的预算目标能与部门、责任人的业绩考评结合起来，成为奖勤罚懒、评估优劣的准绳。

从预算管理的过程可以看出，预算管理是一种闭环式的管理循环。通过预算管理的预算编制、预算执行与控制、预算分析与调整、预算考评与激励等环节，可以充分发挥计划、控制、沟通与协调、业绩评价与激励等职能作用，实现事前控制、事中控制和事后控制的有机结合，形成一套计划科学、控制有力、考评合理的管理体系。正因为此，企业高度重视预算管理工作，并以预算管理为核心构建企业的管理控制系统。

第二节　全面预算管理

一、全面预算的基本体系

全面预算是以数量形式表示未来某一特定期间内企业的全部经济活动及其成果，也可称为“企业全部计划的数量说明”，通常表现为一整套预计的财务报表及其他附表。它是在预测决策的基础上，按照既定的目标对企业未来的销售、生产、成本和现金流入与流出等有关方面以计划的形式具体、系统地反映出来，使经营决策方案在全面预算中得到体现和落实。

全面预算体系是指以本企业的经营目标为出发点，通过对市场需求的研究和预测，确认主导预算，进而延伸到生产、成本和资金收支等各方面的预算，最后编制预计财务报表的预算体系。虽然全面预算的具体内容会因各企业规模和生产技术特点的不同而产生一定的差异，但基本内容都是相同的，主要由业务预算、资本支出预算和财务预算三部分组成。以销售为主导的全面预算体系如图 4 – 3 所示。

对图 4 – 3 中的内容简要说明如下：

第一，销售预算是年度预算的编制起点，因而企业应首先根据长期市场预测和生产能力进行长期销售预测，并在此基础上确定本年度的销售预算。同时，还要根据企业财力确定资本支出预算。

第二，根据“以销定产”的原则确定生产预算并考虑所需要的销售费用。编制生产预算时，除了要考虑计划销售量外，还需考虑现有存货和年末存货。

第三，根据生产预算确定直接材料、直接人工和制造费用预算。

第四，产品成本预算和现金预算是有关预算的汇总。其中，现金预算渗透到所有需要支付或取得收入的具体预算之中，是“业财融合”的具体表现。

第五，预计损益表、预计资产负债表和现金预算是全部预算的综合反映。

为了使整个预算工作有条不紊地进行，一般在企业内部专设一个预算委员会，负责编制预算并监督实施。它通常由企业领导、供、产、销、财务各部门主管人员以及总会计师等组成，负责协调和审查各部门所编制的预算，并随时检查预算的执行情况，促使有关方面协调一致地完成预算所确定的目标和任务。

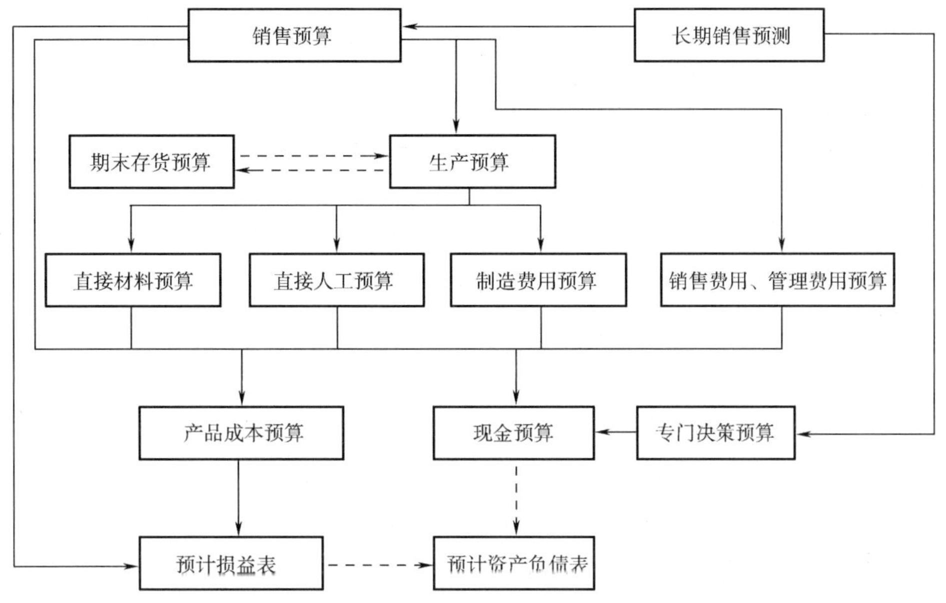

图 4－3　全面预算体系的基本内容

二、全面预算管理的特点和意义

（一）全面预算管理的特点

全面预算管理是以全面预算体系为依托开展的预算管理，是集企业全面计划、控制和考评为一体的全过程、全方位和全员参与的系统预算管理过程，其主要特点如下：

1. 战略指示性

全面预算管理的要点是对企业资源做出合理的统筹配置，使其达到高效的使用效率。该管理方式的实施必须是以公司的战略目标为前提，为公司实现战略发展目标做出合理有效的规划并提供全面的支持。

2. 管理全方位

企业全面预算管理是对企业各个方面的预算进行全方位的管理，如财务预算、经营预算、筹资预算和资本预算等。全面预算管理是对企业预算全过程进行控制管理，将预算活动的编制、控制、贯彻执行、考核分析、绩效评价及奖励惩罚等过程贯穿整个公司运行活动的每个环节，是对整个预算过程的管理。全面预算管理不是靠单一的人员或部门就能实行的，必须是公司全部人员的配合，从企业的领导层面到财务部门、其他部门

再到每一个员工，都有责任为企业预算管理出一份力。

3. 相互协调性

全面预算是企业资源配置的具体形式。由于全面预算具有战略导向和贯彻企业经营计划的特性，并且在编制过程中经历了上下左右的反复沟通，因此，在企业经营活动中全面预算就成为各部门和单位开展业务活动的依据，成为各部门和单位互相配合的行动指南。

4. 监督控制性

全面预算管理不仅仅只是下达预算目标、编制和汇总预算额度，更多的是对企业预算过程进行全方位执行，对企业预算行为进行控制，对企业预算结果进行考核和评价，真正发挥预算管理的作用。

（二）企业实施全面预算管理的意义

1. 提升战略管理能力

全面预算管理可以对战略目标加以量化和固化，预算的执行与企业战略目标的实现成为同一过程。对预算实施有效监控，动态地调整战略规划，提升战略的应变能力，才能确保最大限度地实现企业战略目标。

2. 有效的监控与考核

全面预算的编制过程向企业各部门提供了设定合理业绩指标的全面信息，通过将预算与执行情况进行对比和分析，可以有效地进行监控，并以预算执行结果作为业绩考核的重要依据。

3. 高效使用企业资源

预算计划过程和预算指标数据直接体现了企业各部门使用资源的效率以及对各种资源的需求，是调度与分配企业资源的起点，通过全面预算的编制和平衡，企业可以对有限的资源进行最合理的分配。

4. 有效管理经营风险

全面预算可以初步揭示企业预算期的经营情况，使可能的问题提前暴露。参照预算结果，公司高级管理层可以发现企业潜在的风险，并预先采取相应的防范措施，从而达到规避与化解风险的目的。

5. 收入提升及成本节约

全面预算的编制要求对企业内外部环境做出合理分析，保证企业的收入提升和成本节约计划切实可行，且全面预算的编制、执行、控制、考评、绩效和调整都以成本和收益为关键指标，为企业的收入提升和成本节约提供了保障。

三、全面预算的管理模式

在全面预算管理实践中，为提高预算管理的效益，企业管理层需要根据企业所处的环境，以及基于内外部环境分析所制定的战略要求，充分考虑企业所处的发展阶段和与之相适应的管理需要，确定全面预算编制和实施的核心预算，并以其为主导编制其他预算。根据不同的发展阶段、不同的战略要求以及不同的管理需要，企业会选用不同的全面预算体系，进而形成不同的预算管理模式。一般情况下，在企业发展或产品投入市场的初始阶段，编制的是以投资为导向的全面预算；在企业或产品进入成长阶段，编制的是以销售为导向的全面预算，即销售导向预算；在企业或产品处于成熟阶段，编制的是以目标利润为导向的全面预算，即利润导向预算；为使企业或产品在衰退阶段得以存活或降低风险，编制的是以现金为导向的全面预算。

（一）以投资为导向的全面预算

在投资导向管理模式下，首先是基于企业的投资计划安排资本支出预算。根据资本支出预算编制各项业务预算及其现金支出预算。对预算执行过程和结果的考核重点是预算执行的进度和成效。

（二）以销售为导向的全面预算

在销售导向模式下，销售收入是预算管理的核心。预算编制的起点和预算考核的主导指标都是销售收入。企业确定目标销售额，以此为起点，销售部门编制销售预算，生产部门确定生产预算，采购部门确定采购预算，财务部门编制财务预算。预算执行期满后，首先对销售目标完成情况进行考核，再对其他相关预算目标进行考核，考评结果作为奖惩的依据。

（三）以目标利润为导向的全面预算

在利润导向模式下，利润是预算管理的核心，预算编制的起点和预算考核的主导指标都是利润。企业首先要确定目标利润，以此为起点，将目标利润层层分解，确定二级单位的目标；然后，二级单位根据各自的利润目标编制相应的生产预算、销售预算和成本费用预算等；最后，在二级单位预算的基础上汇总形成企业总预算。预算执行期满后，对二级单位利润目标完成情况进行考核，考评结果作为奖惩的依据。在此模式下，如果二级单位不是利润中心而是成本中心，则将实现目标利润所需的目标成本作为考核对象。首先确定目标成本，然后将目标成本层层分解，把目标成本尽量细化到最小单元，使目标成本落实到具体的车间、班组以至每一个岗位，明确责任，挖掘潜力，努力降

低成本，从而实现企业利润目标。预算执行期满后，首先对成本目标完成情况进行考核，然后再对其他相关预算目标进行考核，考评结果作为奖惩的依据。

（四）以现金为导向的全面预算

在现金导向模式下，企业的现金流量是预算管理的核心，是依据现金流量确定企业一定时期内货币资金的流入、流出额并加以平衡的一种预算管理模式，其预算管理工作的关键在于保持现金流量的动态平衡可持续。

需要说明的是，预算模式的不同主要体现为预算管理的重点和关键点的不同，其预算体系的构成、预算编制、预算的执行和控制以及预算的考评并没有本质的区别。以上各种预算管理模式在实际工作中并无绝对的界限，往往需要综合运用。

四、全面预算的编制程序

全面预算是用来帮助管理人员规划和控制企业各项经济活动的重要工具。企业全面预算的编制要涉及经营管理的各个部门，执行人员参与预算的编制，才能使预算成为他们自愿努力完成的目标。因此，预算的编制是领导者、专业人员和预算执行部门相结合的产物，其预算编制一般采取“自上而下与自下而上相结合”的编制程序。

全面预算编制的程序包括如下典型步骤：

第一，提出企业总目标。企业最高领导机构根据长期计划，利用本量利分析等工具，提出企业一定时期内的经营总目标，并提前约 3 个月分别下达各基层预算执行单位和各职能部门。

第二，草编预算。企业最基层的成本控制人员根据实际情况草编预算，使预算尽可能地可靠，并提前两个半月交所属职能部门。

第三，各部门编制业务预算。各部门汇编总部门预算，并初步协调本部门的预算，分别编制出销售、生产、财务等业务预算，并提前约两个月报送企业预算委员会。

第四，汇总形成企业的总预算。预算委员会审查、平衡业务预算，汇总出企业的总预算，并提前一个半月报送企业领导和审议机构。

第五，通过、批准或驳回修改预算。经过行政首长等审批机构通过，或者驳回修改预算，并提前一个月交董事会通过。

第六，通过或驳回修改主要预算指标。主要预算指标报告给董事会或上报主管单位，讨论通过或者驳回修改。

第七，下达批准后的预算。董事会通过、批准后的预算下达各预算执行部门执行。

另外，编制业务预算与财务预算的期间通常以 1 年为期，这样可使预算期间与会计年度相一致，便于预算执行结果的分析、评价和考核。在预算编制的具体时间上，生产

经营全面预算一般要在下年度到来之前的3个月就着手编制,按规定进程,由各级人员组织编、报、审等各项工作,到年底要形成完整的预算并颁布下达。

五、全面预算编制的主要方法

全面预算编制的方法主要有固定预算法、弹性预算法、零基预算法、滚动预算法和概率预算法。现分别介绍如下:

(一)固定预算法

固定预算法是指在编制预算时只按预算期内的一种活动水平来确定相应预算指标体系及其结果的一种方法。该方法的优点是编制简单;缺点是当实际作业量偏离预算编制所依据的作业量时,预算难以发挥其控制和考核作用。

固定预算法是编制预算的最基本方法,也是比较常用的一种方法。上一节所述的全面预算的具体编制采用的就是固定预算法。

(二)弹性预算法

弹性预算法是相对于固定预算(静态预算)法而言的。所谓弹性预算,是指用数量形式反映的、按未来一定时期可以预见的多种业务量水平(一般是每间隔5%或10%)分别确定的、具有伸缩性的预算。由于这种预算随业务量的变动而做出相应的变动,具有弹性,因此称为弹性预算法。

弹性预算法主要有三个作用:第一,弹性预算法可用来事前编制预计作业水平下的预算。第二,由于弹性预算法可以确定不同作业水平下应该发生的成本,因此可用该预算在事后计算实际作业水平下应该发生的成本。一旦知道实际作业水平下的预计成本,则可以编制业绩报告,将实际成本与预计成本进行比较。第三,弹性预算法使经理人员能够了解一定作业范围内的预计结果,从而有助于他们解决不确定性的问题。经理人员可用这种预算来分析各种似是而非的方案。弹性预算法的关键作用在于能频繁地向经理人员提供反馈信息,便于他们进行控制,并有效地将组织的计划付诸实施。

弹性预算与按照计划预定的预算期间内以应达到的某一活动水平为依据而编制的固定预算相比有两个优点:一方面,弹性预算能够适应不同经营活动情况的变化,扩大了预算的范围,避免了在实际情况变化的情况下,对预算做经常的修改;另一方面,弹性预算能够在更加客观且可比的基础上对预算执行情况进行评价与考核。

(三)零基预算法

零基预算法是指“以零为基础编制的计划与预算”,它是相对于传统的、基于基础

数据进行增量调整或减量调整的预算而言的。

传统的预算方法是“有基预算”：以基期预算及其执行结果为基础，结合预算期的情况，做适当的增减调整后确定预算。这种做法虽然比较简便，但往往使原来不合理的费用开支继续存在，容易造成预算的不足，或者安于现状，造成资源的浪费。

零基预算法就是不在上期有关预算的基础上做某种增减的调整，而是从零开始，根据未来一定期间内生产经营的实际需要确定有关项目的预算。零基预算法要求对各个业务项目需要的人力、物力和财力逐项进行估算，并说明其效果，在此基础上，按项目的轻重缓急分配预算经费。由于零基预算不受基期既成事实的束缚，即不考虑基期的费用开支水平，因而能使预算符合目前实际，具有先进性，也有利于充分发挥各级管理人员的积极性和创造性，促进基层单位精打细算，量力而行，合理使用资金，提高资金的使用效率。

不过，零基预算法由于一切支出均以零为起点进行分析研究，因而编制预算的工作量较大，其所花费的时间和代价远比不太精确的预算过程高，所以有时会显得得不偿失。因此，企业一般每隔几年进行一次零基预算，其他年份略做调整。

采用零基预算法编制预算大体上可分为以下三个步骤：

第一步，企业内部各部门根据本企业预算年度的总目标及本部门的具体指标，认真研究讨论预算期本部门费用开支的目的性及需要开支的具体数额。

第二步，进行成本—效益分析，对每一个可以增减费用额的项目进行评价，权衡轻重缓急，并按成本效益排出先后顺序，将其分为若干等级。一般以必不可少的业务及其发生的费用为第一层次，优先保证；然后根据成本效益率排列第二、第三层次等。

第三步，按照第二步所确定的层次，结合可动用的资金来源分配资金，落实预算。

（四）滚动预算法

前述几种预算方法的时间都是以会计年度为期，这样有利于在会计年度内将实际数与预算数相对比，有利于对预算的执行情况进行分析和评价。但是因为预算的编制一般在上一会计年度结束之前进行，以一个会计年度为期，所以预算误差相对较大，而且当新的情况出现时难以及时调整，从而使定期编制的预算缺乏一定的指导性、灵活性和连续性。

为了克服定期预算的缺点，可采用滚动预算法。所谓滚动预算，是指预算的编制不与会计年度挂钩，而是始终保持 12 个月，即每过 1 个月就在原预算的基础上自动延伸 1 个月，从而逐期向后滚动，连续不断地以预算形式规划未来经营活动。

滚动预算法的优点表现在以下方面：

第一，能够保持预算的完整性、连续性，在动态预算中把握企业的未来。

第二，能够使各级管理人员有较长远的打算，经常考虑和规划未来 1 年之内甚至更长远的生产经营活动，保证企业的经营管理连续且有序地进行。

第三，方便外部(如银行、税务机关、投资者等)对企业经营状况的了解。

第四，由于预算不断调整与修正，使预算更加符合实际，可以充分发挥预算的指导和控制作用。

滚动预算的编制一般采用长、短安排的方式进行，即在基期编制预算时，先按年度分类，并将第一季度按月划分，创建各月预算的明细数，而其他三个季度的预算则可以略粗一些，只列各季度总数。当第一季度即将结束时，再将第二季度的预算按月划分，使之具体化。同时，增补下一年度第一季度的预算。

采用滚动预算法要有一个与之相适应的外部条件，如上级下达的生产指标、材料供应的时间等。目前，因为这些外部条件通常以自然年为基础进行编制，所以不利于编制滚动预算，但随着市场经济的逐步发展，这些限制会逐步减少。

(五)概率预算法

前述弹性预算法虽然考虑了预算期内不同的业务量水平，但各种不同的业务量水平的有关价格、变动成本和固定成本等都是确定的，因此，弹性预算仍然属于确定性预算。事实上，构成预算的各种变量是不确定的，因而需要先估计它们在一定范围内的变动及在这个范围内有关数值可能出现的概率，然后根据各种可能性的大小加权平均计算，确定有关变量在预算期内的期望值，从而形成所谓的概率预算。

概率预算法必须根据不同的情况来编制。如果销售量的变动与成本的变动并无直接联系，则只需用各自的概率分别计算销售收入、变动成本和固定成本等的期望值，最后就可直接计算利润的期望值。编制了利润概率预算表，就能充分显示不同概率范围内可能出现的最高值和最低值，有利于经营管理人员把注意力集中在最大可能出现的事情上，达到事半功倍的效果。

概率预算编制的具体步骤如下：

第一步，在预测分析的基础上，估计各相关因素的可能值及其出现的概率。

第二步，计算联合概率，即具有递进关系的各相关因素的概率之积。

第三步，根据弹性预算提供的预算指标以及与之相适应的联合概率计算出预算对象的期望值，即预算结果。

六、全面预算的控制

根据预算控制的刚性程度，全面预算控制可以分为紧控制和松控制。紧控制强调预算硬约束(体现在日常控制和事后考核激励上)，其所依据的管理哲学基础是当强调

下级管理者必须全面实现具体的短期目标时,他们才能工作得更有效率。与之相对应,松控制则强调下级的自主性和灵活性,预算更多的是作为联络、计划和分析的工具,其所依据的管理哲学是“我雇用的是优秀的员工,我让他们独立地完成工作”。在目前我国现有的条件下,实行预算管理时应推行偏紧的控制。

根据预算控制的主体不同,预算控制可分为两种:一是外部控制,即由预算管理部门对预算责任单位的预算执行情况所实施的控制;二是自我控制,即由预算责任单位根据预算控制规则自我实施的控制。

预算控制是保证预算管理能够真正发挥作用的关键环节,需要加以重视。在实施全面预算控制时应注意六个要点:一是外部控制与自我控制相结合。具体而言,对超预算或预算外的部分严格实行外部控制,对预算规定之内的部分实行外部控制与内部控制相结合;对关系到企业生存的产品质量和现金流动要实行较为严格的外部控制。二是日常管理费用一般采取费用不可突破法,对销售费用则要采取量利为出的原则进行相对控制。三是对特别的预算事项,要实行即时奖惩制度。四是同一预算期内,预算可以滚动使用,但不得超出一定的额度。五是根据企业的管理需要实施多级控制和动态实时控制,以提高预算控制的效果。六是有效的预算控制必须落实到对货币资金的管理上。

第三节　企业实施预算管理的风险及其防范

现阶段,我国越来越多的企业为了提高自身的管理能力和效益,纷纷以预算管理作为主要的管理机制和手段。但是,各企业实施预算管理的效果却参差不齐,其中的主要问题在于对预算管理实施风险的理解和防范。

从本质上讲,管理在一定程度上是为协调生产经营中的矛盾而存在的,如果企业管理得好,就意味着企业的管理层能够很好地协调生产经营中的矛盾,使之成为促进企业发展的动力;反之,则会成为迟滞企业发展的障碍。由于企业的矛盾存在一定的不可调和性,比如委托与代理、成本与效益、风险与收益和约束激励等,这使得任何一种管理机制都不可能是完美的,预算管理机制也不例外。预算管理在构建了事前、事中和事后的完整管理循环的同时,也存在着一些风险因素。这些风险因素主要有以下三种:

一、将手段当成目的

预算是管理手段而非目的。将预算标准看成管理的目的原因是各级管理者忘记了经营的最终目的，只是机械地按照预先设定的各项预算标准进行管理和经营的一种行为倾向，这种倾向在奉行预算控制偏紧的企业中表现得特别突出。如前所述，预算是为了抵御环境变化所带来的风险而设计的一种管理机制，其本质在于通过预测和把握未来，配合以控制和激励措施，最终保证企业目标的顺利实现。所以，基于预算标准的控制和激励只是一种手段，其最终目的是为了实现企业的目标，保证企业能够健康地生存和发展。在实行预算的企业中，鉴于预算对管理人员的业绩评价与激励有重大的影响，预算单位的管理者为了规避管理风险，在业绩评价和激励中取得有利的地位和寻找合适的借口，往往会扭曲对预算管理本质的理解，忽略对企业最终目标的关注，而将预算标准有意识或无意识地给予目的化，不能根据经营环境的变化而及时调整经营计划和标准，从而形成一方面预算标准得到很好的执行，而另一方面预算单位的当期业绩、发展情况和竞争地位却差强人意。

企业在修正各预算单位将预算标准目的化倾向时，应着重从预算管理的程序入手。具体来讲，公司总部在对各预算单位进行业绩评价和激励时，应以预算目标（如目标利润、目标销售收入和目标现金流量等）的完成情况为主要评判标准，至于其他为实现预算目标而设置的预算标准则不作为考核指标，只是将其作为分析指标，即对于这些预算标准的设置及调整权利适当下放给预算单位，建立多级分权的预算管理体系，总部只是起到核准和监督的作用。这样做可以使各预算单位关注于核心预算目标的完成情况，并且可以根据经营情况的变化，按照一定的管理流程调整决策，修订预算标准，以保证业绩考核目标的顺利实现。在这个过程中，一定要注意不要选用单一的目标作为业绩评价指标，而是要合理设置预算目标体系，因为单一的目标设置往往会导致预算标准的目的化，即预算单位只片面考虑该预算标准的执行情况，而忽略了经营活动的其他重要方面，并有可能鼓励管理者通过牺牲公司其他部门或公司整体的利益来换取自身利益的最大化。

二、计划不如变化快

预算是基于对未来的预测而对未来经营行为所做出的规划。预算管理作用发挥的强弱将在很大程度上取决于对未来预测的准确与否。如果企业在预算期内所面临的实际经营情况严重偏离了预算编制时的预测，则预算控制、分析和考核将会受到严重的影响，预算管理的效果就会大打折扣，有时甚至会产生负面效应。众所周知，未来是不可知的，对未来做出准确的预测难度是很大的，甚至是不可能的，“计划”永远跟不上“变化”，这对企业而言尤其如此。

为了防范预算管理的这种风险，就需要在预算管理机制，特别是预算编制环节做出一些改进，具体来讲有两方面的措施：一是在业务量纬度上采用弹性预算。在准确编制

弹性预算的情况下，任何实际业务量都可以找到相同或相近的预算控制依据和评价标准，能够做到“以动制动”。另外，管理者可以分别计算实际结果与弹性预算和弹性预算与总预算之间的差异，将实际结果与总预算之间的差异区分为两类不同的差异，即弹性预算差异和作业水平差异。其中，弹性预算差异主要归于实际的销售价格和单位成本控制与预算标准之间的背离，反映了管理者在实际工作中对投入和产出效率的控制程度，而作业水平差异则主要归于实际业务量与总预算之间的背离，反映了管理者完成预算目标过程中所做工作的有效性。这两种差异尽管存在着相互影响，但性质是不同的，承担责任的部门和采用的纠偏措施也是不同的。二是在时间纬度上采用滚动预算。所谓滚动预算是指为了使预算期始终保持一个固定的期限（通常为 12 个月）而连续进行预算编制的方法。具体在应用时，可以形成以年度预算为指导、月度预算为预算控制依据的管理态势。使用滚动预算既可以使管理人员总是能保持较长远的眼光，又可以根据工作中发生的情况及时修订月度预算，使月度预算能够及时适应不断变化的情况，从而使预算管理的作用能够落到实处。

三、宽打窄用或预算松弛

由于面对的是不断发生变化的国际化和多元化的经营环境，企业总部无法掌握分布在各地的分支机构的市场经营信息并据以做出决策，因此，只能通过授权经营将部分权力下放，以提高组织的灵活性和各级管理者的积极性。预算管理则主要是以下属预算单位提供的信息和做出的决策为基础，结合总部或总部授权管理机构的统一调控，即以自下而上和自上而下两种方式的结合进行的。由于预算一旦设置，就会对预算单位管理人员的经营管理、业绩评价和激励产生重大的影响，因此会产生这样的局面，即“预算管理部门利用下属单位提供的信息来约束和激励下属单位”，也就是“自己设定的枷锁自己带”。下级预算单位管理者作为一个理性的经济人从自身利益出发，在信息不对称的条件下，往往会选择操纵和隐瞒所提供的信息以换取一个宽松的预算环境，为以后获得较好的业绩评价和良好激励打下基础，于是就会出现“宽打窄用或预算松弛”的现象。所谓“宽打窄用或预算松弛”是指下级预算单位故意上报比较宽松的预算草案（具体地讲，即上报有关产出预算时，故意压低预算值，而在有关费用支出预算时，故意抬高预算值），致使预算决策不准，预算控制不利，预算评价扭曲。

为了制止“宽打窄用或预算松弛”现象的发生，仅靠硬性的行政命令是不可取的，应该建立相应的激励机制，鼓励下属单位做出真实的预算。这里可以简单地介绍针对产出性质的一种激励模型：

$$B=\begin{cases} B0+\beta yh+\alpha(y-yh) & y>yh \\ B0+\beta yh+\lambda(y-yh) & y<yh \end{cases}$$

模型中，$B0$ 为基本奖金；y 为实际产出数；yh 为预算数；$\beta\alpha\lambda$ 为系数，并且 $0<\alpha<\beta<\lambda<1$。

假定 $B0=100$，$\beta=0.4$，$\alpha=0.2$，$\lambda=0.6$，则在特定预算水平下各项实际产出所获得的奖金如表 4－1 所示。

表 4－1 预算奖金激励模型

预算奖金 / 产出	50	60	70	80	90	100
50	120	118	116	114	112	110
60	122	124	122	120	118	116
70	124	126	128	126	124	122
80	126	128	130	132	130	128
90	128	130	132	134	136	134
100	130	132	134	136	138	140

这种激励模型同以往单纯与最后产出相挂钩的激励模型相比所不同的是：管理者所得的奖金既取决于最后产出的水平，又取决于所报预算的准确性，这样便可以形成鼓励各预算单位的管理者根据自己所掌握的信息上报尽可能准确的预算，并且在实际经营中力争超额完成预算的管理导向。具体说，这种激励模型可以产生两个效果：一是在实际产出一定的情况下，管理者上报预算越准确，获得的奖励越高，而故意低报预算的，即使最后超额完成，所获得的奖励也是比较低的；二是在上报预算一定的情况下，实际产出超过预算的越多，所获得的奖励也就越高。当然，该模型是比较简单和概念化的，如在实际工作中运用，还要进一步修订，不过它揭示的道理却为有效防止"宽打窄用或预算松弛"提供了一条非常有效的途径。

以上所论述的企业预算管理实施过程中的风险防范只是一般的对策。企业在实施预算管理时还要根据自身企业的实际情况，充分把握本企业预算管理的特点，在发挥预算管理优势的同时，对预算管理的风险也要做出充分的估计，并采取适当的措施加以防范，以保证预算管理取得预期的效果，而不致成为"花瓶"或"鸡肋"。

本章思考题

1. 为什么说预算是降低和控制企业风险的最好手段之一？
2. 在企业经营多元化且不同产品处于不同生命周期的条件下，应如何选择预算管

理模式？为什么？

3. 除本章所述预算管理具有的四个方面的作用之外，你认为预算管理还有哪些方面的重要作用？为什么？

4. 在企业经营处于复杂多变和简单稳定两种不同的环境中，如何实施企业预算管理？

5. 试述企业与事业单位在预算管理方面的异同。

6. 在实际工作中如何避免预算成为“摆设”的局面？

本章作业题

1. 试根据下列资料利用零基预算法编制某部门的费用预算

某部门预计预算期内需要支付的费用是：职工培训费40 000元，咨询费60 000元，办公费20 000元，房租费50 000元，差旅费10 000元，共计180 000元。但公司只能提供120 000元资金。其中，咨询费功效为1∶30，培训费功效为1∶20。

2. 试根据下列资料编制损益概率预算

某企业甲产品的销售量预测有三种可能：3 800件、4 000件、4 200件；固定成本估计有相应销售量的三种结果：21 000元、21 600元、22 000元，其概率分别是20%、70%、10%；产品单位变动成本估计有三种结果：34元/件、35.5元/件、36元/件；三种成本水平的概率分别是30%、50%、20%；预测产品单位售价保持50元不变。试计算甲产品的损益期望值。

附：损益期望值 $= \sum[(p-b)\cdot x-a]\cdot k$

其中：p 为销售价格；b 为单位变动成本；x 为销售量；a 为固定成本；k 为联合概率。

本章参考文献

[1]杨世忠．管理咨询[M]．北京：首都经济贸易大学出版社，2003.

[2][美]罗伯特·S. 卡普兰，安东尼·A. 阿特金森．高级管理会计(第3版)[M]．吕长江，译．大连：东北财经大学出版社，2012.

[3]潘爱香，高晨．全面预算管理—整合“四流”，创造“一流”[M]．杭州：浙江人民出版社，2001.

[4]王化成，佟岩，李勇．全面预算管理[M]．北京：中国人民大学出版社，2004.

[5]冯巧根．全面预算管理[M]．北京：中国人民大学出版社，2015.

[6]韩文连，黄毅勤，刘志翔．成本管理会计(修订第2版)[M]．北京：首都经济贸易大学出版社，2012.

内部控制与风险管理

本章要点

本章介绍内部控制的发展历程、我国内部控制规范的发展与实施、内部控制的检查与评价和风险管理。学习本章,要求学生深入了解内部控制的主要发展阶段及其主要的发展动因,掌握内部控制的发展规律及其对我国的启示;熟悉我国内部控制规范的发展过程,了解内部控制规范实施的难点和企业有效遵循内部控制规范要求的路线设计;掌握内部控制检查与评价体系的构建与实施;了解风险管理的基本流程及 COSO 风险管理框架的最新发展。

第一节　内部控制的发展及其启示

在社会经济运行过程中，内部控制无疑是一个永恒的话题。从世界范围内看，内部控制初始可以追溯到公元前三千多年前的美索不达米亚文化时期，具体到我国而言，内部控制的思想则可以追溯到西周时代。在这漫长的发展过程中，内部控制历经了萌芽、初步成型、发展、成熟和深化等诸多阶段，内部控制的概念、范围和内容也发生了重大变化。对内部控制发展脉络进行梳理，从中对内部控制发展的规律进行总结和提炼，将有助于人们对包括内部控制检查与评价的内部控制要素的认识更加系统，也更加深入。

一、内部控制的发展阶段

根据不同的划分标准，内部控制的发展阶段可以有不同的划分。从目前的文献来看，我国主要是依据内部控制的内容进行内部控制阶段划分的。文硕（1996）在《世界审计史》一书中，将内部控制的演变大致分为四个阶段：萌芽时期（20 世纪 40 年代前）、奠基时期（20 世纪 40 年代末至 70 年代初）、发展时期（20 世纪 70 年代至 90 年代初）、成熟时期（20 世纪 90 年代至今）。严晖（2005）对上述四个阶段的具体情况又做了进一步的表述，其内容如表 5 – 1 所示。

表 5 – 1　内部控制的发展阶段：按内容划分

时期	阶段	内容	目标	结构
萌芽时期（20 世纪 40 年代前）	内部牵制	内部牵制	查错、防弊	点状结构
奠基时期（20 世纪 40 年代末至 70 年代初）	内部控制制度	管理控制和会计控制	查错、防弊、兴利	直线结构
发展时期（20 世纪 70 年代至 90 年代初）	内部控制结构	控制环境、会计制度、控制程序	企业完成既定目标	平面三角形结构

续表

时期	阶段	内容	目标	结构
成熟时期(20 世纪 90 年代至今)	内部控制框架(以 COSO1992 年报告为代表)	控制环境、风险评估、控制活动、监督、信息与沟通	经营效率、财务信息可靠、遵循性	立体三角锥形结构
	企业风险管理框架(以 ERM 为代表)	内部环境、目标设定、事件识别、风险评估、风险响应、控制活动、信息与沟通、监督	战略、经营、报告、遵循性	立方体结构

资料来源:严晖. 公司治理、公司管理与内部控制[J]. 财会通讯(学术),2005(4).

表 5 - 1 中,对内部控制的内容进行阶段划分比较直观,能够比较清楚地看出内部控制的内容、目标和结构的变迁与发展,但是缺陷也是很明显的,主要表现为就内控论内控,没有对促进内控发展的诱致因素进行分析。其实,内部控制内容的变化与外部环境和企业的内部要求是密切相关的。因此,仅仅按照内部控制内容进行其发展阶段的划分,忽略促进内部控制发展的推动因素,很容易“只见树木,不见森林”,不利于对内部控制发展的规律进行总结和提炼,进而影响到对包括内部控制检查与评价在内的内部控制要素进行更加系统和深入的认识。鉴于此,我们认为,除了按照内容对内部控制的发展进行阶段划分外,还应该从另外一个角度,即内部控制的主要推动力的角度,对内部控制的发展进行阶段划分;同时,在划分发展阶段时还要考虑内部控制的最新状态。

从内部控制发展的主要推动力角度看,可以将内部控制的发展阶段划分为:基于企业内部管理需要阶段(20 世纪 40 年代前)、基于审计需要阶段(20 世纪 40 年代至 90 年代初)、基于公司治理需要阶段(20 世纪 90 年代至今)。其中,基于审计需要阶段和基于公司治理需要阶段又可根据内部控制的含义和内容的变化细分为若干分阶段。这种发展阶段的划分如表 5 - 2 所示。

表 5 - 2　内部控制的发展阶段:按主要推动力划分

主要推动者	阶段	分阶段	主要内容或要素	目标
企业自身	基于企业内部管理需要阶段(20 世纪 40 年代前)	内部牵制	内部牵制	查错、防弊

续表

主要推动者	阶段	分阶段	主要内容或要素	目标
会计职业界	基于审计需要阶段（20世纪40年代至90年代初）	内部控制制度	管理控制和会计控制	查错、防弊、财务信息可靠、为企业目标的实现提供合理保证
		内部控制结构	控制环境、会计制度和控制程序	
政府和各职业团体	基于公司治理需要阶段(20世纪90年代至今)	内部控制框架形成阶段	目标、控制环境、风险评估、组织与人员管理、控制活动、监督、信息与沟通等	战略、经营、报告、遵循性
		内部控制框架深化阶段	风险管理、IT治理、中小企业内部控制、监督检查及控制评估、鉴证	

(一)基于企业内部管理需要阶段(20世纪40年代前)

随着社会生产力的发展,社会的基本经济单位依次经历了原始社会的氏族部落、奴隶社会的奴隶主庄园、封建社会的家庭和手工作坊等形式的演进后,伴随着资本主义萌芽的出现诞生了企业这种组织形式。在社会进步和生产力发展的推动之下,企业的形式也不断演进,由工厂手工业到工厂制,最后发展为现代企业。在企业不断发展的过程中,有一个基本需求始终保持不变,那就是保护资产的安全完整、账目的准确以及对弊端的防范,由此也就产生了内部控制的最初形式,即内部牵制。

内部牵制的主要目标是查错、防弊,保护资产的安全完整和账目的准确。其基本控制思想是一项业务应由两个或两个以上的人员或部门共同完成,并且责任分工明确,通过履行不同个人或部门的相应职责,实现交叉复核和控制,将错误和舞弊的可能性降到最低。内部牵制的主要手段是不兼容职责适当分离和账目核对,以钱、账、物等会计事项为主要控制对象。在18世纪工业革命后,美国的一些企业逐步建立了相对比较完善的内部牵制制度,并不断加以完善。在现代内部控制体系中,内部牵制仍是最基本的控制思想,由此派生出的组织分工和控制措施仍然发挥着重要的作用。

（二）基于审计需要阶段(20世纪40年代至90年代初)

随着工业革命的深入发展,股份制公司走上历史舞台,并且由于其强大的筹资能力而成为在经济社会中占主导地位的一种企业组织形式。与其他类型的企业组织形式相比,股份制公司的一个显著特点就是所有权和经营权相分离。由于所有者和经营者的目标不一致,并且存在信息不对称的问题,两者之间便产生了代理冲突。具体而言,即经营者作为代理人,从自身利益最大化角度出发所采取的逆向选择和道德风险行为,会损害委托人的利益。为了降低代理成本,使经营者更好地履行受托责任,为所有者的利益最大化付出最大的努力,所有者会采取一系列的约束和激励措施,其中之一便是借助于独立的第三方对经营者受托责任的履行情况进行检查、评价和鉴证。在这种背景下,审计(主要是民间独立审计)便应运而生,并且在经济生活中发挥了重要作用。

在民间审计的发展过程中,审计界一直面临着两大瓶颈需要突破:一是昂贵的审计成本;二是审计人员责任与风险的界定。而且这两大瓶颈的突破还要以不影响(或不显著影响)社会公众对审计界的信任为前提。在18世纪,最初产生的民间审计以查错防弊为主要目标,运用的审计方法主要是详细审计。进入20世纪后,随着生产力的发展,股份公司的规模不断扩大,详细审计所带来的昂贵审计成本已成为审计界的不能承受之重,由此带来审计方法的创新,即由对重要账户进行分析审计的资产负债表审计逐渐取代了传统交易事项的详细审计。进入20世纪20年代,证券市场日益发展,企业从证券市场上筹集的资金越来越多;同时,随着股份公司经营的日益复杂,企业的利益相关者越来越多,管理者受托责任的范围和深度也空前加大,而利益相关者对审计人员出具的鉴证信息也愈加依赖。在这种情况下,审计期望差距便凸显出来。审计期望差距是指社会公众对审计所应发挥作用的需求与审计界在自身利益诉求和诸多限制因素下对审计工作的理解和安排之间的差距。具体而言,审计期望差距主要表现在四个方面:一是差错和舞弊行为的发现方面。社会公众期望审计人员能够发现所有重大舞弊差错的行为,而审计人员由于抽样审计方法和审计成本的限制,加之差错与舞弊行为的隐蔽性,很难达到这一要求。二是保证程度方面。社会公众期望审计人员能够对其审计报告所鉴证的企业财务报表的真实和公允水平提供绝对的保证,但是审计人员认为依据审计程序只能提供合理的保证。三是信息的范围方面。社会公众期望审计人员能够提供尽可能多的对决策有用的信息,而审计人员受法律和审计业务约定书的限制,只能在规定的范围内提供信息。四是审计收费方面。社会公众期望审计人员在保证审计质量和效果的前提下降低审计收费,而审计人员则优先关注审计收费,其次才是审计质量。由于审计期望差距的存在,注册会计师开始面临越来越多的法律诉讼,成为投资者索赔其投资损失的“深口袋”。至20世纪60年代,注册会计师的过失责任对象从只限于

“合同方”而逐渐扩展到“可预见的第三方”，进而引发了针对注册会计师的“诉讼风暴”。

面对日益扩大的审计期望差距和日益增多的法律诉讼，民间审计界也积极采取应对措施，其中一项重要措施便是加强内部控制研究，以便能够合理界定审计人员和管理者的责任，并通过构建以风险为基础的审计准则体系，将审计风险控制在可接受的范围之内，同时有效降低审计成本。在这方面，美国审计界做了大量工作，并取得显著成果，且为世界所认可。由于此阶段的内部控制研究主要是由审计职业界推动的，带有浓厚的审计色彩，因此被称之为基于审计需要的内部控制阶段。根据内部控制的内容和要素的不同，基于审计需要的内部控制阶段又可划分为两个阶段，即内部控制制度阶段（20 世纪 40 年代至 70 年代初）和内部控制结构阶段（20 世纪 70 年代至 90 年代初）。

1949 年，美国注册会计师协会发布了关于内部控制的专题研究报告。该报告首次对内部控制做出了完整的定义：“内部控制是企业为了保证财产的安全完整，审核会计数据的准确性和可靠性，提高企业的经营效率以及促进企业贯彻既定的管理政策所进行的总体规划和组织设计及围绕规划目标的实现所采用的一切方法和措施。”该定义在内部牵制基础上对内部控制进行了拓展，首次将管理领域的控制方法和程序，诸如预算控制、成本控制和内部报告控制纳入内部控制范围，但是，其目标设置仍然强调保护财产的安全完整与会计数据的准确性和可靠性。1953 年，美国注册会计师协会发布了《审计程序公告第 19 号》（SAP No. 19），正式将内部控制划分为会计控制和管理控制；1958 年发布的《审计程序公告第 29 号——独立审计人员评价内部控制的范围》（SAP No. 29）和 1972 年发布的《审计准则公告第 1 号》（SAS No. 1）又进一步明确了内部会计控制和内部管理控制的定义及其内容，并就企业内部控制（主要是内部会计控制）的审计测试以及企业内部控制制度建设提供了具体的指导。该阶段将内部控制分为两部分，将管理控制也纳入内部控制的范围，初步建立了内部控制的制度体系。但是，两分法下的内部控制更多的是出于审计界界定审计人员与管理者的责任，并将审计范围聚焦在会计控制测试的需要之内，而没有考虑一些影响企业内部控制效果的重要因素，如环境控制等，也没有考虑会计控制与管理控制是相互影响、相互嵌入的，很难进行明确的区分。

1977 年，美国国会通过了《反国外行贿法案》（FCPA），法案对内部控制进行了法律性的规定。该法案实施后，企业对内部控制建设日益重视，而由于前述两分法下内部控制制度的缺陷，使得内部控制制度对企业内部控制实务进行有效指导的局限性日益凸显。在此背景下，1988 年，美国注册会计师协会发布了《审计准则公告第 55 号——财务报表审计对内部控制结构的考虑》（SAS No. 55），用内部控制结构代替原来的内部控制制度。此公告对内部控制进行了界定，即“企业的内部控制结构包括为合理保证企

业特定目标的实现而建立的各种政策和程序，它包括控制环境、会计制度和控制程序”。与内部控制制度相比，内部控制结构是从内部控制的影响因素出发构建内部控制体系，而非人为地划分为会计控制与管理控制，并且强调控制环境对企业内部控制的影响，内部控制结构对企业内部控制建设的指导性显著增强。但是，由于内部控制结构是由审计职业界主导制定的，所以也不可避免地带有浓厚的审计色彩，在原则制定和内容设计等方面更多的是考虑独立审计的需要，进而削弱了对企业内部控制实务的指导作用。

（三）基于公司治理需要阶段（20 世纪 90 年代至今）

进入 20 世纪 90 年代，随着政府和企业对内部控制越来越重视，需求越来越强烈，职业团体和学者对内部控制的研究也越来越深入。在此期间，内部控制的研究突破了只是强调满足独立审计需要的束缚，转而从更为宽泛也更为切合企业内部控制自身建设需要的角度进行内部控制框架的构建，以 COSO 和 COCO 报告为标志，内部控制进入了基于公司治理需要的阶段。基于公司治理需要的阶段又可划分为两个分阶段，即内部控制框架形成阶段（20 世纪 90 年代至 21 世纪初）和内部控制框架深化阶段（21 世纪初至今）。以下主要论述内部控制框架的形成阶段，内部控制框架深化阶段将作为内部控制的最新发展单独进行论述。

1985 年，由美国注册会计师协会（AICPA）、美国会计学会（AAA）、财务经理人协会（FEI）、内部审计师协会（IIA）和全国会计师协会（IMA）共同联合成立了美国反欺诈财务报告委员会，即 Treadway 委员会。该委员会的目标是辨认可能引起虚假财务报告的因素，以及对如何减少虚假财务报告提出建议。经过研究，委员会发表报告进一步强调企业内部控制的重要性，并呼吁管理当局对内部控制的有效性应提出报告。在 Treadway 委员会的倡议和推进之下，重点研究内部控制的 COSO 委员会宣告成立了，并于 1992 年发布了在内部控制历史中具有里程碑意义的 COSO 报告。

COSO 报告将内部控制定义为：“内部控制是由企业董事会、管理当局和其他员工实施的，为达成经营活动的效率和效果、财务报告的可靠性、相关法律法规的遵循性等目标提供合理保证的过程。内部控制包括五个要素：控制环境、风险评估、控制活动、信息与沟通及监督活动。”与内部控制结构时期内部控制的定义相比，上述 COSO 的内部控制概念有了一定的突破，主要表现在三个方面：①内部控制是一个过程，而非仅仅是程序和方法的集合。“过程（Process）”一词具有宽泛的意义，它不仅包括程序、方法，还包括企业文化、政策及系统和任务等元素（杨鸿，2008）。②强调内部控制是由企业董事会、管理当局和其他员工实施的，首次将各层次机构及员工的价值引入内部控制，强调内部控制设计和实施的责任主体为董事会（治理层）、管理当局（管理层）和员工（执行层)，这为后续的控制活动、信息与沟通及监督活动等控制因素的引入奠定了良好的基础。③在控制要素划分上，首次没有将会计制度单独设置，而是将会计控制与管理控制进行整合，从内部控制的一般原理和基本构成角度对内部控制要素进行解构，在控制活动之外强调控制环境、风险评估、信息与沟通和监督活动等要素的作用，使内部控制框架对企业内部控制实务的指导作用更加全面和深入。上述重要突破也标志着内部控制从基于审计需要逐渐转向基于公司治理的需要。但是令人遗憾的是，COSO 内部控制概念仍然强调达成经营效率和效果、财务报告的可靠性和相关法律法规的遵循性等传统的内部控制目标，没有从广度和深度上实现突破。

尽管 COSO 报告的内部控制框架没能明确指出独立审计和公司治理对内部控制概念的不同要求，同时其定义仍然带有浓厚的审计色彩，但是其概念和内部控制五要素对内部控制理论和实务产生了深远的影响，并得到了很多国家政府法规的认可和支持。如美国证券管理机构 SEC 针对萨奥法案关于财务报告内部控制的要求，就建议美国上市公司按照 COSO 内部控制框架建立内控体系，而管理层也要依据 COSO 内部控制框架对企业与财务报告相关的内部控制进行评审，如果按照其他体系进行内部控制的构建和评审，则要在内控评价报告中就依据的体系与 COSO 内部控制框架进行对比说明（李春瑜，王凡林，2007）。

COSO 报告的发布引发了新一轮内部控制的研究热潮，在诸多内部控制研究报告中，比较典型的便是 COCO 内部控制框架。COCO 内部控制框架报告是由加拿大 COCO 委员会于 1995 年发布的，该委员会是加拿大特许会计师协会（CICA）在 1992 年成立的，其宗旨是为了满足各利益相关者（包括政府监管当局、企业管理层和独立审计等）对构建和实施内部控制体系的要求，对内部控制开展专项研究，并针对内部控制的设计、评估和鉴证发布指导性文件。

与 COSO 内部控制框架相比，COCO 内部控制框架无论是从内部控制概念，还是内部控制要素的划分等方面，都更明确地体现了公司治理的需要，正如 COSO 委员会所阐述的：COCO 控制指南的目的在于“为企业设计、评估、报告内部控制系统以及相关的公司治理事宜提供指导”。具体而言，其指导作用体现在以下两个方面：

第一，内部控制概念方面。COCO 报告中将内部控制定义为对支持实现组织目标的组织要素（包括组织资源、系统、流程、文化和任务）及其组合的控制。与 COSO 报告中的内部控制概念相比，COCO 报告的内部控制概念更为宽泛，也更加契合公司治理的要求。因为公司治理“是一种对工商业公司进行管理和控制，以实现公司目标的制度体系”（OECD，1999）。

第二，内部控制要素方面。与 COSO 内部控制的五要素划分不同，COCO 报告的内部控制框架由四个最基本的要素和 20 项控制标准组成。具体而言，四个基本要素为：

①目的。该基本要素聚焦于企业的未来发展方向和具体目标,包括目标的确立和传达、内外部风险的识别与评估、企业政策与计划的制定及传达和业绩指标的设立及业绩评价等控制标准。②承诺。该基本要素聚焦于企业的组织文化和职责划分,包括组织道德标准、人力资源政策、职责划分及责任明确和员工之间的相互信任等控制标准。③能力。该基本要素聚焦于组织的竞争力及组织各岗位人员的胜任能力,包括知识或技能、信息的沟通及命令的传达、与职责履行相关信息的沟通与传递和部门之间的协调及控制活动等控制标准。④监控与学习。该基本要素聚焦于组织的监控与持续改进,包括追踪内外部环境的变化、监控企业的经营业绩及其他组织目标的实现程度、审核企业目标所依据的假设及目标的适当性、目标发生变化时重新评估组织的信息需求及信息系统、追踪调查偏差产生的原因并及时修正、对内部控制的有效性进行定期评估等控制标准。

从上述描述可以看出,COCO 报告并不像 COSO 报告那样,从控制的一般原理和基本构成角度对内部控制要素进行解构,而是从企业内部控制参与者,即企业各层次员工的角度,围绕组织目标的达成进行控制要素的划分及控制标准的设立。这一点也是与公司治理的需要完全吻合的,因为公司治理的本质就是将企业的目标管理、风险管理和绩效管理等管理理念及要求转化为企业组织及员工行动的一种制度体系。

2013 年 5 月,COSO 正式发布新内控框架。新 COSO 内控框架在内部控制的定义、内部控制五要素和评估内控体系有效性的标准等方面与旧框架保持了一致。与旧框架相比,新内控框架最显著的变化是在旧框架的基础上提炼出内部控制五要素的 17 项总体原则。五项基本要素和 17 项总体原则组合起来就构成了内部控制的标准,适用于所有的组织。此外,新 COSO 内控框架的变化还体现在四个方面:①扩大了报告目标的范畴。新内控框架在报告对象和报告内容两个维度上对报告目标进行了扩展。在报告对象上,既要面向外部投资者、债权人和监管部门,确保报告符合有关监管要求,又要面向董事会和经理层,满足企业经营管理决策的需要。在报告内容上,除了包括传统的财务报告,还涵盖了市场调查报告、资产使用报告、人力资源分析报告、内控评价报告和可持续发展报告等非财务报告。②强调管理层判断的使用。新内控框架对五要素的分解不是按照子要素进行的,而是作为“原则”呈现的,即强调“基于原则”的内控实施和管理层判断的使用。新内控框架并未要求对 17 项原则及其关注点进行单独评估,以确定其是否存在或有效。管理层可以自由判断新内控框架所提供关注点的合适度或相关度,然后根据企业的具体情况,选择和考虑与某一特定原则密切相关的关注点。③强化公司治理的理念。新内控框架包括了更多公司治理中有关董事会及其下属专门委员会的内容,强调董事会的监督对内部控制有效性的重要作用。这与我国《企业内部控制基本规范》及《组织架构应用指引》中有关公司治理的规定相一致。④增加了反舞弊与反腐败的内容。与旧框架相比，新内控框架包含了更多关于舞弊与欺诈的内容，并且把管理层评估舞弊风险作为内部控制的 17 项总体原则之一，重点加以阐述。这与我国内部控制规范体系在反腐败工作中的重要作用不谋而合。总体来看，新内控框架并没有改变旧框架关于内部控制的基本概念和核心内容，而是对旧框架的某些概念和指引进行更新和改进，以期反映近年来企业经营环境的演变、监管机构的要求和其他利益相关者的期望。

鉴于此，COCO 中的内部控制框架则被认为是首个明确区分了基于独立审计的内部控制观和基于公司治理的内部控制观，并且以明确的公司治理观为基础构建的内部控制框架。尽管 COCO 内部控制框架还存在一些待改进之处，如基本要素及控制标准的设定还比较抽象，但是，由于它能够很好地满足公司治理的需要，因此，COCO 内部控制框架一经发布，便受到理论界与实务界的高度关注，且日益显示出它的前瞻性和对实务的指导价值。现在，很多内部控制理论文献已将 COCO 和 COSO 内部控制框架并提为现代内部控制两大理论框架，并且越来越多的国家和企业开始重视对 COCO 内部控制框架的引入和借鉴。正如美国的鉴证服务特别委员主席鲍伯·埃利奥特（Bob Elliott）在《一个硬币的两面》一文中所说："COCO 委员会在内部控制领域处于世界领先地位，COCO 的内部控制框架切合了企业的需要。由于它在内部控制方面的远见，会计职业界应当把这一控制框架带入二十一世纪"（王展翔，2005）。

二、内部控制的最新发展：内部控制框架的深化

以 COSO 和 COCO 为代表的内部控制框架标志着内部控制理论已进入成熟和稳定发展的阶段。进入 21 世纪以来，为了更好地促进企业的内部控制建设，各国在内部控制框架理论的基础上对内部控制领域的文档和实务进行审视，并与时俱进地对内部控制框架进行了发展和深化，取得了丰硕的成果。归纳起来，主要成果如下：

（一）以风险管理为导向的内部控制框架

在前述 COSO 和 COCO 内部控制框架中，对风险的识别、评估及应对都是重要的内部控制要素或控制标准。进入 21 世纪以来，企业面临的风险进一步加大，安然、世通公司丑闻以及近年席卷全球的"金融海啸"和经济下滑便是这些风险的集中爆发，因此，企业迫切需要一种控制框架，帮助企业对风险进行有效的控制和管理，并将这些风险控制措施植入企业的管理流程和控制措施中；同时，政府也要求进一步加强研究对财务报告舞弊风险的控制（如美国 2002 年通过的《萨班斯—奥克斯利法案》中的内部控制规定）。

鉴于此背景，经过几年的研究和酝酿，2004 年 COSO 委员会正式发布了《企业风险

管理——整体框架》的报告(以下简称 COSOERM)。该报告是以 1992 年 COSO 内部控制框架报告为基础,针对风险管理事项所设计的内部控制框架。该内部控制框架的具体内容如图 5－1 所示。

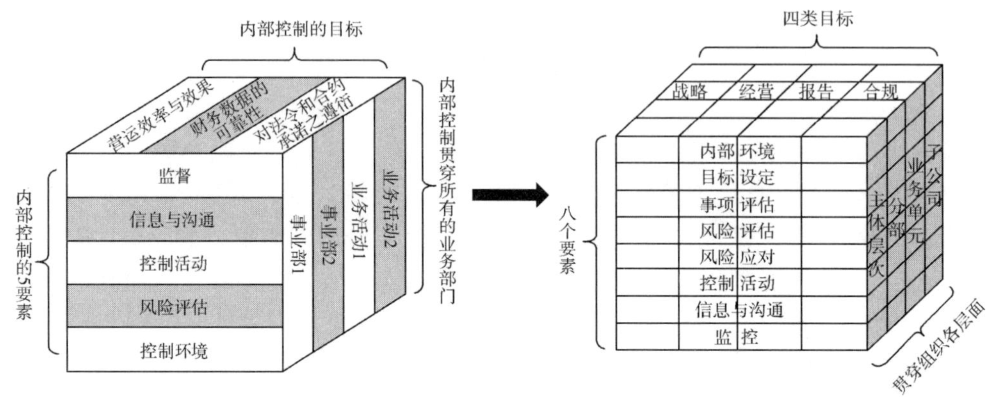

图 5－1　内部控制框架与企业风险管理框架

资料来源:COSO 委员会 2004 年《企业风险管理——整体框架》。

与 1992 年 COSO 内部控制框架相比,COSOERM 框架以风险管理为主线,对内部控制框架做了进一步的发展,具体而言有三个方面的发展:①将战略管理纳入内部控制目标体系中,克服了原有内部控制框架忽略企业战略层面管理的不足;②根据风险管理的要求,在原有五要素的基础上又增加了“目标设定(风险管理目标)”“事项识别(风险影响因素分析)”和“风险反应”三个内部控制要素,并引入风险组合观、风险容忍度和风险应对策略等风险管理概念,使风险管理更加系统和规范;③进一步强调监控和评估的重要性,指出应充分发挥内部审计人员的作用,对企业风险管理过程的充分性和有效性进行监控和评估,并提出建设性的建议,以促进企业风险管理内部控制的持续改进。

尽管 COSO 委员会在 ERM 内容摘要中明确指出 ERM 包含了内部控制,但并不是要取代内部控制框架,两者将在一段时间内并存,但是有一点毋庸置疑,那就是 COSOERM的正式发布,意味着公司治理层对内部控制的构建及其效果的评价应当采取一种基于风险导向的方法。

(二)加强对财务报告内部控制有效性评价的外部监管

进入 21 世纪以来,安然、世通等知名公司相继暴露出严重的管理层欺诈丑闻,使美国上市公司深陷信用危机,也使美国的资本市场遭受重创。反思丑闻产生的根源,内部

控制失效无疑是难辞其咎。为了重建投资者对美国上市公司及资本市场的信心，该法案由美国众议院金融服务委员会主席奥克斯利（Oxley）和参议院银行委员会主席萨班斯（Sarbanes）联合提出了《萨班斯—奥克斯利法案》（以下简称《法案》），由布什（Bush）总统签署后于2002年6月正式生效。该法案对美国《1933年证券法》和《1934年证券交易法》做了不少修订，在会计职业监管、公司治理和证券市场监管等方面做出了许多新的规定。

针对公司内部控制失效进而导致管理层欺诈这一问题，《法案》专门做出了相关规定，这些规定主要体现在302条款和404条款中。302条款强化了公司管理层对财务报告的责任，主要内容有：①要求公司首要官员及首席财务官在季度/年度报告中签字，保证财务报告的可靠性和公允性，并承担包括刑事责任在内的法律责任；②公司管理层对于内部控制的建立和维持负责，并对信息披露过程中控制的有效性进行评估；③强调财务人员的正直和财务报告系统控制的完整性。404条款则从法律上要求管理层必须对公司内部控制的有效性进行评价，主要内容有：①要求公司管理层在年度报告中描述他们在建立和维护一个针对财务报告职能行之有效的内部控制程序中的责任，并对财务报告系统内部控制的有效性以一个公认架构（如COSO内控框架）进行评估；②要求外部审计人员对管理层评估结果进行审计鉴证，并出具鉴证报告。

《法案》颁布生效后，美国相关政府机构和民间组织纷纷发布有关公告或报告，以配合该法案的顺利实施。2002年SEC发布第33－8138号提案，并于2003年6月5日颁布最终规则。该公告要求，除投资公司外的上市公司的年报中要包括管理当局关于财务报告内部控制有效性的评估报告，并要求注册会计师事务所对管理当局的内部控制报告出具鉴证意见。这一规定将管理层所评估的范围聚焦于财务报告内部控制。这种内部控制范围的缩小并不是意味着SEC又将内部控制划分为会计控制和管理控制，而主要是考虑到执行的成本和投资者关注的重点，是一种过渡性的做法。同时，SEC也强调管理当局应以COSO内部控制体系为框架进行财务报告内部控制的评估，并且还明确提到了对主体资产的取得、使用及处置的内部控制内容。为了响应《法案》和SEC的要求，美国注册会计师协会（AICPA）发布了关于财务报告内部控制审计的征求意见稿，界定了独立审计师进行内部控制有效性审计的责任，定义了内部控制缺陷并进行了分类，规定了独立审计师对管理层内部控制评估报告出具无保留鉴证意见的限制条件。同时，各大会计事务所（如KPMG）也开展研究，针对财务报告内部控制有效性的评估及鉴证提出具体的操作指引。

（三）内部控制框架中监督检查要素的进一步深化和内部控制自我评估的兴起

针对知名公司丑闻事件所暴露出来的内部控制有效性欠缺的问题，COSO 委员会也进行了反思和专门的对策研究。正如 COSO 委员会主席大卫·兰德斯蒂尔（David · L · Lands ittel）所言，很多企业在实际运用内部控制框架理论时，并没有充分利用监督检查这一要素（吴志华，2008）。基于此认识，COSO 委员会对内部控制框架中的监督检查要素进行了深化，于 2007 年发布了《内部控制监督检查指南》（以下简称《指南》）讨论稿。该《指南》明确了进行有效监督检查的两个基本原则，归纳分析了影响监督检查有效实施的三个主要影响因素，从机制建设层面和方法层面为有效实施内部控制检查提供了具体指引。该《指南》作为 COSO 内部控制框架的深化，反映了 COSO 委员会对监督检查要素的重视。不过，由于它不是专门针对财务报告的内部控制，而且偏重于企业内部控制的自身建设，因此，政府和独立审计界对此反应并不是很强烈，但是这并不能削弱其重要意义，因为立法性的要求和外部监管只是提高内部控制有效性的必要条件，而企业自身加强内部控制的监督检查才是保证企业内部控制有效性的根本保证。

在对内部控制进行内部监督和评价的工具层面，一种新兴的内部控制评估方法，即内部控制自我评估（Control Self – Assessment，CSA）也得到了很大的发展。根据基思·韦德（Keith Weed）的定义，控制自我评估是指用一种结构化的方法让管理层和员工定期从根本上审核控制系统，以协助实现组织目标和消除风险。从本质上看，CSA 是一个动态有机过程，它能够帮助公司股东识别出所面临的风险，是适时监测处理风险的内控制度，以及评价或评估内控制度的适当性（杨淑娥等，2006）。对于 CSA 的意义和特点，美国内部审计师协会（IIA）做出了概括性的表述：控制自我评估是公司治理的一项强有力的工具，可以应用在内部审计、高层管理和其他管理职能上，还可以检查并评估组织内的业务流程和控制的效果。它可以帮助审计人员检查以往审计中无法评价的非正式、主管的控制环节，比如道德、管理理念和人力资源管理。它鼓励员工参与，并倡导开放式交流、团队合作和持续改进。内部控制自我评估可以帮助董事会和高层管理者保证组织正在达成其目标。目前，作为协助内部控制的一个流程和内部审计的辅助工具，内部控制自我评估在程序规范和方法建设方面正日趋成熟，其突出的作用和非凡的效果也得到理论界、企业界和审计界的认可，已成长为主流的审计和内部控制建设及评估的工具（王立彦，2008）。

（四）信息与相关技术的内部控制得到了重视和发展

当今社会已是信息社会，信息技术的应用已遍布企业经营和管理的环节，也是内部

控制所要面对的一个控制环境。在 COSO 内部控制框架中，所有的组成要素，特别是风险评估、控制活动和信息与沟通，都要考虑信息技术的应用所带来的挑战和机遇。1996 年，美国审计和控制基金会发布了名为《信息与相关技术的控制目标》(COBIT) 的公告，该公告提供了一种能使管理者将控制要求、技术问题与业务风险联系起来的 IT 治理框架，对信息技术环境中内部控制的建设及评估提供了指导；2005 年年底发布了 COBIT 的第四版公告，强调法规的遵从性，帮助组织提升从 IT 获得的价值，使 IT 操作与商务运营相结合，并支持在 IT 治理方面的持续改进(杨鸿,2008)。

三、内部控制发展的启示

(一)公司治理、独立审计和政府推动是推动内部控制发展的“三驾马车”

在公司治理、独立审计和政府三个主要推动力中，公司治理(广义的治理概念，包括企业内部管理，下同)的需要是内生的、持久的和根本的推动力。因此，内部控制的理论研究与实务开展应首先立足于提高公司治理、改进企业管理水平，以更好地实现组织的目标和降低风险的需要，同时兼顾独立审计降低审计成本、合理界定审计责任的需求。而政府在对内部控制进行立法时，应着眼于引导企业认识到组织的发展和目标实现需要一个良好的内部控制体系，进而能够自觉地结合企业的实际情况进行适合自身的内部控制体系建设；在具体立法条款设置时，宜采用原则导向，而非规则导向，因为过于具体的规则，可能使企业将内部控制建设视为一项被动遵从的事项，而非是企业实现组织目标、谋求更好发展的一个必不可少的机制和过程。

(二)基于风险导向的内部控制成为内部控制发展的主流

自从 2004 年 COSO 委员会发布 ERM 公告并正式确立风险管理内部控制框架以来，世界主要国家和地区都纷纷发布公告做出响应，认为将内部控制与风险管理相融合，建立基于风险导向的内部控制框架是企业有效应对所面临的风险、提高公司治理水平，进而为组织目标的实现提供合理保证的有效途径。同时，基于风险导向的理念还为内部控制建设和持续改进提供了一种科学、有效的方法，如最近兴起的内部控制自我评估(CSA)就是基于风险识别、评估和应对基础之上的。

(三)内部控制有效性的监督检查和外部评价是当前内部控制建设的重点

进入 21 世纪以来，连续爆发的知名公司丑闻和金融危机，使得政府、企业和相关组织都认识到，只有成熟的内部控制框架是不够的，更为重要也是更为紧迫的一项工作就是通过深化内部控制框架的监督检查要素的运用，以及加强对企业内部控制有效性的

外部评价来保证内部控制实施的有效性。目前,针对财务报告内部控制的外部评价体系已经基本成型,但是需要注意的是,外部评价的效果需要有企业内部控制的内部检查与评价作为支撑,两者必须协同发展,如果只强调外部评价而忽视企业内部控制的内部检查与评价,则可能会导致企业内部控制的评价因缺乏坚实的支撑基础而流于形式。

第二节　我国内部控制规范的发展与实施

在计划经济时期,由于企业经营自主权较小,政府通常忽略对企业内部控制建设的要求,此时内部控制主要存在于企业的实务中,运用的工具和手段主要是内部牵制。改革开放后,我国确立了对国有企业建立现代企业制度的改革方向,大力推进国企改革,并且随着改革的推进,社会主义市场经济体制逐步确立,企业产权改革使所有权与经营权分离,对企业加强公司治理、提高经营效率和效果和有效应对所面临风险的要求日益迫切。在此背景下,自 20 世纪 80 年代开始,我国政府和企业开始正式引入内部控制,制定和推行内部控制规范。

一、我国内部控制规范的发展

我国内部控制规范建设可以分为三个阶段:一是引入阶段,为 20 世纪 80 年代至 90 年代中期;二是推行阶段,为 20 世纪 90 年代中期至 2008 年;三是整合阶段,为 2008 年至今。

在内部控制引入阶段,主要成果是现代内部控制概念和理念的引入。1984 年财政部颁布的《会计人员工作规则》,首次在我国政府制度文件中提出内部控制的概念,并提出实施内部控制的要求。该文件中将内部控制定义为:“单位为了提高会计信息质量,保护资产的安全、完整,确保有关法律法规和规章制度的贯彻执行等制定和实施的一系列控制方法、措施和程序”。该定义与 20 世纪 40 年代 AICPA 所定义的内部控制相类似。

20 世纪 90 年代,出于提高企业管理水平和加强政府监管的需要,我国政府采取有力措施在企业中推行内部控制。从 1996 年起,财政部、中国人民银行、保监会、证监会和中注协等部门先后颁布了二十余部法律、法规或行业准则,确定了企业内部控制制度建设的目标、原则、内容和方法等事项,要求企业建立相应的内部管理和内部控制制度(黄为娥,2006)。

在内部控制引入阶段，有三个（或类）内部控制规定起着非常重要的作用：一是2000年实施的修订后的《会计法》。由于要求各单位应当以内部牵制为基础建立、健全本单位内部会计监督制度，该《会计法》也成为我国第一部体现内部控制要求的法律，在我国内部控制发展史中具有里程碑意义的作用。二是由证监会、中国人民银行和保监会各自针对其所监管的企业制定的《内部控制指引》。《内部控制指引》中的规定非常有针对性，切合所适用企业的实际情况，在实际工作中发挥了较大的作用。但是，不同行业的内部控制指引在制定过程中各自为政，缺乏统一的内部控制框架，因此，在内部控制概念和框架内容体系方面存在不一致甚至有冲突的地方。三是财政部2001年开始发布的《内部会计控制规范》，被认为是在这一阶段体系最为完整的内部控制规范，它包含1个基本规范和11个具体规范。该规范将内部控制区分为会计控制和管理控制，强调以单位内部会计控制为主，同时兼顾与会计相关的控制。从内部控制概念上看，2001年发布的《内部会计控制规范》还停留在内部控制制度阶段，虽然在一定程度上吸收了内部控制的发展成果，体现了风险管理的思想，但还是人为地将内部控制分为会计控制和管理控制，而没有从结构或框架的角度指导企业进行内部控制体系的构建；另外，对于控制环境等关键影响因素也没有提及，因此，《内部会计控制规范》还只是我国内部控制规范发展史中的一项阶段性成果，距离世界内部控制的先进水平和企业进行内部控制建设的内在要求还有一定的距离。

2008年至今，是我国内部控制制度的整合阶段，即借鉴世界先进的内部控制理念和规范（如COSO、COCO、ERM等），充分考虑我国的实际情况，并总结在内部控制制度推行阶段中的经验和教训，将包括内部会计控制规范在内的诸多内部控制制度整合为一个统一的企业内部控制规范和建设体系。此阶段的标志性事件是2008年6月28日财政部、证监会、审计署、银监会和保监会五部委联合发布《企业内部控制基本规范》，宣布《企业内部控制基本规范》（以下简称《基本规范》）自2009年7月1日起首先在上市公司实行，同时鼓励其他国有大中型企业试行。《基本规范》充分吸收了国际上内部控制建设的先进理论和实务经验，在目标设置、要素划分和原则制定等方面与国际上通行的内部控制规范基本趋同；同时，在体系设计、推行方案的安排以及降低企业的实施成本等方面充分考虑了我国企业的实际情况。它的颁布是我国内部控制制度建设史上的一个重大举措，标志着我国内部控制的建设进入了一个新的阶段。关于《企业内部控制基本规范》的特点可以归纳如下：

第一，强调内部控制是一个全员参与实施的过程。《基本规范》第3条规定："本规范所称内部控制，是由企业董事会、监事会、经理层和全体员工实施的，旨在实现控制目标的过程。"此定义强调内部控制是一个过程，意味着内部控制是诸多要素的集合体，而非简单的程序和方法的集合，并且表明内部控制的建设应是动态的，而非静态的，是

一个需要持续关注、持续改进的过程。上述《基本规范》对内部控制是一个过程的界定,与1992年COSO报告中对内部控制的界定相类似;同时,《基本规范》又强调内部控制是全员参与实施的。也就是说,在内部控制建设过程中要充分考虑企业各层面员工的价值实现和约束与激励的问题,意味着对内部控制建设要从公司治理的角度和高度进行统筹考虑,这一点又是与加拿大COCO内部控制框架报告的精神相吻合的。《基本规范》关于内部控制概念的界定,表明我国的内部控制是在充分吸收国际上内部控制框架的先进理论和精神的基础上制定的,与国际规范是趋同的。

第二,内部控制的目标设置既体现了国际趋同,又强调了中国特色。《基本规范》规定内部控制目标是五个方面的"合理保证":①企业经营管理合法合规;②资产安全完整;③财务报告及相关信息真实完整;④提高经营效率和效果;⑤促进企业实现发展战略。与1992年COSO报告中内部控制"三目标"相比,我国内部控制规范增加了两个目标,即资产安全完整和促进企业实现发展战略。其中,促进企业实现发展战略是我国借鉴内部控制的最新发展(如ERM)同时考虑战略管理对中国企业的重要性而增加的;资产安全完整则是充分考虑到我国企业内部控制的现状,以及我国现阶段内部控制建设的重点而专门设置的,充分体现了我国当时内部控制建设的需求。

第三,内部控制要素的划分既考虑了现实性,又体现了前瞻性。《基本规范》规定内部控制框架由五个要素组成,即内部环境、风险评估、控制活动、信息与沟通和内部监督。这五个要素与1992年COSO内部控制框架五要素基本相同,但是也存在一些细微差异:①在内部环境中,《基本规范》明确提出包括治理结构,而1992年COSO报告在控制环境中主要强调董事会和管理层的风格、能力和职能,这表明我国的内部控制规范已经关注内部控制和公司治理结构之间的关系,强调良好的治理结构是实施有效内部控制的重要影响因素;②在风险管理方面,《基本规范》在基本要素划分时只列示了风险评估这一要素,而没有像COSOERM报告那样分目标设定、风险识别、风险分析和风险应对四个细项列示,但是在第三章风险评估中包含了风险识别、风险分析和风险应对等风险管理的内容。这说明,《基本规范》从现实出发,并没有全盘采用COSOERM的风险管理框架,而主要是以当前国际上通行的COSO五要素内部控制框架为基础。但是,《基本规范》也关注到以风险为导向是内部控制的发展趋势,进而在内部控制具体要素描述中吸收了ERM的理念和相关规定,这体现了《基本规范》的前瞻性。

第四,内部控制规范体系努力在原则导向和规则导向之间取得平衡。目前,国际上关于内部控制的研究文献和各国的内部控制建设经验都表明,内部控制规范在制定和推行的过程中宜采用原则导向,而非规则导向。主要理由有两个:①原则导向下的内部控制规范立足于引导企业认识到内部控制对企业成功的重要性,并为企业建立一个适合自身情况和条件的内部控制体系提供原则性指导;而规则性导向则容易使企业将内

部控制视为一个仅需遵循的一项规定，而非良好的商业运营中不可或缺的组成部分。②原则导向下的内部控制规范有一定的灵活性和弹性空间，企业可以在此空间内根据自己的实际情况构建一个适合自身情况且成本效益最大的内部控制系统；而规则导向则不顾企业的实际情况，强加一些并不适合企业情况的规定，使企业不堪重负。美国SOX 法案中 404 条款就是由于强调规则导向，加大了企业实施成本而饱受争议。我国内部控制规范在体系建设上也充分考虑了内部控制的原则导向要求，但是考虑到我国企业内部控制基础还相对薄弱，如果只是进行原则性规定，而没有具体的指导性规定，那么很多企业会无所适从，内部控制建设将不能有效展开。我国内部控制规范确定采取基本规范 + 应用指引的方式，即在《内部控制基本规范》中进行原则性的规定，同时制定若干《内部控制应用指引》（而非具体规范）分别业务单元或具体的经济业务对企业内部控制建设进行具体的指导。

第五，建立了有中国特色的内部控制检查监督体系。为了保证内部控制实施的有效性，《基本规范》特别重视对内部控制的检查和监督，在借鉴国际先进理论和经验的基础上，结合中国的国情，建立了有中国特色的内部控制检查监督体系，为内部控制的有效性提供了强有力的制度保障。概括而言，《基本规范》建立了以企业为主体、以政府监管为促进、以中介机构审计为重要补充的内部控制监督检查体系（韩晓燕，2009）。具体而言，《基本规范》要求：企业应当根据本规范及其配套办法，制定内部控制监督制度，明确内部机构在内部监督中的职责权限，规范内部监督的程序、方法和要求（第四十四条）；企业应当建立内部控制实施的激励约束机制，将各责任单位和全体员工实施内部控制的情况纳入绩效考评体系，促进内部控制的有效实施（第八条）；企业应当结合内部监督情况，定期对内部控制的有效性进行自我评价，出具内部控制的自我评价报告（第四十六条）；国务院有关部门可以根据法律、法规及其配套实施办法，明确贯彻实施本规范的具体要求，对企业建立与实施内部控制的情况进行监督检查（第九条）；接受企业委托从事内部控制审计的会计师事务所，应当根据本规范及其配套方法和相关执业准则，对企业内部控制的有效性进行审计，出具审计报告。会计师事务所及其签字的从业人员应当对发表的内部控制审计意见负责（第十条）。同时，为了配合《企业内部控制基本规范》的实施，我国还制定了《内部控制评价指引》和《内部控制审计指引》，以具体指导企业进行内部控制的自我评价和会计师事务所对企业内部控制的建设和实施情况进行鉴证。

二、我国企业内部控制实施的难点

从上述论述可以看出，2006 年我国颁布的《企业内部控制基本规范》是一个既与国际接轨又充分考虑中国特色的内部控制规范，但由于我国企业内部控制实施的基础相

对薄弱,公司治理结构还不健全完善,《基本规范》的有效实施还存在一些难点,这也是《基本规范》推迟实施的一个主要原因。

毕马威华振会计师事务所(以下简称KPMG)的风险咨询服务部一直致力于内部控制的调查、研究和管理咨询工作。在《企业内部控制基本规范》颁布后,2008年7月至10月,KPMG先后在上海、广州、深圳和成都四地组织和参与了一系列有关公司治理和内部控制方面的研讨会。在研讨会举办过程中,KPMG就内部控制规范的实施问题对上百家上市公司的高管进行了调查。调查结果显示:大部分上市公司的高管都认为内部控制对企业实现经营管理目标和改善风险管理十分重要,而且对《基本规范》的内部控制框架及具体要求能够理解,但是他们也提出,鉴于我国企业内部控制建设基础相对薄弱且内外部环境还不是十分健全的现状,《基本规范》的有效实施并不是一蹴而就的,而要经历一个相对漫长和循序渐进的过程。KPMG在对上市公司高管所提出的问题或困惑进行分析的基础上,结合《基本规范》的要求,将上市公司在内部控制基本规范实施过程中存在的主要问题划分为五类:

第一类是企业内部环境方面。主要的问题有:法人治理结构不规范;企业管理层内部控制管理的意识还不到位;内部控制执行人员对风险和内部控制要求的理解有限、素质还有待提高等。

第二类是风险评估方面。主要的问题有:缺少风险评估的理论基础和方法;缺乏有效的风险评估和监控机制等。

第三类是控制活动方面。主要的问题有:内部控制与企业的目标相脱节;内部控制与风险管理相脱节;内部控制未根据风险的变化进行及时更新;对信息技术与内部控制之间的关系了解有限等。

第四类是信息与沟通方面。主要的问题有:信息系统落后,与业务发展脱节;缺乏有效的信息传递与沟通机制等。

第五类是内部监督方面。主要的问题有:内部监督机制不完善,内部审计职能未有效发挥;未保有适当及充分的内部控制相关记录和数据等。

除了上述问题之外,被调查者还担心内部控制规范的实施成本问题,因为企业普遍缺乏风险评估和内部控制自我评价的实践经验和具体指导,在根据《基本规范》的要求进行内部控制建设和自我检查评价时,很难以合理成本开展此项工作。

三、企业实施内部控制基本规范的遵循路线

如何以合理的成本有效实施内部控制规范一直是企业比较关注的问题,除了企业自我摸索以外,学术界和管理咨询界也展开专门的研究,形成了一些有实践指导价值的成果,现将主要的研究成果介绍如下:

朱荣恩(2005)认为,根据内部控制理论框架,单位内部控制可由三部分组成:①组织机构,包括法人治理结构、管理部门设置和岗位分工;②人员管理,包括聘用、考核和奖惩;③业务程序,包括业务循环、处理程序和控制要点等。在这三部分中,朱荣恩认为重点是加强企业业务程序的内部控制,通过根据内部控制规范的要求完善业务程序的内部控制有利于加速提高企业内部控制的整体水准。对于如何设计企业业务程序方面的内部控制这一实施内部控制规范的核心问题,朱荣恩提出构造业务循环模型、分析常见弊端、提出内部控制要点和设计内部控制文本的思路。对于构造业务循环模型,朱荣恩认为,应以现金为中心,以价值运动为主线设计业务循环模型的方法。典型的业务循环包括货币资金业务、销售及收款循环、采购及支出(含固定资产)循环、生产(含成本、存货)循环、工资循环和筹资循环等。对于分析常见弊端,朱荣恩认为,这个过程的实质是风险评估。业务常见弊端可通过总结归纳企业历史上该业务曾发生过的错弊教训,也可采用"合理怀疑",即假设不予控制可能造成损失的机会和可能出现的问题进行主观推测。对于设置内部控制要点,朱荣恩认为,应针对常见弊端设置相关内部控制要点,内部控制要点的设置要考虑三个因素:①关键控制点;②补偿性控制;③成本效益分析等。对于设计内部控制文本,朱荣恩认为,政府、行业管理部门可制定独立式的内控文本内容,以指导企业内部控制的建设,而企业可根据自身条件加以具体应用。

KPMG 在对上市公司高管进行调查的基础上,针对上市公司在实施内部控制及遵循《企业内部控制基本规范》监管要求过程中遇到的问题提出,中国的上市公司在实施内控体系建设和内控自我评价时可以考虑一条遵循路线。KPMG 所提出的企业内部控制遵循路线有六个要点:①制定遵循计划。主要内容有:计划遵循工作的进行方式、范围、时间表、成果和所需资源;组建项目团队;启动项目。②检查和评价内部控制的设计情况。主要工作内容是通过风险评价、对标等方法检查、评价内部控制的设计情况,包括审视内控记录是否足够。③检查和评价内部控制的执行情况。主要工作内容是根据对设计情况的评估结果,制定测试方案并实施对内控执行情况的评估。④确认并纠正内部控制缺陷。主要内容有:归集并评估内部控制设计和运行方面的缺陷;在管理层和治理层的主导下,计划和实施内控缺陷的纠正工作。⑤编制内部控制自我评价报告并配合内部控制审计。主要内容有:跟踪纠正工作的结果(可能需要补充测试);编制内部控制自我评价报告;配合审计师进行内控审计。⑥建立持续改善和遵循机制。主要工作内容是有计划、有步骤地建立内部控制持续改善和内部控制规范持续遵循的有效机制(包括建立相关职能、完善 IT 系统和相关制度等)。

从上述说明可以看出,KPMG 提出的遵循路线有三个特点:一是充分考虑企业已建立的内部控制结构和既有的内控程序及规定,尽量避免资源的浪费,注重成本效益;二

是强调以风险分析方法为基础,识别内部控制建设及遵循的工作重点,同时注重运用检查评价方法评估并归集企业内控设计和运行方面的缺陷及不足之处,并在管理层和治理层的主导下,计划和实施改进工作;三是强调建立持续改善和遵循规范要求的长效机制。

对比朱荣恩和 KPMG 所提出的内部控制建设和遵循路线,可以看出两者既有共同之处,但又各有侧重。共同之处在于两者都注重以风险评估为先导,通过风险分析来确定内部控制建设和遵循的重点;差异之处在于朱荣恩强调以业务循环为内部控制建设和内部控制规范遵循的落脚点,但是对于具体建设方法却没有针对性的设计,只是说明了一些基本原则,而 KPMG 的遵循路线强调运用检查评价的方法推进内部控制建设和内部控制规范的遵循,但是对于内部控制建设的着力点却没有加以明确。鉴于此,我们认为,要想达到以合理的成本有效实施内部控制规范的要求,就必须将上述两种遵循路线结合起来,取长补短,互相补充,借以提出一种融合两者优点的内部控制规范实施的遵循路线。此遵循路线可以描述为:以风险为导向,以业务循环为主要切入点和内部控制主要实施对象,充分运用内部控制检查和评价方法,对比《企业内部控制基本规范》及具体应用指引的要求,对企业现有的内部控制政策与程序进行梳理、整合、改进和优化,推进企业内部控制的建设和内部控制规范的遵循。该遵循路线的要点如下:

第一,构造业务循环模型。主要工作内容是以现金为中心,以价值活动为主线,同时考虑财务报告项目的真实披露要求,以此构造企业的业务循环模型。这一点与朱荣恩的业务循环设计思路有所差异,主要是考虑到内部控制在合理保证企业经营目标实现之外,还有一个重要的且更为现实的目标,就是为财务报告信息的真实公允性提供合理保证。

第二,针对各业务循环进行风险分析和评估。主要工作内容是从各业务循环的控制目标出发,以 COSO 内部控制框架要素为逻辑主线,运用风险评价、对比和分析常见弊端等方法识别各业务循环的主要风险点及其风险程度。

第三,检查和评价各业务循环的内部控制的设计和执行情况。主要工作内容是建立适当的内部控制检查评价机制,以风险分析和评估结果为基础设计一套规范性与操作性兼备并融设计有效性检查与执行有效性检查为一体的检查评价方案,通过合适的机构和人员对各业务循环的内部控制的设计和执行情况进行检查和评价。其中,检查和评价的重点放在控制活动方面,这主要是考虑到控制活动是内部控制体系的主要载体。根据普华永道等机构的调查研究和工作经验,在企业内部控制体系的建设中,控制活动要素往往占到 60% 以上的工作量。其他步骤与 KPMG 提出的遵循路线的第④、⑤、⑥步骤相同。

第三节 内部控制的检查与评价

从前两节的论述可以看出,无论是内部控制的发展,还是我国内部控制规范的实施,对内部控制的检查与评价都将是我国内部控制建设的一项重要且紧迫的工作,需要重点展开研究,并能够为企业实施内部控制检查与评价提供具体的指导。

一、内部控制检查与评价的原则及主要影响因素

通过加强内部控制框架中的监督检查要素来促进内部控制的有效性是当前内部控制框架深化阶段的一个工作重点。2007 年,COSO 委员会发布了《内部控制监督检查指南》(以下简称《指南》)讨论稿。该《指南》明确了进行有效监督检查的两个基本原则,归纳分析了影响监督检查有效实施的三个主要影响因素,从机制建设层面和方法层面为有效实施内部控制检查提供了具体指引。吴志华 2008 年撰文对 COSO《指南》进行了介绍,现将主要内容及观点引述如下:

《指南》进一步阐释了监督检查要素的含义,认为监督检查应对内部控制各部分是否继续有效运行做出评价;控制缺陷应及时与相关责任方沟通(包括管理层和董事会),及时采取改进措施。基于此认识,《指南》总结了有效监督检查的两个原则:①持续监督检查和单独评估应能使管理层了解内部控制的各要素是否随时间继续有效;②内部控制缺陷应被查出并及时传达到负责纠正的人员和管理层,如有必要应报告董事会。同时,《指南》还归纳分析了影响监督检查有效性的三个主要因素:①监督检查开展的控制环境。具体影响因素包括管理当局对监督检查的重视程度和监督检查人员的公正性、专业胜任能力以及是否被适当授权。②根据风险水平采用有效监督检查程序和分配监督检查资源的能力。在制定监督检查计划和分配监督检查资源时要考虑的具体因素是组织规模与复杂性、经营活动的特性、监督检查的目的和控制活动对达成组织目标的重要性等。③向适当人员及时报告包括控制缺陷在内的监督检查结果的能力。发现的控制缺陷必须及时通报到控制运行的责任人及其直接上级,以保证及时采取纠正措施。向其他方面报告的对象和报告频次取决于相关控制的重要性和检查出问题的严重性。在进行重要性评价时,应根据风险可能带来的损失及发生的可能性进行,并保证参与人员具备适当的独立性。《指南》强调监督检查,不仅适用于财务报告内部

控制目标，也适用于其他内部控制目标，并可为满足外部监管的要求提供支持。

2010 年，财政部等五部委制定了《企业内部控制评价指引》（以下简称《评价指引》），该《评价指引》界定了内部控制评价，即内部控制评价是指由企业董事会和管理层实施的，对企业内部控制的有效性进行评价、形成评价结论并出具评价报告的过程。关于内部控制评价的原则，《评价指引》也做出了相应的规定：①风险导向原则。内部控制评价应当以风险评估为基础，根据风险发生的可能性和对企业单个或整体控制目标造成的影响程度确定需要评价的重点业务单元、重要业务领域或流程环节。②一致性原则。内部控制评价应当采用统一可比的评价方法和标准，保证评价结果的可比性。③公允性原则。内部控制评价应当以事实为依据，评价结果应当有适当的证据支持。④独立性原则。内部控制评价机构的确定及评价工作的组织实施应当保持相应的独立性。⑤成本效益原则。内部控制评价应当以适当的成本实现科学有效的评价。

在上述内部控制评价的原则及主要影响因素中，有以下需要着重强调的方面：

1. 内部控制的检查与评价的重点是内部控制的有效性

所谓内部控制的有效性是指内部控制要素对内部控制目标实现的合理保证的实现程度。内部控制的有效性可以有两个维度，即纵向维度和横向维度。在纵向维度方面，内部控制的有效性包括两个层面，即企业整体层面和业务活动层面；在横向维度方面，内部控制的有效性可以区分为内部控制设计的有效性和内部控制执行的有效性。其中，内部控制设计的有效性主要是指为实现控制目标所必需的内部控制要素都存在并且设计恰当，主要内容为：①规章制度是否健全有效，是否贯彻了内部控制框架的五要素，是否在风险评估的基础上涵盖了企业层面的风险和所有重要的业务流程方面的风险；②规章制度的设计是否与企业经营规模及业务复杂程度相一致，是否符合成本效益原则；③职责界定和职能分工是否符合内部牵制和成本效益原则等。对于内部控制执行的有效性，则主要是指现有内部控制程序，特别是一些主要的控制活动，是否得到了正确的执行。企业通过实施有效的内部控制检查与评价，可以及时发现内部控制在设计和运行方面存在的缺陷，并通过适当的信息沟通渠道报告给内部控制的责任人和合适的管理层或董事会（视缺陷的性质和重要程度而定），并通过后续追踪和持续检查等方式，保证所发现的内部控制缺陷能够得到及时的纠正。

2. 内部控制的检查与评价应以风险为导向，以风险评估为基础

从前述中可以看出，内部控制的一个主要发展趋势就是以风险为导向，以风险识别、评估和应对为核心内容。因此，在进行内部控制检查与评价时，应首先围绕着要实现的内部控制目标，运用风险分析的方法，对企业整体和具体业务流程中存在的风险进行识别、分析和分级，以此为基础，根据风险发生的可能性和对企业单个或整体控制目标造成的影响程度确定需要检查和评价的重点业务单元、重要业务领域或流程环节，同

时，在确定具体检查项目的评价权重时，也要充分考虑风险评估的结果。

3. 内部控制的检查与评价应坚持持续监督，注重持续改进和文档积累

由于企业的内外部环境不断发生变化，企业所面临的风险也就不可能一成不变，加之内部控制所存在的固有局限性，因此，为了保证内部控制的有效性，内部控制的检查与评价必须坚持持续监督，同时辅之以单独评估或阶段性评估。COSO 委员会发布的《内部控制监督检查指南》中提供了从公司总体层面保持内部控制系统有效性的动态监督检查方法，如图 5－2 所示。

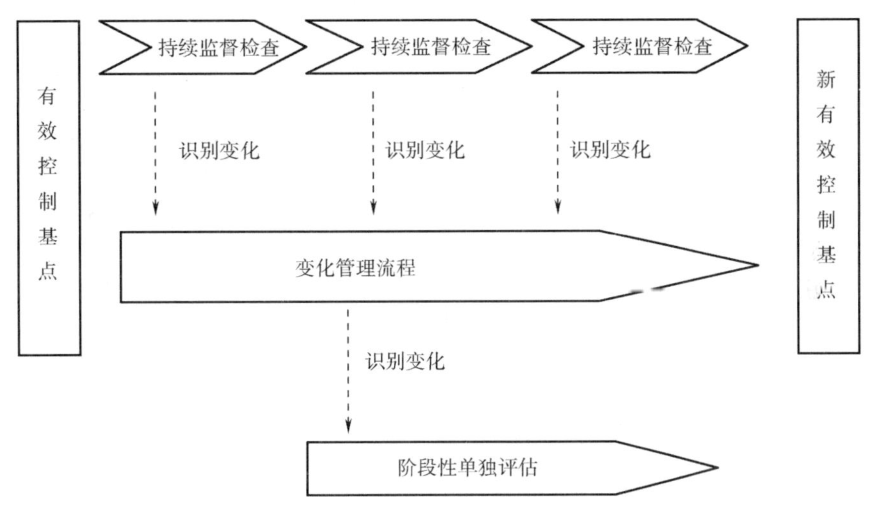

图 5－2　内部控制动态监督检查

资料来源：吴志华．构筑坚实的内部控制评价基础[J]．会计之友，2008(5)．

财政部等五部委颁布的《企业内部控制评价指引》也规定企业内部控制评价一般包括年度评价和专项评价。其中，年度评价是指企业根据内部控制目标，对企业某一年度建立与实施内部控制的有效性进行的评价；专项评价是指企业在特定时点对特定范围的内部控制的有效性进行的评价。

在注重持续监督和持续改进的同时，内部控制的检查与评价还要注意文档积累，即根据内部管理的需要和外部披露的要求，对内部控制检查与评价的过程和结果进行存档。

4. 对内部控制的检查评价工作要进行内部控制

内部控制检查与评价既是一项内部控制要素，同时也是一项管理活动或作业。因此，为合理保证内部控制检查与评价目标的顺利实现，就应依据一定的内部控制框架

(如 COSO 内部控制框架)对内部控制检查与评价进行控制。

在控制环境方面,关键控制点有三个:①完善公司治理结构,强化对内部控制检查与评价工作的重视程度和领导力度。按照《企业内部控制评价指引》的规定,企业董事会及其审计委员会负责领导本企业的内部控制评价工作,监事会对董事会实施内部控制评价进行监督。②实施内部控制检查与评价机构及检查评价工作的组织实施应保持一定的独立性。按照《企业内部控制评价指引》的规定,企业可以授权内部审计部门负责组织和实施内部控制评价工作,具备条件的企业,可以设立专门的内部控制评价机构。③进行内部控制检查与评价的人员应具有足够的专业胜任能力。

在风险评估方面,关键控制点有两个:①检查与评价要在风险评估的基础上涵盖企业层面的风险点和所有重要的业务流程层面的风险点;②对内部控制缺陷的认定要准确,要有充分、适当的证据。

在控制活动方面,关键控制点有三个:①内部控制评价范围的确定应当遵循风险导向、自上而下的原则确定需要评价的分支机构、重要业务单元、重点业务领域或流程环节;②依据《企业内部控制基本规范》和 COSO 内部控制框架的要求,结合具体的评价对象,制定科学、统一的评价标准;③内部控制评价机构根据评价方案组织实施内部控制评价工作,通过适当的方法收集、确认和分析相关信息,确定与实现整体控制目标相关的风险及细化控制目标,并在此基础上辨识与细化控制目标相对应的控制活动;然后,针对控制活动进行必要的测试,获取充分、相关及可靠的证据,对内部控制的有效性进行评价,并做出书面记录。

在信息与沟通方面,关键是合理设计内部控制检查与评价结果的沟通机制,并强化内部控制的责任,保证内部控制检查与评价所认定的内部控制缺陷能够得到及时、有效的纠正。关键控制点有三个:①对于每个内部控制制度、环节或流程都要明确责任人,强化内部控制的流程责任;②发现的内部控制缺陷必须及时通报到控制运行的责任人及其直接上级,以保证及时采取纠正措施;③对于性质严重、影响金额大或影响范围广的内部控制缺陷要上报企业的管理层或董事会。

在监督方面,要加强对内部控制检查与评价工作的监督,使检查与评价保证工作能够按照有关原则和规定,依据方案有序实施,以保证检查与评价工作的公正性和有效性。

5. 开展多层次的内部控制检查与评价工作

检查评价是一个重要的控制要素,它应该体现在企业各层次的管理活动中。同时,检查与评价只是一种手段,其最终目的是通过检查与评价增强企业各层次员工对内部控制的重视程度,强化只有进行检查与评价才能有效保证目标顺利实现的意识,并将其融入自己日常的工作中。因此,内部控制的检查与评价应该是多层次和立体的,而不是一个平面和单维的控制措施。吴志华(2008)认为,内部控制的检查与评价至少应包括三个层次:一是制度或流程负责人实施的检查监督;二是企业内部控制检查与评价机构实施的相对独立的内部控制检查与评价;三是企业各分支机构、各部门实施的内部控制自我评估。除此之外我们认为,内部控制的检查和评价还应包括由会计师事务所实施的对企业内部控制建设情况的鉴证式检查与评价。在实施多层次内部控制检查与评价时,要注意各种检查评价之间的相互配合和相互补充,要注意信息共享,不要形成资源的浪费和对正常经营业务活动的冲击,同时要注意控制检查与评价的成本。

二、内部控制检查评价体系

一个完整的内部控制检查评价体系包括七项因素:检查评价目标、检查评价内容、检查评价原则、检查评价指标、检查评价标准、检查评价程序与方法和检查评价报告。其中,检查评价目标和检查评价原则在前文中已单独论述,下面主要论述其他主要要素。

(一)内部控制检查与评价的内容

从内部控制框架的角度而言,内部控制检查与评价的内容应围绕与实现内部控制目标相关的内部环境、风险评估和管理、控制活动、信息与沟通和监督检查等内部控制要素展开。在具体设计时,应按照横向和纵向两个维度进行。

所谓横向维度是指按照企业内部控制实施的阶段进行内容划分,具体可分为内部控制设计有效性检查评价和内部控制执行有效性检查评价。其中,内部控制设计有效性是指为实现控制目标所必需的内部控制要素都存在并且设计恰当;内部控制执行有效性是指现有内部控制按照规定程序得到了正确执行。

所谓纵向维度是指按照内部控制所涉及的范围划分,具体可分为企业层面的内部控制检查与评价和具体业务层面的内部控制检查与评价,下面分别予以论述。

1. 企业层面的内部控制检查与评价

企业层面的内部控制检查与评价是指按照内部控制框架五要素对企业整体内部控制的有效性进行评价,按照控制环境、风险评估、控制活动、信息与沟通及监督评估五个方面有序进行。

(1)控制环境。主要关注点有七个:①诚信道德价值观主要包括:企业行为规范、管理层的风格和道德水准、管理层对自身遵守控制制度的态度、管理层的薪酬与短期业绩之间的关系等;②胜任能力主要包括:工作岗位描述的准确程度、对为完成某特定工作所需要的知识与技能的具体要求和判断是否胜任的标准等;③董事会主要包括:董事会的独立性、外部董事的比例、董事会下设包括审计委员会在内的各专业委员会的设置

及组成、董事的知识或经验、董事会效率、董事会获得信息的充分性和沟通渠道等；④管理层理念及经营风格主要包括：管理层对风险的态度、管理层对财务报告和资产安全完整性的关注程度、关键职能部门人员的流动率等；⑤组织结构主要包括：组织结构设置的适当性、部门及管理人员的职责界定及自身的理解程度、组织结构间的报告关系、监督检查机构的设置及人员配备情况等；⑥责任的分配和授权主要包括：根据公司的目标、经营职能和监管要求分配责任和授权、权责的相适性和各职责履行的人员配备情况等；⑦人力资源政策和实践主要包括：聘请、培训、晋升和补偿员工薪酬的政策及程序、对背离公司政策和程序的行为所采取的补救行动的恰当性、员工保留与晋升标准、信息收集方法的适当性以及与行为规范或其他行为准则的关系等。

（2）风险评估。主要关注点有三个：①公司总体目标主要包括：公司总体目标设置的合理性、相关性（与公司的愿景和期望直接相关）和充分性、公司总体目标沟通传递方式的有效性、公司目标与战略计划的关联性和一致性、业务计划和预算与公司总体目标、战略计划及现有条件的一致性等；②业务活动具体目标主要包括：业务活动具体目标与公司总体目标和战略计划之间的联系、各项活动具体目标之间的一致性、所有重要业务流程与活动具体目标的相关性、业务活动为实现目标所获取资源的充分性、对实现关键成功要素目标的识别、不同级别的管理层对目标设定的参与以及他们为实现目标所应承担的责任等；③风险主要包括：内外部风险的识别机制的健全性和充分性、风险分析程序的全面性和相关性、管理和应对变化的能力和机制的有效性等。

（3）控制活动。主要关注点有两个：①控制政策和程序主要指每一项业务活动控制政策和程序的必要性和恰当性；②控制活动的执行主要指已确定的控制政策和程序能够得到恰当的执行。

（4）信息与沟通。主要关注点有两个：①信息主要包括：获取与目标实现情况和受托责任履行情况内外部信息的能力、信息系统与公司目标实现和战略计划的相适性等；②沟通主要包括：企业各层面、各部门之间信息沟通机制的健全性和有效性、员工职责和控制责任履行情况沟通的有效性、建议和问题反映渠道的充分性和对问题处理意见反馈的及时性、与外部相关方面信息沟通的充分性和有效性等。

（5）监督评估。主要关注点有三个：①日常监控（持续性监督）主要包括：企业在处理业务活动时对内控规定执行情况的监督和考核、来自外部的关于内控执行情况信息获得的充分性及反馈的及时性、对内部和外部审计师提出的加强内控的措施和建议进行响应以及内部审计的有效性等；②独立评估主要包括：内控系统独立评估的范围和频率、评估程序的适当性、用于评估系统的方法的合理适当性以及评估文档编制标准的适当性等；③缺陷认定、报告和纠正主要包括：内控缺陷认定标准的适当性、内控缺陷报告机制的有效性、内控缺陷纠正责任划分的合理性以及纠偏效果的后续追踪等。

2. 具体业务层面的内部控制检查与评价

在针对具体业务层面进行内部控制检查与评价时，应首先围绕着要实现的内部控制制度的目标，运用风险分析的方法（包括对常见业务弊端的分析），对具体业务层面中存在的风险进行识别、分析和分级，并以此为基础，根据风险发生的可能性和对企业单个或整体控制目标造成的影响程度确定需要检查和评价的重点业务单元、重要业务领域或流程环节；其次，针对依据风险分析所确定的重点检查领域，按照内部控制框架五要素，即控制环境、风险评估、控制活动、信息与沟通及监督评估识别具体业务层面的关键控制措施和关键控制制度，以此为基础区分设计健全性检查和执行有效性检查，设计针对具体业务层面的内部控制检查与评价的主要内容。

以采购与付款业务循环中的采购合同业务为例，其内部控制检查与评价内容可以做如下确定（见表5－3）：

表5－3　采购与付款业务循环中的内部控制检查与评价

<table>
<tr><th>控制环节</th><th>控制目标</th><th>主要风险点</th><th>关键控制点和基本要求</th></tr>
<tr><td rowspan="6">采购合同（订单管理）</td><td rowspan="6">采购合同（订单）合法、合规，并且能够得到有效执行，最大限度地保障企业的权益和采购管理目标的顺利达成</td><td>1. 未签订有效的采购合同，企业的权益无法得到保障</td><td>除制度中规定可以直接购买的小额零星采购外，大宗、批量或重要的物资采购必须与供货商签订采购合同</td></tr>
<tr><td rowspan="5">2. 采购合同（或合同模板）未经过法律、财务等相关部门审阅，未经过适当的授权审核批准</td><td>物资采购或服务合同文本（或模板）应由相关专业部门进行审阅并在合同审批表上签署意见。其中，法律事务部门或者其授权部门就合同的权利和义务进行审阅；财务部门对合同的价格条款、折让条件、付款条件及方式进行审阅</td></tr>
<tr><td>按采购金额和性质的不同，合同审批表由具有相应权限的主管或其授权人员进行审批</td></tr>
<tr><td>应用采购合同模板的企业，具体采购合同应与合同模板相一致，否则将视同新合同，需履行合同审批程序</td></tr>
<tr><td>采购合同需要变更时，采购部门应会同财务、法律等部门按原合同审批程序办理</td></tr>
<tr><td>各企业采购合同应经法定代表人或其授权代理人签字，并加盖公章或合同专用章</td></tr>
</table>

续表

控制环节	控制目标	主要风险点	关键控制点和基本要求
采购合同（订单管理）	采购合同（订单）合法、合规，并且能够得到有效执行，最大限度地保障企业的权益和采购管理目标的顺利达成	3. 采购订单的下达没有履行必要的审核和授权批准程序	采购订单要有请购依据，采购内容要与请购单相一致
			采购订单应符合框架合同或协议的规定，如单独列示价格等条款，则需要经相关部门审核
			采购订单须经相应的权限机构或其授权人员批准
			采购订单的修改和撤销需要履行适当审核和授权批准手续
			采购订单连续编号
		4. 采购合同和订单的执行没有有效地进行跟进	物资采购部门或自主采购部门应负责跟踪合同和订单的执行情况，将合同和订单的执行情况与合同条款相核对并及时登记采购合同和订单执行情况备查记录
			采购合同和采购订单需在财务等部门备案留存。财务部门依据采购合同和订单，对采购业务进行会计监督
		5. 采购合同没有定期及时进行更新	采购合同的期限原则上不允许超过1年，对于长期供货商的合同应按年度进行更新
		6. 缺乏合同归档管理制度，合同档案管理混乱	建立合同归档管理制度，有专人保管合同，合同应连续编号

资料来源：作者根据相关资料整理。

具体设定采购合同管理的检查与评价内容时，可以根据表5－3所列出的关键控制点和控制目标检查对应的设计有效性和执行有效性。

另外，需要注意企业层面和具体业务层面内部控制检查与评价内容之间的关系，特别是两个方面的情况：①无论是企业层面还是具体业务层面，内部控制检查与评价都应对与实现控制目标相关的内部环境、风险评估、控制活动、信息与沟通和内部监督等内部控制要素进行有针对性的检查与评价，并且检查与评价应包括内部控制设计有效性

和执行有效性两个方面；②企业层面与具体业务层面的内部控制检查与评价的内容应各有侧重、相互联系、资源共享，共同构成一个有机的企业内部控制检查与评价内容体系。具体而言：一是企业层面的内部控制检查与评价应侧重于高层内部控制（即公司治理方面，主要涉及股东、董事会及下属委员会和管理层等方面）、企业层面对内部控制五要素设计和执行机制以及信息系统的内部控制等，而具体业务层面的内部控制检查与评价则主要侧重于具体业务层面的内部控制的设计和执行情况，检查与评价的重点主要包括职责划分、制度建设、控制活动及业务监督与稽核等方面；二是在确定具体业务层面的内部控制检查与评价内容时，可以充分运用企业层面内部控制检查与评价的结果，借助于风险分析手段，确定需要检查与评价的重点业务环节和关键控制点，同时，在确定企业层面的内部控制检查与评价内容时，对于与业务密切相关的内部控制，则可以将主要的检查与评价工作置于业务层面进行。

（二）选择内部控制检查与评价指标应遵循的原则

检查与评价指标或项目的设计和选择是建立内部控制检查与评价体系的关键环节。指标或项目的选择和设计不仅影响内部控制检查与评价工作能否顺利进行，能否以合理的成本进行，更为重要的是，还会影响到内部控制检查与评价的结果能否公允、准确和全面地反映企业内部控制的有效性。选择内部控制检查与评价指标，应遵循以下原则：

1. 区别性原则

不同的评价对象其具体评价目标、自身特点和评价的侧重点都各不相同，因此在评价时应区别对待。具体而言，应根据评价对象的侧重点、评价对象的风险评估结果和关键控制点设计检查与评价指标或项目。

2. 一致性原则

一致性原则是指内部控制检查与评价指标或项目的选择和设计应与内部控制目标和风险点以及对应的关键控制措施相一致。具体而言，首先应用风险分析技术，在控制目标上确定风险点；然后根据风险点，应用内部控制要素框架，综合考虑各种控制方法，确定关键控制措施和控制点；最后根据所确定的关键控制措施和控制点，设计和选择内部控制检查与评价指标或项目。在实际进行指标或项目的设计和选择时，指标与控制目标、风险点之间并不总是一一对应的关系，而可能会出现"一对多""多对一"或"多对多"的关系，但是，就具体检查与评价指标而言，要保证上述逻辑关系的一致性。

3. 全面性原则

在按照上述顺序进行内部控制检查与评价指标或项目的设计和选择时，要确保检查与评价指标或项目能够在内部控制框架下有效涵盖所有的风险点和控制目标，并能

提供足够的合理保证。

4. 公允性原则

所谓公允性是指内部控制检查与评价应以事实为依据，评价结果应当有适当的证据支持。因此，在设计和选择内部控制检查与评价指标或项目时，一定要注意指标或项目的可检查性和评价标准的客观性，只有能够通过检查进行验证，并且有客观、统一标准的检查与评价指标或项目，才能保证内部控制检查与评价结果的客观、公正。

5. 成本效益原则

要以合理的成本进行内部控制检查与评价，确保实施成本小于它所取得的效益。这就要求在设计和选择指标或项目时，对其数量要加以控制，原则上主要选择那些针对主要风险点和关键控制措施的指标或项目。另外，在进行检查与评价时，要注意充分利用信息技术，并强调资源和信息共享，避免重复工作和资源的浪费。

（三）选择内部控制检查与评价指标需要注意的问题

为贯彻上述五项原则，在设计和选择内部控制检查与评价指标或项目时，需要注意以下三个问题：

1. 注意区分内部控制设计指标和执行指标

如前所述，内部控制有效性检查与评价包括设计有效性和执行有效性，因此，在指标设计和选择时，要注意区分设计指标和执行指标。设计指标或项目主要包括组织结构设计、岗位职责划分、不兼容职务相分离，以及完善的数据记录、归档程序、明确的业务制度及流程和审批权限等；执行指标则是指企业在实际执行既有的内部控制制度过程中对制度的遵循程度等。

2. 结果评价指标和过程评价指标相结合

结果指标主要反映内部控制目标的实现情况，而过程指标则主要反映内部控制目标的实现过程，一般情况下过程指标又可分为设计有效性指标和执行有效性指标。结果指标主要用于衡量内部控制的整体效果，如库存现金“白条抵库”便是一个典型的结果指标，它可以用来衡量现金管理的有效性。而过程指标则主要用于衡量内部控制的设计和执行情况，如库存现金“付款审核和有适当授权审批”便是一个典型的过程指标，它可以用来衡量现金管理制度设计的完备性和执行的有效性。过程指标和结果指标相结合，一方面通过设置结果指标，能够使得管理者理解内部控制目标的实现效果；另一方面通过设置过程指标，能够使得管理者将注意力集中于企业内部控制的关键方面，了解促进内部控制目标实现的途径。需要注意的是，虽然结果指标和过程指标紧密联系，但是结果指标存在问题，并不意味着过程指标也存在相应的问题，可能会出现过程指标表明内部控制制度执行良好而结果指标却显示存在问题的现象。造成这种情况出现的原因可能有两种:一种原因是结果指标的选择可能存在问题;另一种原因是过程指标的选择并不全面,未涵盖内部控制的所有评价内容,或者企业在风险管理和持续改进方面还存在问题。在检查和评价时,以过程评价指标为主,而结果指标则主要用来确定过程评价中的检查重点,并可用于对过程评价结果进行修正。

3. 财务指标与非财务指标相结合

如前所述,内部控制是一个过程,对内部控制的评价要在内部控制五要素框架下展开,并且要能够对合理保证企业经营管理合法、合规、资产安全、财务报告及相关信息真实完整,提高经营效率和效果,促进企业实现发展战略等内部控制目标的实现程度进行检查和评价,因此仅仅用财务指标或与财务有关的项目进行检查和评价是无法满足上述要求的,而必须将财务指标和非财务指标相结合,并且在具体设计和选择指标时,非财务指标或项目将占据主体地位,而财务指标则主要围绕经营效率和效果目标进行设计和选择;同时也可用于确定内部控制过程的检查重点、分析整体控制效果,对非财务指标有修正、补充和验证的作用。

(四)内部控制检查与评价的标准

评价标准又称评价基准,是指根据检查与评价指标判断所评价对象实际内部控制效果优劣的基准。根据评价标准确定过程中的逻辑递进关系,评价标准可以分为根本评价标准、法定或公认的评价标准和具体评价标准。

所谓的根本评价标准是指判断内部控制有效性程度的根本出发点。根据内部控制有效性的定义,内部控制检查与评价的根本标准应该界定为内部控制目标实现的合理保证程度,保证程度越高,意味着内部控制越有效。

所谓的法定或公认的评价标准是指开展内部控制检查与评价所依据的法规规定或所基于的内部控制框架。具体到我国而言,应将《企业内部控制基本规范》《内部控制应用指引》《内部控制评价指引》及与之相关的法律、法规作为我国企业进行内部控制检查与评价的法定标准。对于法定标准中没有明确规定的内部控制领域,则应参照国际上公认的内部控制框架,如 COSO 内部控制框架等。

所谓的具体评价标准是指针对具体的检查与评价指标或项目设定的评价标准。具体评价标准应根据在法定或公认的内部控制框架下结合具体检查评价对象的特点设定。在具体设计和选择时,具体评价标准可以设计三条路径:首先,根据经济活动的内容特点和管理要求提炼内部控制目标; 其次,进行风险分析,在风险评估的基础上确定风险点,针对风险点设计关键控制点; 接下来,对于不同的控制点确定不同的业务内容和控制目标,因此需要采取不同的控制手段和方法,才能有效降低风险,以合理保证目标的实现。这些针对控制点所运用的各种控制手段和方法等称为控制措施。在一般情

况下，可以根据内部控制的要求，结合实际情况，针对具体控制点制定相应的标准性控制措施或要求。在检查评价时，这些标准性内部控制措施或要求便可作为具体控制标准。

依据所对应的指标或项目性质的不同，控制标准可以分为过程评价标准和结果评价标准，而过程评价标准又可分为设计有效性评价标准和执行有效性评价标准。

（五）内部控制检查与评价的阶段

根据《内部控制评价指引》第十四条的规定，企业应当按照制定评价方案、实施评价活动和编制评价报告的程序开展内部控制评价。在具体实施检查与评价时，可以按以下阶段进行：

1. 准备阶段

准备阶段的主要工作是制定检查与评价工作方案。检查与评价工作方案主要包括评价目标、评价范围、风险评估、控制点与关键控制措施、检查与评价指标或项目、检查方法与评价标准、评价权重设计、检查与评价结果分析汇总程序和格式、内控评价日程表及费用预算等。其中，在制定内控评价日程表时，需要充分考虑内控评价资源（时间和评价人员的数量）的有限性，在内控评价计划需求和内控评价资源之间进行权衡，在保证检查与评价目标达成的前提下，以尽可能合理的成本开展内部控制检查与评价工作。

另外，在制定检查与评价工作方案时，要充分运用项目管理工具和信息技术，将一个检查与评价项目分解为若干个小的、可管理的项目，并分配给具有适当胜任能力的评价人员，以提高内部控制检查与评价的工作效率，控制成本，保证效果。

2. 实施阶段

内部控制检查与评价实施阶段的主要工作是实施检查、编制工作底稿、审阅评价证据以及对检查评价工作进行监督和指导。这一阶段的关键点主要有四个：①依据统一的检查与评价指标（或项目）、评价方法和评价标准进行检查与评价，以保证检查与评价结果的公允性和可比性；②为了保证检查与评价证据的充分性、相关性和胜任性，在条件允许的情况下应尽量采用实地查阅、穿行测试和抽样检查等方法，并设计适当的工作底稿要求在实施检查与评价时编制；③对于检查与评价过程中收集到的证据，应建立一定的审核机制，以保证审计证据的充分性、胜任性和相关性；④为确保内部控制检查与评价工作质量并加快评价任务进程，需要在整个检查与评价过程中开展工作持续、适当的监督，包括从计划阶段开始到外勤、报告阶段的完成。监督是一个持续的过程，从制定评价计划开始，到评价工作结束、发布最终评价报告为止。检查与评价工作计划以及所做出的任何修改都应该得到监督人员的批准。所有检查与评价过程中与评价工作方案不符的事项都应该记录在评价工作底稿中，并有充足的理由。监督人员应该对工作底稿进行复核，通过观察阶段性的进展和时间报告监督、控制、评价预算与时间表。监督人员在复核检查与评价结果时，应该审阅相应的工作底稿，以保证所有评价证据都是充分、相关的，缺陷认定和评价结果是客观和公允的。

3. 形成检查与评价报告阶段

在对各内部控制检查与评价指标或项目的检查与评价结果进行分析、汇总的基础上，根据检查与评价目标的要求，依据一定的格式出具内部控制检查与评价报告（详细内容见内部控制检查与评价报告部分）。

4. 报告反馈与跟踪阶段

如前所述，内部控制是一个持续改进的过程，每一次内部控制检查与评价都要形成一个新的有效控制基点。在形成新的有效控制基点的过程中，对于检查与评价报告中所确定的重要控制缺陷，要通过对报告情况的反馈与追踪，强化内部控制责任，健全约束激励措施，完善信息沟通机制，保证在检查与评价中的内部控制缺陷得到纠正，以形成一个新的有效控制基点。

（六）内部控制检查与评价的方法

1. 内部控制检查与评价工作的步骤

根据前述内部控制检查与评价的逻辑思路和指标或项目确定过程中内在的逻辑关系，运用适当的方法开展内部控制检查与评价工作的步骤如下：

（1）确定所依据的内部控制框架，应用风险分析的方法完成整体的风险评估。

（2）选定用于执行及评估内部控制的标准。

（3）根据检查评价目标，在整体风险评估的基础上，识别确定关键业务流程。

（4）应用风险分析方法，识别各关键流程中与检查评价目标相关的主要风险。

（5）识别可降低主要风险的关键控制措施或指标，并予以一定的标准化，将所确定的标准性控制措施或指标作为具体检查和评价标准。

（6）应用适当的评估和测试方法，评估控制设计的有效性（依据对实现目标的保证程度）。

（7）应用适当的评估和测试方法，评估控制执行的有效性（依据运作是否按设计进行）。

（8）设计并实施用以弥补内控差距及缺陷的解决方案。

（9）形成新的有效控制基点，对内部控制进行持续改进。

2. 内部控制检查与评价工作的方法

根据《内部控制评价指引》的规定，内部控制评估和评价的主要方法如下：

（1）个别访谈法：是指企业根据检查评价的需要，对被查单位员工进行单独访谈，以获取有关信息。

（2）调查问卷法：是指企业设置问卷调查表，分别对不同层次的员工进行问卷调查，根据调查结果对相关项目做出评价。

（3）比较分析法：是指通过分析、比较数据之间的关系、趋势或比率取得评价证据的方法。

（4）标杆法：是指通过与组织内外部相同或相似经营活动的最佳实务进行比较而对内部控制设计有效性评价的方法。

（5）穿行测试法：是指通过抽取一份全过程的文件，了解整个业务流程执行情况的评估评价方法。

（6）抽样法：是指企业针对具体的内部控制业务流程，按照业务发生频率及固有风险的高低，从确定的抽样总体中抽取一定比例的业务样本，对业务样本的合规性进行判断，进而对业务流程控制运行的有效性做出评价。

（7）实地查验法：是指企业对财产进行盘点、清查，以及对存货出、入库等控制环节进行现场查验。

（8）重新执行法：是指通过对某一控制活动全过程的重新执行评估控制执行情况的方法。

（9）专题讨论会法：是指通过召集与业务流程相关的管理人员就业务流程的特定项目或具体问题进行讨论及评估的一种方法。

实施检查与评价时，可以根据具体检查指标或项目的特点，围绕检查与评价的目标，选用适当的方法或方法组合。选用检查与评价方法时，还要注意考虑所形成证据的充分性、胜任性和相关性。

（七）内部控制检查与评价报告

在正式出具内部控制检查与评价报告前，应根据检查与评价中发现的问题对内部控制缺陷进行分类分析。按照《内部控制评价指引》的规定，内部控制缺陷一般可分为设计缺陷和运行缺陷：设计缺陷是指缺少为实现控制目标所必需的控制，或现存控制设计不适当、即使正常运行也难以实现控制目标；运行缺陷则是指现存设计完好的控制没有按设计意图运行，或执行者没有获得必要授权或缺乏胜任能力以有效地实施控制。

1. 确定内部控制存在缺陷

企业对内部控制检查与评价过程中发现的问题，应当从定量和定性两方面进行衡量，判断是否构成内部控制缺陷。存在下列情况之一，企业应当认定内部控制存在设计或运行缺陷：

(1)未实现规定的控制目标。

(2)未执行规定的控制活动。

(3)突破规定的权限。

(4)不能及时提供控制运行有效的相关证据。

2. 内部控制缺陷的分类

实施检查与评价时,应当根据内部控制缺陷影响整体控制目标实现的严重程度,将内部控制缺陷分为重大缺陷(也称实质性漏洞,以下统称重大缺陷)、重要缺陷和一般缺陷。具体分类标准如下:

(1)重大缺陷:是指一个或多个一般缺陷的组合,可能严重影响内部整体控制的有效性,进而导致企业无法及时防范或发现严重偏离整体控制目标的情形。

(2)重要缺陷:是指一个或多个一般缺陷的组合,其严重程度低于重大缺陷,但导致企业无法及时防范或发现偏离整体控制目标的严重程度依然重大,须引起企业管理层关注。

(3)一般缺陷:是指除重大缺陷、重要缺陷之外的其他缺陷。

内部控制评价机构和管理层应当合理确定相关目标发生偏差的可容忍水平,从而对严重偏离内控制度的情形予以确定。

企业应当对内部控制检查与评价过程中发现的内部控制缺陷,督促相关单位或部门进行整改,并对整改结果进行核查和确认。

3. 内部控制检查与评价报告的内容

在对内部控制缺陷的整改进行追踪和反馈的基础上编制内部控制评价报告。内部控制评价报告至少应当包括下列内容:

(1)内部控制评价的目的和责任主体。

(2)内部控制评价的内容和所依据的标准。

(3)内部控制评价的程序和所采用的方法。

(4)衡量重大缺陷严重偏离的定义,以及确定严重偏离的方法。

(5)被评估的内部控制整体目标是否有效的结论。

(6)被评估的内部控制整体目标如果无效,存在的重大缺陷及其可能的影响。

(7)造成重大缺陷的原因及相关责任人。

(8)所有在评估过程中发现的控制缺陷,以及针对这些缺陷的补救措施及补救措施的实施计划等。

在编制内部控制检查与评价报告的过程中,可以根据被评估的整体控制目标的不同,适当调整评价报告的内容。

三、具体业务的内部控制检查与评价

对具体业务内部控制的检查与评价，需要在前述内部控制检查与评价体系框架下进行，其中应注意以下原则的运用：

1. 按照财务报表要素划分和归集检查与评价的具体业务

之所以按照财务报表要素进行具体业务的划分和归集，主要是基于三方面的考虑：①依据财务报表要素划分能够保证内部控制检查与评价的完整性；②可以突出内部控制对财务报告真实完整目标所提供合理保证的程度，这与目前国内外将财务报告内部控制作为内部控制检查与评价重点的趋势和导向是相吻合的；③可以有效地避免具体业务检查与评价内容之间的交叉，便于降低内部控制检查与评价的成本。

2. 强调以风险为导向和检查评价工作的内在逻辑一致性

在关于具体业务内部控制检查与评价的论述中，贯彻以风险为导向的原则，注意维护检查与评价工作与风险控制和控制目标的实现保持内在的逻辑一致性。具体设计风险控制目标时，将严格按照三个步骤进行：首先，根据具体业务的内容特点和管理要求提炼内部控制目标；其次，进行风险分析，在风险评估的基础上确定风险点，针对风险点设计关键控制点，围绕关键控制点确定检查与评价的指标或项目；接下来，针对具体控制点制定相应的标准性控制措施。

3. 强调检查与评价的公允性和审计证据的充分性、胜任性和相关性

在针对具体业务设计检查与评价文档时，采取《业务风险控制矩阵》《检查与评价项目表》《检查方法和判断标准》及《工作底稿》相结合的组织形式。统一的《检查方法和判断标准》保证了检查评价结果的公正可比性，而《工作底稿》的填列则保证了检查结果的真实客观性以及审计证据的充分性、胜任性和相关性。

第四节　风险管理

企业风险是指不确定事项对企业的战略与经营目标实现产生的影响。风险分为纯粹风险（只有带来损失一种可能性）和机会风险（带来损失和盈利的可能性并存）。

企业风险管理是指企业对风险进行有效识别、评估、应对和控制，为风险管理目标的实现提供合理保证的过程和方法。企业风险管理要围绕价值的保持与创造来开展。企业应注重防范和控制风险可能对企业造成的损失和危害以保持价值；同时，通过有效

管理机会风险，为企业创造价值。企业进行风险管理时一般应遵循合规性、融合性、全面性、重要性和平衡性原则：①合规性原则是指企业风险管理应符合相关政策的要求和监管制度的规定；②融合性原则是指企业风险管理应与企业的战略设定、经营管理与业务流程相结合；③全面性原则是指企业风险管理应覆盖企业所有的风险类型、业务流程、操作环节和管理层级与环节；④重要性原则是指企业应对风险进行评价，确定需要进行重点管理的风险，并有针对性地实施重点风险监测，及时识别、应对和控制；⑤平衡性原则是指企业应当权衡风险与业绩和风险管理成本与风险管理收益之间的关系。

企业应当根据监管要求和管理需要，考虑风险状况和风险事件，依据风险因素的来源、对战略和经营目标产生的影响、风险的性质、风险的责任主体以及能否为企业带来盈利等分类标准，建立能够满足系统性、完整性、层次性、可操作性和可扩展性等原则要求的综合风险分类框架。企业的风险大类一般可分为战略风险、财务风险、市场风险、运营风险、法律风险，以及企业根据行业及自身业务特点确定的其他需要重点关注的风险大类，如安全风险和声誉风险等。

企业风险管理流程一般包括风险管理目标的设立、风险识别、风险分析与评价、风险监测与预警、风险应对与控制、风险管理沟通与报告、风险管理考核以及风险管理有效性评价与优化。

一、风险管理的治理结构

企业应根据相关法律法规的要求和风险管理的需要，建立组织架构健全、职责边界清晰的风险治理结构，明确董事会、监事会、高级管理层、业务部门、风险管理部门和内审部门在风险管理中的职责分工，建立风险管理决策、执行、监督与评价等职能既相互分离与制约又相互协调的运行机制。其中，企业应强化董事会对风险管理的最终责任，明确董事会及其下属的风险管理委员会对重大风险管理事项的审议与决策职责，以及对管理层实施风险管理的督导职责。

企业应根据风险治理的需要，建立健全风险管理的三条防线，即有关职能部门和业务单位作为第一道防线，承担其职责范围内风险管理的直接责任；董事会下属的风险管理委员会和风险管理职能部门作为第二道防线，承担风险管理政策、制度和流程的拟订与组织实施、协调跨部门风险管理和监测风险的责任；董事会下属的审计委员会和内部审计部门作为第三道防线，承担对风险管理的有效性的鉴证与评价责任。企业总经理对全面风险管理工作的有效性向董事会负责，总经理或总经理委托的高级管理人员负责主持全面风险管理的日常工作，负责根据建设风险管理三条防线的要求拟定企业风险管理职责方案，根据融合性要求组建企业的风险管理专家团队，建立部门之间相互协调、有效制衡的运行机制。

企业应当设立专门的风险管理职能部门或明确相关职能部门具体负责风险管理事务的组织与协调工作。主要职责为:①组织拟订企业的风险管理政策、制度和流程,按规定程序报经审批后组织实施,并对相关职能部门和业务单位的风险管理工作进行指导和监督,提供风险管理方法、技术和模型的支持;②组织风险信息的收集和分析,并建立企业的综合风险分类框架;③针对主要的风险类型,组织拟订风险管理目标,按规定程序报经审批后,组织进行传达和分解;④组织、协助相关职能部门和业务单位开展其职责范围内的风险识别、分析、评价、监测和应对工作;⑤协调跨部门的风险管理工作;⑥组织建立风险沟通机制,推动风险管理信息系统建设,编制风险管理报告;⑦组织推动风险管理文化建设。企业相关职能部门和业务单位应当接受风险管理职能部门的组织、协调、考核和监督,在职责范围内建立健全风险管理子系统,执行风险管理的制度与流程,对其风险管理的有效性负直接责任。

企业还应合理设置风险管理岗位,明确岗位职责,并配备既具有风险意识和责任感又具有与开展风险管理相适应的专业知识和专业技能的人员。同时,企业应建立健全能够涵盖风险管理主要流程环节的风险管理制度体系。一般应包括风险管理决策制度、风险识别与评估制度、风险监测预警制度、危机管理制度、风险管理评价制度和风险管理考核制度等。

此外,企业应将信息技术应用于风险管理的主要流程和环节,并建立与财务信息系统和业务信息系统的信息共享机制与方式。有条件的企业可以在统一规划下建立专门的风险管理信息系统对风险进行识别、评估、监测和报告,并在各职能部门、业务单位之间实现信息集成与共享。

二、风险管理的主要流程

(一)风险管理目标的设立

风险管理的基本目标是将企业的总体风险和主要类型的风险控制在风险偏好及容忍度范围之内。风险偏好与容忍度构成了风险管理的目标体系。其中,风险偏好主要明确企业愿意承担哪些风险及相应风险管理的目标值;风险容忍度主要明确在不确定性环境中可容忍的风险管理目标值的波动范围。

风险偏好是企业基于使命、愿景和核心价值观,综合考虑外部风险因素、内部风险管理能力和监管要求确定的针对总体风险和主要风险类型的基本态度和具体目标。设定风险偏好时,基本态度一般用定性的方式表述,如“低”“中”“高”等。具体目标则可采用定量与定性相结合的方式设定。风险偏好的具体目标应尽可能地使用定量指标,包括主要的财务指标、业务指标、风险指标以及其他相关指标的目标值或目标区间。对

不能定量的风险偏好的定性描述,应包括承担此类风险的原因和主要的管理要求等。风险容忍度是针对风险偏好具体目标所设定的可容忍的波动范围。一般采用定量与定性相结合的方式确定,定量表述时可以用波动区间和概率方法。

风险管理的目标应与企业的战略和经营目标互相适应,企业经营计划、预算指标、绩效考评和薪酬机制应与风险管理目标相衔接。企业风险管理目标设立的基本程序为:①董事会根据企业的使命、愿景和核心价值观确定初步的风险态度;②各职能部门和业务单位收集和分析与本企业风险和风险管理相关的内部、外部信息,包括历史数据、损失事件和未来预测;③各职能部门和业务单位根据企业的战略与经营目标,结合企业的风险承受能力,遵循监管要求,针对职责范围内主要的风险类型确定风险偏好及容忍度;④风险管理职能部门对各职能部门和业务单位确定的各主要风险类型的风险偏好及容忍度进行审核和汇总,编制企业风险管理目标报告,提交企业管理层审议,并报企业董事会批准;⑤将批准后的风险管理目标在企业内部进行传达和分解。

企业风险管理目标的制定应与战略规划、年度预算同步进行并相互影响。有条件的企业可以将所设定的风险管理目标按照责任主体或业务维度细化分解为风险控制数,以促进风险管理目标在业务单位和职能部门工作中的落实。

(二)风险的识别

风险识别就是企业根据风险形成的机理,从企业的内部和外部辨识可能影响风险管理目标实现的风险因素和风险事项。企业风险识别的方法主要包括对标分析法、流程分析法(SIPOC)、问卷调查法和损失事件分析法等。识别出的风险一般地通过风险清单进行列示。

企业风险识别的基本程序为:①风险管理职能部门以风险分类框架和风险管理目标为基础,深入分析风险的形成机理,制定风险识别框架,编制风险清单模板;②风险管理职能部门选择合适的风险识别工具与方法,确定风险识别参与人员和组织形式并进行培训;③参与风险识别的管理层及相关部门或机构识别与本职能领域的相关风险并填写风险清单模板;④风险管理职能部门对识别的风险进行审核,形成或修订完善风险清单。

风险清单中风险识别结果应至少包括三个要素:①风险名称:采用"目标或业务+风险"的描述方式;②风险概述:采取"成因+影响的业务/目标"的描述方式;③风险描述:对风险发生的各种成因及其表现分类描述。

(三)风险的分析与评价

风险分析是指企业在明确风险成因和特征的基础上,采用定性与定量方法,分析未

来一定时期内风险发生的可能性和对目标的影响程度。风险分析包括固有风险分析和剩余风险分析。固有风险是企业没有采取任何措施改变其风险事项或因素的可能性或影响的情况下所面临的风险;剩余风险是在企业采取风险应对与控制措施之后所残余的风险。

风险分析要综合考虑风险成因、管理现状、风险涉及的业务领域与业务量、责任单位以及风险之间的相互关系等因素,应至少把握三个分析要点:①风险成因分析应结合内外部风险因素,针对风险影响的具体业务和目标进行具体分析;②企业应先分析其固有风险,在此基础上充分考虑风险管理现状,包括现行内控制度和专业管理制度等,分析制度设计及执行的有效性、风险管理责任落实的情况等,分析确定其剩余风险;③应对各类风险进行关联分析,深入剖析风险之间的自然对冲、风险发生的正负相关性等组合效应,为各类风险的组合管理提供依据。

风险评价是根据风险评价标准,对风险分析结果进行综合评价、确定风险重要性等级以及明确风险管理重点的过程。风险评价标准是对风险发生可能性的高低、影响程度的大小以及风险水平的高低进行评价和分类所依据的标准。风险评价标准的制定应充分考虑风险偏好的管理要求,采用定量标准与定性标准相结合的方式。

风险分析与评价可以采用的工具主要有风险矩阵法、层次分析法等。其中,风险矩阵法是风险评价的基本方法。风险分析与评价的基本程序为:①根据风险偏好管理要求制定风险评价标准;②风险管理职能部门选择合适的风险分析与评价工具和方法,确定风险分析与评价参与人员和组织形式;③参与风险识别的管理层及业务部门对本职能领域的相关风险进行初步的分析与评价;④风险管理职能部门根据风险评价标准,结合相关监管要求,对风险初步分析与评价结果进行审核,并与管理层及相关部门沟通协商,指导修正风险分析与评价结果;⑤根据修正后的风险分析与评价结果,编制风险评估报告,确定重大风险和需要关注的风险;⑥将风险分析与评价报告提交企业管理层审议,并报企业董事会批准。

(四)风险的监测与预警

风险监测与预警是指企业针对需重点关注的风险设置风险预警指标体系,对风险的状况进行监测,并通过将指标值与预警临界值的比较,识别预警信号并进行预警分级的风险管理决策支持系统。风险监测与预警的基本方法是关键风险指标法,可与层次分析法、模糊综合评判法结合使用。风险监测与预警的基本程序为:①将重大风险和需要关注的风险作为主要的风险监测与预警对象;②针对风险监测与预警对象设置风险预警指标体系,指标体系的设置应遵循定量指标与定性指标相结合、风险状况指标与风险影响因子指标相结合、重视运用财务分析与管理会计指标的原则,着力提高指标体系的客观性、预测性和系统性；③确定预警信号的分级体系，企业一般可将预警信号分为安全、警惕和危险三个级别，也可根据企业风险管理的需要进一步细分；④针对不同的预警信号级别设定预警指标的临界值，临界值的确定应充分考虑企业对预警对象的风险偏好及容忍度，一般可采取行业指标平均数或中位数法、评价标准值法和专家意见法；⑤收集和分析相关信息，特别是管理会计信息，并运用风险预警指标体系和预警临界值对风险进行监测和预警，其中对重大风险应进行实时的监测和预警；⑥编制风险监测与预警报告，提交管理层与董事会。

（五）风险的应对与控制

风险应对是指企业针对不同类型的风险，选择风险承担、风险规避、风险转移、风险分担、风险转换、风险对冲、风险补偿及风险降低等适合的风险应对策略性工具，并制定和实施风险解决方案，把风险控制在风险偏好及容忍度之内的管理活动。

风险承担是企业对处于可容忍范围内的风险，在权衡成本效益之后，不准备采取控制措施降低风险或者减轻损失的策略。风险规避是企业对超出可接受范围的风险，通过放弃或者停止与该风险相关的业务活动以避免和减轻损失的策略。风险转移是企业通过合同或非合同的方式将风险转嫁给另一个人或单位的一种风险管理策略。风险转移的方式一般可分为财务型非保险转移和财务型保险转移。风险分担是指企业将风险在企业内部或外部利益相关者之间进行合理分配以降低企业总体风险的一种风险管理策略。风险转换是指通过一些特殊手段，将一种风险转换成另一种或数种其他风险，使得转换后的风险更容易管理，或者获得额外盈利的风险管理策略。风险对冲是引入与现有风险存在对冲或收益波动负相关关系的风险因素或风险管理工具，使得风险的影响能够互相抵消。风险补偿是指企业对风险可能造成的损失采取适当的措施进行补偿的策略。风险降低是企业在权衡成本效益之后，准备采取适当的控制措施降低风险或者减轻损失，将风险控制在可接受范围之内的策略。

一般情况下，对战略、财务、运营、市场和法律风险，可采取风险承担、风险规避、风险转换或风险降低等方法。对能够通过保险、期货、对冲等金融手段进行应对的风险，可以采用风险转移、风险对冲或风险补偿等方法。

在确定风险应对策略的基础上，企业应当针对各类重大风险制定风险解决方案。风险解决方案主要包括该项风险所要达到的具体管理目标，所使用的风险应对工具，所涉及的管理及业务流程，所需的条件和资源及所采取的具体控制措施等内容。企业还应建立针对各项重大风险发生后的危机处理计划，保护企业不因灾害性风险或人为失误而遭受重大损失。

内部控制是风险应对与控制的基础和载体。企业应以风险为导向，根据企业的风

险偏好、风险识别与评价结果和风险解决方案，针对风险点设置相应的控制措施，通过优化企业的内部控制实施风险控制。

(六)风险的管理沟通与报告

风险管理沟通是指企业将风险管理相关信息在企业内部各管理级次、责任单位、业务环节之间以及企业与外部投资者、债权人、客户、供应商、中介机构和监管部门等有关方面之间进行的风险信息的传递和反馈。企业应当建立信息沟通制度，明确风险管理相关信息的收集、处理和传递程序，建立风险管理专职人员或机构与董事会、监事会、管理层、执行层或各业务或各职能部门之间的风险信息传递机制，确保信息及时沟通，促进风险管理有效运行。

同时，企业还应重视风险管理报告制度的建设，明确报告的内容、频率和路径。报告内容应根据企业风险管理决策和外部监管的需要，按照重要性、相关性和完整性等原则要求进行设定，报告信息应满足客观、准确和可验证等质量要求。一般情况下，企业风险管理报告分为综合风险管理报告和专项风险管理报告。其中，综合风险管理报告是指反映企业报告时期风险管理整体情况的报告；专项风险管理报告是指反映企业针对临时性、突发性且有重大影响的风险因素进行识别、评估和解决等情况的报告。企业风险管理职能部门应编制年度风险报告以反映企业风险管理体系建立与实施的基本情况、企业风险状况及分布、风险评估结果和风险控制情况等。

(七)风险管理的考核

企业应当根据风险管理职责设置风险管理相关机构和人员的风险管理考核指标并融入企业绩效管理中，建立明确的、权责利相结合的奖惩制度，以保证风险管理活动的持续性和有效性。风险管理职能部门应定期对各部门和业务单位风险管理工作实施情况和有效性进行考核，形成考核结论，出具考核报告，及时报送企业管理层和企业考核部门。风险管理考核的主要内容是：①风险管理的组织和岗位设置情况；②风险管理制度的执行情况；③风险信息收集和风险识别、分析和评价情况；④风险监测与预警体系建设情况；⑤风险解决方案的制定与实施情况；⑥重大风险的管理情况；⑦风险管理目标的完成情况；⑧风险信息的沟通与风险报告的编制和报送情况。风险考核可通过建立关键指标(KPI)、“负面清单”及全员参与考核等工具和方法进行。

(八)风险管理的有效性评价和优化

风险管理有效性评价是对风险管理制度、工具与措施设计的健全性与执行的有效性以及风险管理目标的达成情况进行评价，识别是否存在重大风险管理缺陷，形成评价结论并出具备评价报告的过程。风险管理有效性评价由企业相关职能部门或委托社会中介机构负责开展，评价程序一般包括制定评价工作方案、组成评价工作组、实施现场测试、认定风险管理缺陷、汇总评价结果和编报评价报告等环节。评价方法主要包括压力测试、返回测试、迹象测试、穿行测试和风险事件分析等方法。企业应至少每年一次对包括风险管理职能部门在内的各有关部门和业务单位能否按照有关指引与规定开展风险管理工作及其工作效果进行评价，评价报告应直接报送董事会或董事会下设的风险管理委员会和审计委员会。企业应根据风险评价结果和风险管理改进建议落实风险管理的整改工作，明确整改责任，健全整改制度，对风险管理进行持续的优化。

三、COSO 风险管理框架的最新发展①

2016 年 6 月，美国反欺诈财务报告委员会（COSO）发布了新版企业风险管理框架“企业风险管理——服务于企业战略和绩效的实现”（Enterprise Risk Management - Aligning Risk with Strategy and Performance）征求意见稿。这是继 2004 年 COSO 正式公布企业风险管理框架（Enterprise Risk Management Framework, ERM）以来第一次对 ERM 框架进行修订和完善。

COSO 于 1992 年发布内部控制框架要素和内容。2000 年以来，企业界在实施了十来年内部控制框架之后发现，即便建立了完善的内部控制体系，仍然会出现企业倒闭、破产、经营失败或预期不达标等风险损失案例，所以，COSO 开始从更高的角度思考企业的管理活动以及内部控制体系的局限性。内部控制体系确实对实现财务报告的可靠性和有效性提供了合理的保障（从实践经验看，内部控制体系的建立对经营和合规两个目标的支持力度并没有像财务目标那样得到很好的体现），但是企业需要从整合风险管理的角度为企业创造价值并合理保障公司战略目标的实现。鉴于此，COSO 提出了如图 5 - 3 所示的新风险管理框架。

新风险管理框架与旧风险管理框架相比，主要的变化点如下：

第一，修订了风险的定义。旧版框架中对风险的定义为：风险是一个事项将会发生并对目标实现带来负面影响的可能性。新版框架中对风险的定义为：事项发生并影响战略和业务目标之实现的可能性。可以看到，旧版定义只强调了负面影响，而新版定义的主要改动是兼顾了正面和负面的影响，这与国际风险管理标准 ISO 31000 及中国风险管理标准 GB - T 24353 是一致的，这种认识中国早在 2006 年国务院国资委发布的《中央企业全面风险管理指引》中就有体现。

① 主要参考孙友文撰写的文章：《深度解读 COSO 新版企业风险管理框架（ERM）》，见搜狐财经，2017 年 1 月 15 日。

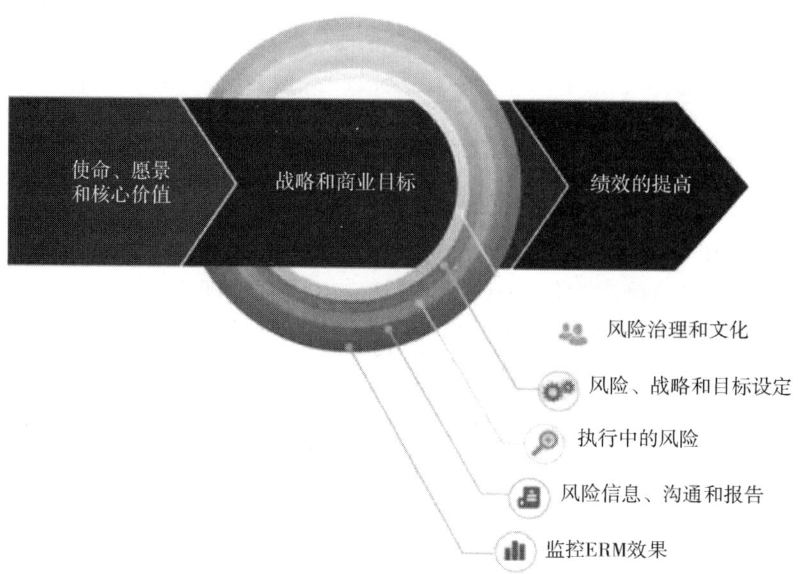

图 5-3 COSO 新风险管理框架

资料来源:孙友文. 深度解读 COSO 新版企业风险管理框架[OL]. 搜狐财经,2017-01-15.

第二,强调风险与价值的关系。新版框架中 ERM 被视为战略制定的重要组成和识别机遇、创造和保留价值的必要部分。新版框架中 ERM 不再是主体的一个额外的或是单独的活动,而是融入主体的战略和运营当中的有机部分。

第三,明确了风险管理与战略的协同作用。新版框架注意到了自旧版框架发布以来,组织在实践 ERM 过程中遇到的一些问题,包括对风险管理工作的定位、风险管理工作的范围和目标等;新版框架提升了风险管理工作定位的高度,包括战略和业务目标与使命、愿景和价值观不匹配的可能性,选定的战略所隐含的意义以及执行战略过程中的风险。

第四,重新定义了风险偏好和风险容量。在旧版框架中,风险容量(Risk Tolerance)只是颗粒化的、更细节的风险偏好(Risk Appetite)。在新版框架中,风险偏好保留了原来的定义,即主体在追求战略和业务目标的过程中愿意承受的风险量,而将风险容量重新确定为可接受的绩效变动区间(Accepted Variation in Performance),新版框架中的定义更加明确和可度量,有助于在给定的绩效目标下计算可以承受的风险边界。

本章思考题

1. 如何认识内部控制与风险管理之间的关系?
2. 现阶段推动内部控制发展的主要动因是什么?
3. 我国实施内部控制规范的主要难点是什么? 如何理解内部控制有效性的监督检查和外部评价是目前内部控制建设的重点?
4. 如何构建与实施有效的内部控制检查与评价体系?
5. 如何建立适当的风险管理治理结构? 风险管理的主要流程一般包括哪些步骤?
6. 简述 COSO 风险管理框架的最新发展。

本章参考文献

[1]Sarbanes - Oxley section 404: Management assessment of internal control and the proposed auditing standards , KPMG , March 2003.
[2]朱荣恩. 内部控制评价[M]. 北京:中国时代经济出版社,2002.
[3]朱荣恩,应唯,袁敏. 企业内部控制制度设计——理论与实践[M]. 上海:上海财经大学出版社,2005.
[4]方红星. 企业风险管理——整合框架[M]. 王宏,译. 大连:东北财经大学出版社,2005.
[5]严晖. 公司治理、公司管理与内部控制[J]. 财会通讯(学术),2005(4).
[6]吴志华. 构筑坚实的内部控制评价基础[J]. 会计之友,2008(5).
[7]孙友文. 深度解读 COSO 新版企业风险管理框架(ERM)[OL]. 搜狐财经,2017 - 01 - 15.

绩效考核与激励

本章要点

本章介绍企业和员工绩效考核与激励理论方法以及事业单位的性质、目标与绩效。学习本章,要求学生掌握绩效的含义与逻辑起点,理解并掌握企业的目标与价值导向,了解激励的主要理论与机制;熟悉责任会计的主要内容,理解并掌握企业绩效评价与考核方法,了解员工绩效的评价与考核;理解事业单位的性质、目标与绩效考核指标。

第一节　绩效概述

一、绩效与绩效分类

绩效是指行为主体的工作业绩与成效。绩效具有多维性、多因性、层次性、相对性和动态性等特点。多维性是指行为主体的绩效可以从不同的侧面表现出来,或者可以从不同的视角进行评价。例如,同样是服务,有的人认为好,有的人认为不好。多因性是指绩效的高低、好坏往往由多种原因所致。层次性是指绩效的高低可以分层,例如国家级、省部级等。相对性是指绩效的高低是相对而言的,视参照的对象或环境而定。动态性是指绩效的判定标准往往因时、因地而异。

绩效不同于功效,后者是指物体或某对象物所具有的功能及其应用效能,例如,汽车的功效,是指在一定时间之内完成载客与载物的位置移动;绩效也不同于能效,能效是指对能源的利用效率或物体的能量效率。

根据行为主体的不同,绩效分为组织的绩效与个人的绩效。组织的绩效可以进一步分为企业绩效、行政机构绩效和事业单位绩效等。

根据组织的层级不同,组织的绩效可以分为单位绩效、部门绩效、班组绩效、岗位绩效和项目绩效等。

根据绩效的内容,绩效可以分为工作绩效、业务绩效、关系绩效和学习绩效等。每一种绩效还可以继续细分。

二、绩效指标与绩效指标体系

指标是反映对象物特征的数值,通常由指标名称和指标数值两部分组成,可以体现所反映对象的质的规定性和量的规定性两个方面的特点。按照反映对象的不同,指标分为不同的类别,如身体指标——反映身体状况,即身高、体重、血压、脉搏等;经济指标——反映经济状况,如国内生产总值(GDP)、经济增加值(EVA)、净资产收益率、资产负债率等。

绩效指标是反映绩效的指标,其数值表明某方面绩效的状况——高与低或优与劣。绩效指标是绩效的具体表现形式,即绩效要通过绩效指标的形式表现出来。例如,企业

经营绩效通过营业收入、产品销售利润及净资产收益率等指标表现出来。

根据绩效指标的不同属性，可以将其分为两大类：一类是特征指标；一类是量化指标。特征指标往往是定性分析的评价依据，例如，对产品或服务——正品与次品、合格与不合格、优质与劣质等；对行为——对与错、是与非、正当与失当、正确与错误、有利与有害等。量化指标是定量分析的评价依据，反映的是某方面绩效的数量或程度。量化指标通常分为绝对数指标和相对数指标两种。例如，前文中提到的销售收入是绝对数指标，销售利润率是相对数指标。相对数指标也称为占比或百分比。

不同的绩效指标之间具有两种关系：一种是无关；一种是相关。在绩效指标之间无关的情况下，某一绩效指标的增减变化不会引起与之无关的其他绩效指标的增减变化。在绩效指标之间相关的情况下，某一绩效指标的增减变化，会引起与之相关的其他绩效指标的增减变化。这种相关绩效指标之间的变化关系又可以分成两种：相互排斥与相辅相成。在相互排斥的情形下，此绩效指标的增加必会带来彼绩效指标的减少；反之，则相反。在相辅相成的情形下，此绩效指标的增加会引起与之相关的其他绩效指标数值的增加；反之，则相反。例如，产品质量的预防检验费用与产品质量的内外损失之间具有相互排斥的相关性，随着产品预防检验费用的提升，产品因质量问题发生的内部损失和外部损失就会减少；反之，则相反。零部件配套费用与产品加工费用之间则相互影响，产品加工费用越高，则零部件配套费用越高。

在管理实践中往往遇到的是两个绩效指标在不同价值导向之下会呈现不同的关系：要么相互排斥，要么相辅相成。以客户利润率和客户满意率为例。如果企业的价值导向是损人利己或损己利人，两个指标之间就会形成相互排斥的关系；如果企业的价值导向是利人利己或损人损己，两个指标之间就会形成相辅相成的关系。

由于绩效的复杂性——多维、多因、层次、相对和动态，要客观、公正、全面及有效地进行绩效评价，就要考虑运用多个指标从不同的维度和层次对行为主体的绩效进行评价。将不同的绩效指标组合起来，不同的指标置于不同的侧面和层次并赋予一定的权重，就形成一个绩效指标评价体系。绩效评价指标体系就是多维度、多层次地反映某类行为主体全面或某一方面绩效的指标集合。其作用是为行为主体的绩效做出合理、量化的评价提供依据。其组成要素包括基本指标、辅助指标、指标权重和评议指标。

对于不同的组织，由于其使命和目标的不同，组织的性质和主客观条件不同，绩效评价指标体系也会有所不同。例如，企业绩效评价指标体系、政府绩效评价指标体系、财政绩效评价指标体系和员工绩效评价体系等。

第二节 绩效的逻辑起点与组织的价值导向

一、绩效的逻辑起点

为什么要进行绩效评价或绩效考核？这个问题不搞清楚，绩效评价或绩效考核就是无本之木。有的组织不能形成正确的价值导向，甚至出现内部涣散和工作有效性下降，就是因为没有把绩效评价或绩效考核的逻辑起点搞清楚。

管理学大师德鲁克在《管理的实践》(1954)中讲过一个关于"三个石匠"的故事。有一天，某人到了一个建筑施工的工地现场。他问第一个石匠："你在做什么？"对方回答："我在干活儿"。他接着问第二个石匠："你在做什么？"第二个石匠很专注于自己的工作，在回答完"我在干全国最出色的石匠活儿"之后，又埋头于自己的工作中去了。他又问第三个石匠："你在做什么？"第三个石匠放下手中的活儿，仰望天空，目光炯炯有神地说："我在建造一座教堂。"德鲁克对三个石匠的不同回答做出了这样的评述：第一个石匠只着眼于自己养家糊口的工作目标，不可能成为组织的管理者；第二个石匠只考虑自己的专业目标，往往使自己的注意力和所做的努力偏离组织的目标，他不仅不可能成为组织的管理者，而且还会成为组织的麻烦制造者；第三个石匠着眼于组织的目标，能够自觉地将自己的工作与实现组织的目标结合起来，因而可以成为组织的管理者。

第二个石匠非常敬业，而且工作很勤奋，为什么不仅不能成为组织的管理者，而且还是麻烦制造者？这就是绩效评价的角度问题。德鲁克认为："除非对工艺的要求进行平衡，否则职能性管理人员对技艺的正当要求会成为一种离心力。它使企业四分五裂，将企业转变成一种功能性王国的松散联盟。每个王国只关心它自己的技艺，每个王国都小心翼翼地守护着自己的'秘密'，每个王国都只关注于扩大自己的领地而不是企业的建设。"组织是一个具有不同分工的人群的集合体，每一种工作都有不同于其他工作的特殊之处，如果每一个人都强调自己工作的中心地位并据此要求得到组织的认可，没有主次配合，谁也不服谁，岂不是乱了套？

自古以来，论功行赏、赏罚分明已成为组织管理的基本法则。"功"就是绩效，绩效的实质是对实现组织目标做出的贡献。一个手艺很好的石匠，为了打造出一个雕龙画

凤堪称艺术精品的石块,浪费了大量的石料、拖延了建筑的工期、破坏了不同工种之间的协调关系、影响了施工合同的兑现,进而使企业得不到工程款,这样的绩效有悖于企业生存发展之根本。除非组织承接的项目是艺术品制作,否则第二个石匠的工作就得不到组织的认可。不能得到认可的工作,自然谈不上绩效。而第二个石匠恰恰要求得到认可,他可以从艺术的角度提出种种依据,来证明自己的工作绩效有多么的好。两种不同的思维逻辑发生冲突,所以德鲁克认为,第二个石匠对于组织而言就是麻烦制造者。

德鲁克认为,绩效的本质是对达成组织目标的贡献。就是说,组织的目标是一切管理活动的出发点和落脚点,也是绩效评价的逻辑起点。这个观点得到了企业界和管理学界的普遍认同。

二、组织的管理目标

组织的管理目标是组织及其所有成员工作的指向性所在。在德鲁克眼中,对组织实施管理的逻辑是:组织存在的根本原因决定了组织的性质,组织的性质决定了组织的使命或根本目标,组织的使命或根本目标则是组织进行管理和评价各种活动及其绩效的出发点和落脚点。在商品经济条件下,人们以"是否营利"为标准将组织划分为营利性组织和非营利性组织两类。企业的性质是营利性组织,行政事业单位和社会团体的性质属于非营利性组织。

对企业而言,因为"顾客是企业的基石,是企业生存发展的命脉",企业是因顾客而存在的,所以,企业的根本目标就是要"创造顾客",即创造并满足顾客的需求。企业所有活动的绩效都要以此来进行评价。企业的活动可能会产生大量的非经济性成果:为员工带来幸福、对社区的福利文化有所贡献等,但是,如果未能创造经济成果,就是管理的失败。如果管理层不能以顾客愿意支付的价格提供顾客需要的产品和服务,就是管理的失败(德鲁克)。

对于事业单位而言,因为服务对象及其需求是事业单位存在的原因,所以,事业单位的使命或根本目标就是创造并满足服务对象的需求。学校和医院是两个很好的例子。学校的使命或根本目标是传播知识、培养人才;医院的使命或根本目标是救死扶伤,其所有的活动与绩效评价都要围绕其使命或根本目标展开。

对企业根本目标的表述,除了德鲁克的"创造顾客"以外,还有"企业价值最大化"和"股东财富最大化"。前者在理论上获得赞成者较多,后者则是现代企业制度设计的理论基石。根本目标决定了组织的行为指向,但是从操作层面看,还要有阶段性的战略目标、年度经营目标和各方面、各层级的具体目标。

战略目标是组织基于使命或根本目标,通过对组织的定位和环境、能力的分析而制

定的。与根本目标相比,战略目标对于组织而言更具有针对性和可操作性。它是组织生存发展的阶段性目标。例如,中国共产党的十八大,为我国的发展所制定的战略目标就是“两个一百年”——在建党一百周年的时候,全面建成小康社会;在建国一百周年的时候,建成发达的现代国家并实现中华民族的伟大复兴。

年度经营目标及其各方面、各层级的具体目标是在战略目标的牵引下制定的,它是具体行动的指南。

需要指出,德鲁克从操作的层面认识到了绩效的本质,这并不错,但是目标决定绩效的前提必须是:目标要符合组织生存发展的需求和客观实际。管理目标毕竟属于主观范畴,如果目标脱离实际,就是主客观相分离,此时考核绩效就会“南辕北辙”。邓小平讲“发展是硬道理”,讲的就是组织首先要解决的就是生存发展问题。这才是绩效的最终落脚点。

三、组织的价值导向

现实中人们的价值取向具有多样性。例如,“事不关已高高挂起”和“多一事不如少一事”与“路见不平拔刀相助”就是两种不同的价值取向。再如前述三个石匠的不同回答,就反映出三种不同的价值取向。各种各样的价值取向,相互之间具有相容和互斥两种关系。“以职工为本”和“以人为本”是相容的价值取向,“助人为乐”和“自私自利”是相互排斥的价值取向。

价值导向是组织及其成员从若干价值取向中确定主导取向的过程。组织的价值导向要体现组织的价值观,尤其是组织的核心价值观。组织的价值观是奠定组织使命、实现组织目标的思想基础,是组织(企业)文化的核心内容,也是组织成员判断是非和行为实施的准则。在 20 世纪 90 年代,深圳华为技术有限公司将“客户第一”“以奋斗者为本”“质量是我们的生命”“败则拼死相救,胜则举杯同庆”“不让雷锋吃亏”“让最有责任心的明白人最有权”“帮助下级成长有功”“犯‘错误’也有奖”“马上就做”“让看得见敌人的士兵呼唤炮火”“大建议,只鼓励;小改进,大奖励”“人力资本的增值要高于财务资本的增值”作为企业的价值观加以倡导并将其作为制度设计的基础。今天的华为已经成长为世界级的业界翘楚,其优良的企业机制和企业价值导向是其成功的内因。

第三节　激励理论与方法

人们的价值取向与人们的生存状态及其追求密切相关。在管理学中,研究人们的生存状态及其追求的理论主要是激励理论。激励就是激发人的动机并鼓励人的行为,其作用在于激发人们的工作热情,调动人们的工作积极性和自觉性,挖掘人的潜力,提高工作效率。

一、中国古代的激励理论与实践

在我国历史上,在激励理论与实践方面影响深远的主要是法家和儒家。先秦时期法家的代表人物主要有管仲、商鞅、韩非子、李斯等;儒家的代表人物主要有孔子、孟子、子思等。荀子是集儒法诸家之大成者,其对于人性的认识成为法家的代表性观点。

法家的代表性观点有:“人之性恶,其善者伪也。”“目好色,耳好听,口好味,心好利,骨体肤理好愉佚,是皆生于人之情性者也。”(《荀子·性恶》)荀子认为人的本性都是恶的,只有通过外在的“礼义”约束和法律制裁,才能使人为善。“故人莫贵乎生,莫乐乎安,所以养生安乐者莫大乎礼义”(《荀子·强国》),生存和安全是人生的第一需要,但是若要实现养生安乐就离不开礼仪。“凡人有所一同:饥而欲食,寒而欲暖,劳而欲息,好利而恶害,是人之所生而有也。”(《荀子·荣辱》)荀子认为人生来就是小人,就具有好利而恶害、自私自利的本性,只有经过后天的学习、修炼、自我约束,才能成为君子。“义与利者,人之所两有也。虽尧、舜不能去民之欲利,然而能使其欲利不克其好义也。虽桀、纣亦不能去民之好义,然而能使其好义不胜其欲利也。故义胜利者为治世,利克义者为乱世。上重义,则义克利;上重利,则利克义。”(《荀子·大略》)

法家的代表性观点还有:“仓廪实则知礼节,衣食足则知荣辱。”(《管子·牧民》)“上好勇则民轻死,上好仁则民轻财。故上之所好,民必甚焉。”(《管子·法法》)“民之性:饥而求食,劳而求佚,苦则索乐,辱则求荣,此民之情也。”(《商君书·算也第六》)“人莫不欲富贵全寿,而未有能免于贫贱死夭之祸也。”(《韩非子·难势》)“天下熙熙,皆为利来,天下攘攘,皆为利往。”(《史记·货殖列传》)

法家注重实践,强调隆礼重法,赏罚分明,在激励手段上偏重于实际利益。著名的案例有管仲治国、商鞅变法。

与法家的“性恶论”相对应，儒家倡导的是“性善论”。“性恶论”以人性有恶，强调道德教育和法律约束的必要性；性善论则以人性向善，注重道德教育和自我修养的自觉性。二者既相对立，又相辅相成。

儒家的代表性观点有“人性善。”（孟子）“恻隐之心，人皆有之；羞恶之心，人皆有之；恭敬之心，人皆有之；是非之心，人皆有之。恻隐之心，仁也；羞恶之心，义也；恭敬之心，礼也；是非之心，智也。仁义礼智非由外铄我也，我固有之也。”（《孟子·告子上》）“穷则独善其身，达则兼济天下。”（《孟子·尽心上》）

除了上述孟子对人性的认识以外，早先孔子和子思的观点有：“克己复礼。”（《论语·颜渊》）“君子喻于义，小人喻于利。”（《论语·里仁》）“学而优则仕。”（《论语·子张》）“君为臣纲，父为子纲，夫为妻纲。”（《论语·为政》）“欲速不达。”（《论语·子路》）“吾日三省吾身。”（《论语·学而》）“己所不欲，勿施于人。”（《论语·卫灵公》）“致知在格物。物格而后知至，知至而后意诚，意诚而后心正，心正而后身修，身修而后家齐，家齐而后国治，国治而后天下平。”（《礼记·大学》）“止于至善。”（《礼记·大学》）。

儒家注重教育，强调学习和道德修养，主张走仕途。作为中国历朝历代选拔人才的“科举制”就是在儒家学说的影响下形成的。在激励手段上，儒家偏重于精神激励和官阶晋升。

二、美国的激励理论与实践

（一）“泰罗制”与计件工资

泰罗倡导的科学管理是建立在劳资双方都要追求经济利益的假设基础之上的，即“经济人”和“理性人”假设。即假设工人的天性就是缺乏创新精神和主动性，生性懒惰和被动，必须用直观的看得见的经济利益目标去激励；假设资方的天性就是要追求利润的最大化，生性积极而主动，也要用直观的看得见的经济利益目标去激励。这种能够兼顾劳资双方利益的目标是管理的出发点和落脚点，具体化为“高工资低成本”。实现高工资、低成本目标的途径是提高工作效率，这就需要用观察、描述、记录和统计的方法筛选和优化工作方法与流程，建立起以标准化管理为特征的规章制度和操作规程。泰罗的科学管理精髓是追求和谐与效率，即以提高效率“做大蛋糕”、同时实现劳资双方经济利益为目标，以量化分析、标准化管理为手段。泰罗倡导的科学管理有一个基本的管理理念，就是要兼顾工作所涉及各方的切身利益。这体现在三个方面：一是强调雇主与雇员之间利益的一致性。在其代表作《科学管理原理》中开篇第一句话就是“管理的主

要目的，应该是使雇主实现最大限度的利益；同时也使每个雇员实现最大限度的利益[①]”；后来他又指出，“在科学管理中，劳资双方在思想上要发生的大革命就是：双方不再把注意力放在盈余分配上，不再把盈余分配看作是最重要的事情。他们将把注意力转向增加盈余的数量上，使盈余增加到使如何分配盈余的争论成为不必要。”“如果不能用合作与和平的新见解来代替旧的对立与斗争的观点，那么就谈不上科学管理[②]”。二是强调管理者与被管理者之间合作的重要性。“每个工人每天应从领导他们的人那里接受指导，并得到最友善的帮助。”“资方和工人的紧密、亲切和个人之间的协作，是现代科学或责任管理的精髓[③]”。三是通过科学管理能使各方面的利益都得到增进。除了使资方多赢利和劳方多收入以外，“还在大多数情况下，能使售价下降。通过售价下降，使全体公众，包括买方和用户，对劳动与机器共同制成的产品，能够用较低价格买到，因而受益[④]”。

（二）“霍桑实验”与人际关系

在泰罗制方兴未艾之际，美国学者梅奥（Mayo）开始进行一项名为“霍桑实验”的研究工作。该项实验从1924年起到1928年结束，耗时5年。实验的前3年，主要是通过改变工作条件和职工待遇观察工作效率的变化，没有发现各种改变与工作效率之间存在着必然联系。实验的后两年，采取关注与访谈的方式观察发现三种情况：一是组织中不仅存在“理性人”，而且还存在“感性人”，不仅存在“经济人”，而且还存在“社会人”；决定人们工作积极性的原因不仅仅是经济利益，而且还有社会利益；决定人们行为的不仅存在理智的因素，而且存在情感的因素。二是士气决定因素在很大程度上取决于人际关系。三是组织内部还有“非正式组织”存在，“非正式组织”在很大程度上左右着人们的认识与行为（梅奥：《工业文明中人的问题》，1933）。

（三）需求层次论

20世纪40年代初，美国学者马斯洛（Abraham Harold Maslow，1908—1970）对决定人们行为动机的需求进行了研究。他认为，人们的需求具有层次性，可以分成生理需求、安全需求、感情需求、尊重需求和自我实现需求五种，依次由较低层次到较高层次（见图6－1）。

（1）生理需求，包括饥、渴、衣、住、性等方面，要解决的是生存与后代繁衍的基本问题。

（2）安全需求，包括人身安全、财产安全，以及就业、养老和避免丧失财产威胁、职

---

①②③④ 泰罗．科学管理原理［M］．韩放，译．北京：团结出版社，1999：1；316；17；317.

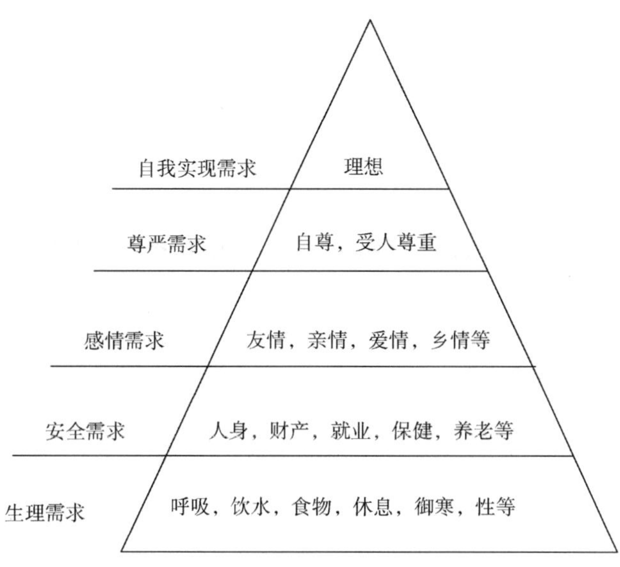

图6－1　马斯洛需求层次理论

业病侵袭等方面,要解决的是生存的保障问题。

(3)感情需求,包括友情、亲情、爱情、乡情和归属感,要解决的是情感方面的问题。

(4)尊严需求,个人的能力、地位、贡献和成就要得到组织内部和外部社会的承认,要解决的是如何受人尊重的问题。

(5)自我实现需求,这是最高层次的需要,是指实现个人理想、抱负,以及个人能力得到最大程度的发挥,能够完成与自己的能力相称的一切事情的需要。另外,马斯洛还将五种需求划分为高和低两级。生理需求与安全需求称为较低级的需求,而感情需求、尊严需求和自我实现的需求称为较高级的需求。两级需求的区别在于:高级需求通过内部使人得到满足,低级需求则主要通过外部使人得到满足。在低层次需求没有得到满足时,人们很难具有强烈的高层次需求。只有当下一层次的需求得到满足时,人们才会产生更高一层次的需求。正如管子所言"仓廪实则知礼节,衣食足则知荣辱"。所以,对于处于不同需求层次的人,激励手段的作用不同。例如,对于还没有解决温饱问题的劳动者,只用精神激励的手段,其效用就非常有限,并且不可持久;反之,对于已经不存在温饱与安全问题的人来说,只用物质激励的手段,其效用也递减了(马斯洛:《调动人的积极性的理论》,1943)。

(四)双因素论(Two Factor Theory)

20世纪50年代末,弗雷德里克·赫茨伯格(Frederick Herzberg,1894—1989)对美国工程师和会计师两类专业人员以及各种专业性和非专业性的工业组织进行了调查访问。调查访问的内容是,哪些因素导致了大家的满意感,哪些因素会使大家不满意。根据调查结果,赫茨伯格认为,组织的稳定与效率取决于保健因素和激励因素。保健因素的多少及其作用强度大小,决定了组织的稳定程度,其主要作用是消除不满;激励因素的多少及其作用强度大小,决定了组织成员的动力大小乃至效率高低,其主要作用是调动成员积极性,促进公司变化。保健因素是指公司政策、管理状况、人际关系、工作条件、薪水、地位、安全性和福利待遇等。激励因素是指业绩认可程度、工作成就感、工作挑战性、较大的责任和职业成长等(赫茨伯格等:《工作的激励因素》,1959)。双因素论是对需求层次论的进一步发展,因此,双因素理论也称为激励—保健理论。

(五)克莱顿·阿尔德弗的需求三分论

1969年,美国心理学家克雷顿·奥尔德弗(Clayton Alderfer)在《人类需求新理论的经验测试》中将马斯洛的需求层次进行重组后提出了三种人类需求,即生存需求(Existence Needs)、关系需求(Relatedness Needs)以及成长需求(Growth Needs),称作ERG理论。ERG理论认为,人在同一时间可能有不止一种需求起作用,如果某一层次的需求得不到满足,会促使人们追求较高层次的需求满足和较低层次的需求更大程度的满足。任何时候,人们追求需求的层次顺序并不那么严格,优势需求也不一定那么突出,因而激励措施可以多样化。ERG理论还指出,需求被满足的程度越低,个体对该需求的追求就越强烈;当较低层次的需求得到满足以后,对较高层次的需求就会增强;而当较高层次需求受挫时,个体对低层次需求满足的追求将更强烈。

ERG理论与马斯洛的需求层次论的区别主要有三点:首先,人们的需求不是五层次而是三层次;其次,人们的需求是刚性的阶梯式上升结构(即认为较低层次的需求必须在较高层次的需求满足之前得到充分的满足,二者具有不可逆性),而是可以同时存在;再次,不是当一个人某一层次的需求未能得到满足,他就停留在这一需求层次上,而是当一个人在某一需求层次受挫时,那么作为替代,他的其他层次的需求可能会有所增加。

(六)戴维·麦克利兰的需求三分论

戴维·麦克利兰(David McClelland,1917—1998)在1973年发表的《测量资质而非智力》文章中提出人的需求有成就需要(Need for achievement)、权力需要(Need for power)和归属需要(Need for affiliation)三种。

麦克利兰认为,具有强烈的成就需要的人渴望将事情做得更为完美,提高工作效率,获得更大的成功。他们追求的是在争取成功的过程中克服困难、解决难题、努力奋斗的乐趣,以及成功之后的个人的成就感,他们并不看重成功所带来的物质奖励。个体的成就需要与他们所处的经济、文化、社会和政府的发展程度有关,社会风气也制约着人们的成就需要。

权力需要是指影响和控制别人的愿望,不同的人对权力的渴望程度有所不同。权力需要较高的人对影响和控制别人表现出很大的兴趣,他们注重争取地位和影响力。他们常常表现出喜欢争辩、健谈、直率和头脑冷静,善于提出问题和要求,喜欢教训别人并乐于演讲。他们也会追求出色的成绩,但这样做并不是为了满足个人的成就感,而是为了获得或巩固自己的地位和权力。

归属需要又称亲和需要,是寻求被他人喜爱和接纳的一种愿望。具有较高亲和动机的人更倾向于与他人进行交往,至少是为他人着想,这种交往会给他带来愉快。高亲和需求者渴望亲和,喜欢合作而不是竞争的工作环境,希望彼此之间的沟通与理解,他们对环境中的人际关系更为敏感。有时,亲和需求也表现为对失去某些亲密关系的恐惧和对人际冲突的回避。亲和需求是保持社会交往和人际关系和谐的重要条件。麦克利兰的亲和需求与马斯洛的感情需求、奥尔德弗的关系需求基本相同。麦克利兰指出,注重亲和需求的管理者容易因为讲究交情和义气而违背或不重视管理工作原则,从而会导致组织效率下降。

(七)期望理论(Expectancy Theory)

期望理论是美国心理学家维克托·弗鲁姆(Victor H. Vroom)在《工作与激发》(1964)一文中提出来的。弗鲁姆认为,“目标”对于一个人的动机激发有一定的影响,而这个激发力量的大小(期望值),决定于目标价值和期望概率两个因素。它的理论模式是:

$$MF = E \cdot V$$

激励力度 = 目标价值 · 期望实现的概率

要使 MF 提高,有五种组合:①目标价值不变,期望概率提高;②目标价值提高,期望概率不变;③目标价值、期望概率都提高;④目标价值下降的幅度小于期望概率提高的幅度;⑤目标价值提高的幅度大于期望概率下降的幅度。

迄今为止,期望理论是员工激励方面解释最全面的理论。

(八)强化理论(Reinforcement Theory)

强化理论是美国哈佛大学的心理学教授B·F·斯金纳(Burrhus Frederic Skinner,1904—1990)在20世纪40年代与赫西(Hussey)、布兰查德(Blanchard)等人提出的一种理论。强化理论是建立在苏联学者巴甫洛夫创立的条件反射理论基础上的,亦称"操作条件反射"理论。巴甫洛夫的理论认为,设置一定的刺激条件,可以引起生物体一定的反应。巴甫洛夫的这种有关刺激导致反应的理论,也称为S-R理论。"操作条件反射"理论认为,人或动物为了达到某种目的,会采取一定的行为作用于环境。当这种行为的后果对他有利时,这种行为就会在以后重复出现;对他不利时,这种行为就减弱或消失。人们可以用这种正强化或负强化的办法来影响行为的后果,从而修正其行为,这就是强化理论,也称为行为修正理论。

强化理论有三个重要概念:一是正强化(Positive Reinforcement)。正强化就是奖励那些组织上需要的行为,从而强化这种行为。正强化的方法包括奖金、对成绩的认可、表扬、改善工作条件和人际关系、提升、安排担任挑战性的工作和给予学习与成长的机会等。二是负强化(Negative Reinforcement)。负强化就是惩罚那些与组织不相容的行为,从而削弱这种行为。负强化的方法包括批评、处分或降级等,有时不给予奖励或少给奖励也是一种负强化。三是自然衰减(Natural Attenuation)。自然衰减是指对原先可接受的某种行为强化的撤销。由于在一定时间内不予强化,此行为将自然下降并逐渐消退。

应用的原则:一是经过强化的行为趋向于重复发生;二是要依照强化对象的不同采用不同的强化措施;三是分阶段设立目标;四是及时反馈;五是正强化比负强化更有效。

(九)目标管理(Management by Objective,MBO)

"目标管理"是由美国管理大师彼得·德鲁克(1909—2005)于1954年在《管理实践》一书中最先提出的。德鲁克认为,并不是有了工作才有目标,而是相反,有了目标才能确定每个人的工作。所以"企业的使命和任务,必须转化为目标",目标是管理的出发点和落脚点。如果一个领域没有目标,这个领域的工作必然被忽视。因此,管理者应该通过目标对下级进行管理,当组织最高层管理者确定了组织目标后,必须对其进行有效分解,转变成各个部门以及每个人的分目标,管理者根据分目标的完成情况对下级进行考核、评价和奖惩。

根据该理论,目标管理是一种员工参与的、民主的和自我控制的管理制度,是一种把个人需求与组织目标结合起来的管理制度。在这一制度下,上级与下级的关系是平等、尊重、依赖和支持的，下级在承诺目标和被授权之后是自觉、自主和自治的。目标管理通过专门设计，将组织的整体目标逐级分解，转换为各单位、各员工的分目标。从组织目标到经营单位目标，再分解到部门目标，最后分解到个人目标。这些目标方向一致，环环相扣，相互配合，形成协调统一的目标体系。只有每个员工完成了自己的分目标，整个企业的总目标才可能完成。目标管理以制定目标为起点，以目标完成情况的考核为终结。工作成果是评定目标完成程度的标准，也是人事考核和奖评的依据，成为评价管理工作绩效的唯一标志。至于完成目标的具体过程、途径和方法，上级并不过多干预。所以，在目标管理制度下，监督的成分很少，而控制目标实现的能力却很强。

（十）公平理论（Equity Theory）

公平理论是美国心理学家约翰·斯塔希·亚当斯（John Stacey Adams）于1965年在《社会交换中的不公平》一书中提出的一种激励理论。该理论认为，员工的激励程度来源于对自己和参照对象（Referents）的报酬与投入的比例的主观比较感觉。该理论侧重于研究工资报酬分配的合理性、公平性及其对职工生产积极性的影响。公平理论的基本内容包括以下三个方面：

1. 公平是激励的动力

人能否获得激励，不但要看他得到了什么，还要看他的所得与付出之比和别人的所得与付出之比是否平衡，即一个人不仅关心自己所得所失本身，而且还关心与别人所得所失的关系。他们是以相对付出和相对报酬全面衡量自己的得失。如果得失比例和别人相比大致相当就会心理平衡，认为公平合理。比别人高则令其兴奋，是最有效的激励，但过高会带来心虚和不安全感。低于别人时则心理不平衡，甚至满腹怨气，工作不努力、消极怠工。因此，分配合理性常是激发人在组织中工作动机的因素和动力。

2. 公平的方程式：

$$\frac{\text{本人所获报酬}}{\text{本人工作投入}}=\frac{\text{别人所获报酬}}{\text{别人工作投入}}$$

公平方程式即 $Qp/Ip=Qo/Io$。式中，Qp 为一个人对他所获报酬的感觉；Ip 为一个人对他所做出投入的感觉；Qo 为这个人对某比较对象所获报酬的感觉；Io 为这个人对比较对象所做出投入的感觉。这个等式表明，当一个人感到他所获得的结果与他投入的比值与作为比较的别人的这项比值相等时，就有了公平的感觉。但是，如果两者的比值不相等，就会产生不公平的感觉。

3. 不公平的心理行为

当员工发现组织不公正时会有六种主要反应：改变自己的投入；改变自己的所得；

扭曲对自己的认知;扭曲对别人的认知;改变参考对象;改变目前的工作。当然,公平与否的判定受个人的知识、修养的影响,即使外界氛围也是要通过个人的世界观、价值观的改变才能够起作用。

(十一)麦格雷戈:X－Y 理论

美国麻省理工学院教授道格拉斯·麦格雷戈(Douglas M. McGregor,1906—1964)在《企业中的人性方面》一书中首次提出了 X－Y 理论。该理论将人性的假设分成两种:X 理论和 Y 理论。X 理论认为,人的天性是好逸恶劳的,人们尽可能地躲避工作和责任;人在工作中总是被动的,宁愿服从也不愿担当,希望明哲保身。因此,对大多数人来说,必须强迫、控制,甚至处罚,才能使他们完成任务。Y 理论认为,人的天性并不厌恶工作,他们对工作的喜恶取决于他们对工作的满足、惩罚的理解;在正常条件下,一般人不但勇于负责,而且在还追求责任;人都有潜能,而且在大多数情况下没有得到充分发挥,只要积极性得到调动,人在工作中就能发挥出较高的想象力和创造力。因此,控制与惩罚不是实现组织目标的唯一手段。他认为,管理应该落脚于 Y 理论,由此来激发人们的积极性。

(十二)施恩:复杂需要与职业锚理论

美国麻省理工学院著名教授埃德加·H·施恩(Edgar. H. Schein)认为,人的需要是复杂的,在不同的年龄段、时间、地点和条件下也会不同。但是,现实中每一个人都在不断地调整自己的职业目标和职业生涯规划。这是一个持续不断的探索过程。在这一过程中,每个人都在根据自己的天资、能力、动机、需要、态度和价值观等慢慢地形成较为明晰的与职业有关的自我概念。随着一个人对自己越来越了解,这个人就会越来越明显地形成一个占主导地位的职业锚。所谓职业锚是指个人在选择职业时,无论如何都不会放弃的那种至关重要的东西或价值观。

施恩认为职业锚有五种类型:技术或功能型职业锚、管理型职业锚、创造型职业锚、自主独立型职业锚和安全型职业锚。

具有技术或功能型职业锚的人,看重的是能使其发挥一技之长而谋生立足的机会,如咨询公司的项目经理、工厂的技术副厂长、企业中的研究开发人员、统计人员和会计人员等。具有管理型职业锚的人,看重的是权力与地位,如市长、局长、校长、厂长和总经理等。具有创造型职业锚的人,看重的是做出与众不同的贡献,其主要职业领域是发明家、冒险性投资者、产品开发人员和企业家等。具有自主独立型职业锚的人,看重的是摆脱他人或组织约束,施展自己的职业能力和实现抱负,其主要职业领域是学者、科研人员、职业作家、个体咨询人员、手工业者和个体工商户等。具有安全型职业锚的人厌恶风险,力图寻求一种稳定的职业、稳定可观的收入和稳定的事业前途。他们往往随遇而安,不改变自己已有的工作领域或居住地区。

(十三)莫尔斯和洛希:超Y理论

超Y理论是1970年由美国管理心理学家约翰·莫尔斯(J. J. Morse)和杰伊·洛希(J. W. Lorscn)应用X-Y理论进行实验并根据“复杂人”的假设而提出的一种管理理论,其观点主要见于1970年《哈佛商业评论》杂志上发表的《超Y理论》一文和1974年出版的《组织及其成员:权变法》一书中。超Y理论在对X理论和Y理论进行实验分析比较后,提出一种既结合X理论和Y理论又不同于X理论和Y理论的一种主张权宜应变的经营管理理论,其实质是要求将工作、组织、个人和环境等因素综合考虑,以此决定组织的管理方式。

超Y理论认为,对人性的认识要因人而异,人和人不同,而且也没有什么一成不变的、普遍适用的最佳管理方式。不同的人对管理方式的要求不同,有的人希望用正规化的组织与规章条例要求自己的工作,而不愿参与问题的决策并承担责任。这种人欢迎以X理论管理工作。有的人却需要更多的自治责任和发挥个人创造性的机会。这种人欢迎以Y理论为指导的管理方式。此外,工作性质、员工的素质也影响到管理方式的选择,不同的情况应采取不同的管理方式。也就是说,管理是否有效取决于管理的对象、环境和管理者自身的条件。

(十四)布莱克和麦坎斯:管理方格理论

管理方格理论(Management Grid Theory)是研究企业的领导方式及其有效性的理论,由美国德克萨斯大学的行为科学家罗伯特·布莱克(Robert R. Blake)和简·莫顿(Jane S. Mouton)在1964年出版的《领导难题·方格解法》(1978年修订再版,改名为《新管理方格》)一书中提出。该理论利用管理方格图(见图6-2)将“以人为中心”和“以业务为中心”的两种领导方式之间的关系用坐标形式表现出来,认为两种不同的领导方式之间可以进行不同程度的互相结合。

管理方格图显示,纵坐标表示对人的关心程度,1是最低,9是最高,从1到9,关心程度在递增,反之是递减。横坐标表示对工作的关心程度,1是最少,9是最多,从1到9,同样是关心程度在递增,反之是递减。图6-2中,1.1是贫乏式领导,1.9是俱乐部式领导,9.1是任务式领导,9.9是战斗集体式领导,5.5是中间式领导。从有利于实现经营型组织目标的角度看,战斗集体式领导(9.9)最佳,任务式领导(9.1)其次;中间式领导(5.5)居中;俱乐部式领导(1.9)较差;贫乏式领导(1.1)最差。

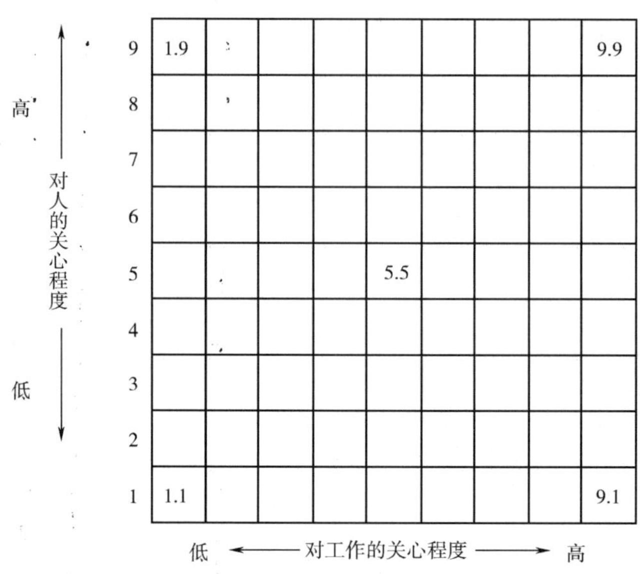

图 6－2　管理方格图

三、员工激励的内容与形式

激励是对人而言的，即便是对组织的激励，最终也要落实到组织成员身上。对人的激励，无论内容和形式都是多方面、多层次的。根据激励的内容和视角，大致可以将激励分为物质激励与精神激励、经济激励与非经济激励、往期激励与预期激励以及自我激励与外部激励等类型。

（一）物质激励与精神激励

物质与精神是构成现实社会的两个基本范畴。在生物界，人类所具有的一个重要特征是除了物质生活以外还有丰富的精神生活。决定人们行为的需求或动机，不仅有来自物质方面的因素，而且还有来自精神方面的因素。因此，激励可以分为物质激励和精神激励两个方面。

1. 物质激励

物质激励就是用物质来激励员工。常用的物质激励形式有实物——直接的生活资料和生产资料，也有以价值形式体现的报酬与待遇。实物形式的生活资料有住房、食品、日用品和衣物等；实物形式的生产资料有工作环境、工作设备和办公用品等；价值形式的报酬与待遇有薪金、奖金、补贴、红利、股权和差旅费报销标准等。

2. 精神激励

精神激励是用非物质手段对员工实施的激励。常见的精神激励形式有赞同、表扬、表彰、等级资格、社会地位、荣誉证书、舆论、信任、挑战性任务和期许等。

在管理实践中,物质激励与精神激励相互结合的作用往往大于单纯的物质激励或精神激励。

(二)经济激励与非经济激励

1. 经济激励

经济激励是用经济利益对员工进行激励。经济激励与物质激励有相通之处,却并不相等。以企业为例,经济激励主要有五种形式:①工资,如计时工资、计件工资、基本工资、绩效工资、周薪、月薪和年薪等。②补贴,如岗位津贴、职务津贴、特殊津贴、通勤补贴、住房补贴、高温补贴和野外津贴等。③奖金,如综合奖、专项奖、等级奖和特殊奖等。④实物,如住房、办公室、用车、电脑、手机和服装等。⑤股权或股票,如优先股、普通股、技术股和管理股等。

2. 非经济激励

非经济激励是用非经济利益的方式对员工进行激励。仍以企业为例,非经济激励主要有十二种形式:①沟通。美国的霍桑实验和中国的思想政治工作都强调沟通在调动人的积极性方面的巨大作用。通过沟通而相互理解、化解矛盾,使员工认识到做好工作的意义,这是非常有效的激励。沟通的形式有谈话、汇报、申辩、表示赞同、提醒、批评与自我批评等。②兴趣。激发员工对做好某种具体工作的兴趣或让员工做自己感兴趣的事情会使员工乐此不疲。③表彰,如口头表扬、大会表彰、通报表扬、接受采访、事迹登报和舆论肯定等。④授予,如荣誉称号、资格证书、技术等级和职称资格等。⑤晋升,如职务晋升、级别晋升和职称晋升等。⑥授权,如知情权、建议权、发言权、参与决策权、支配权、使用权、执行权、处置权和管辖权等。⑦提要求、加压力,如提出工作目标,明确工作标准和责任或提出挑战性任务等。⑧给机会,如提供学习机会、工作机会、发展机会、锻炼机会、立功机会、表现机会、休假机会、出国机会和出差机会等。⑨树榜样,如宣传身边人和事、宣传英雄模范的事迹等。⑩关注与帮助,即关注激励对象,关心他们的工作和生活,帮助他们解决困难,帮助他们解决思想问题(包括经常提醒和批评)。⑪否定试探,即“激将法”,用怀疑对方能力的方式激起其自尊需求和工作动力。⑫信任与期许。古人曰“士为知己者死”,许多情况下,尤其在员工低层次的需求得到满足的情况下,信任激励的作用是很大的。

有些激励是经济激励与非经济激励的结合,如任职、晋升等。同样,单纯的经济激励或一味地非经济激励,其作用与效果也是有限的。

（三）往期激励与预期激励

1. 往期激励

往期激励是对员工以往的贡献给予回报。对员工以往的贡献做出积极的评价并给予相应的回报，不仅有利于慰藉老员工，而且有利于激励新员工，鼓励后来人。往期有长短，只要激励得当，短则有利于维持在职在岗员工的积极性，长则有利于组织形成公平公正的价值导向。

2. 预期激励

预期激励是对员工未来的贡献做出的期许。目标管理是典型的预期激励，期权、期股是预期激励的形式。孟子曰："天将降大任于斯人也，必先苦其心志，劳其筋骨，饿其体肤，空乏其身，行拂乱其所为也，所以动心忍性，增益其所不能。"这是中国人古今传颂的预期激励的名言，同时也是自我激励的名言。

（四）自我激励与外部激励

1. 自我激励

自我激励是员工内心积极的自我暗示。中国儒家讲求"修身齐家治国平天下"，把"修身"放在首位。"修身"就是自我激励。曾子曰："吾日三省吾身。"（《论语·学而》）讲的是时时刻刻都不忘记修身。"树雄心立壮志""严于律己""用共产党员的标准严格对照和检查自己""老骥伏枥志在千里"等等，都是自我激励。

2. 外部激励

自我激励是内心的自省，外部激励则是相对于个人主体内心而言的外部环境因素的积极影响。组织的政策、规章、价值观、文化、工作环境以及待遇等都属于外部激励。

自我激励只有在一定的主客观条件下才会发生作用，即与外部环境激励共同作用才会有效果。

四、激励的误区

激励的误区是指不能正确地认识激励对象，对激励内容和激励形式的应用不当而导致激励效果不佳甚至起副作用的情形。"费力不讨好""事倍功半""养虎成患""南辕北辙"等等，都可以视作对领导层陷入激励误区的形容。导致组织步入激励误区主要有如下原因：

（一）政策多变

凡朝令夕改的组织，很难获得组织成员的忠诚与信任，其结果，要么"上面着急上火,号令不一;下面软磨硬抗,各行其是”;要么内部的争斗与倾轧激烈,组织的混乱和低效率不可避免。

(二)手段单一

激励手段单一的表现主要有两种:一是“金钱万能”,用金钱激励代替一切;二是“等级万能”,用地位或职务等级激励代替一切。前者,易形成组织内部一切“向钱看”的价值导向,难于激励有利于组织渡过难关以及可持续发展的暂时看不到效益的行为。后者,易形成组织内部的“官本位”导向,不利于调动具有不同职业锚的多数人的积极性。“向钱看”的导向或“官本位”的导向,其优点是简单并且重点突出,在管理实践中易于操作;缺点是激励的作用面窄,激励力度有限,员工缺少成长空间(甚至导致“兵”管“官”的局面),内耗加剧人才流失,难以形成高原群峰效应。

(三)内容固化

任何一种激励手段的作用范围和效能都是有限的。当激励对象的某种需求或某层次的需求得到满足时,原有激励手段的作用或效能就会递减乃至消失。如果激励的内容和激励手段一成不变,其结果就是激励失效乃至管理失效。

(四)不对应

1. 内容不对应

当员工的温饱问题未解决之时,总是用表扬、表彰等非经济激励手段应对其需求,效果不佳。例如,对于急需挣钱养家的进城务工人员而言,如果对他们的辛苦工作只是一味地给予肯定、表扬,而不支付相应的工资作为劳动报酬就属于激励的内容与员工需求的内容错位。

2. 因果不对应

有一家知名企业,用高薪聘请能人管理公司,结果能人得不到公司创业元老们的认同和支持,无法施展才能,公司经营不但没有改善,反而业绩下滑。究其原因,是公司的激励政策出了问题:公司用以往的效益为新来者支付了高薪,而创造这些效益的创业者们却不能享受这些效益(薪酬大大低于引进者,并且没有分红),因此而不满意。如果公司改用以往的成果由以往贡献者分享(扣除发展基金),未来的成果也由未来创造者分享(以绩效工资或期权或期股的形式)的激励政策,结果就不一样。

3. 权责不对应

权利与责任相对应,这是得到社会公认的法则。如果有悖于这个法则,就会陷入管理的误区。有些组织内部常常存在工作苦乐不均、报酬待遇相同,老实人吃亏,会哭的

孩子有奶吃，只要马儿跑、不给马儿草，权力大、责任小或责任大、权力小等现象，都是权责不对应的结果。

第四节　企业绩效考核

一、企业绩效考核的意义

（一）企业绩效考核的含义和作用

1. 企业绩效考核的含义

企业绩效考核是对企业经营业绩和成效所进行的考查、审核、确认与评价。在现代社会，企业定位于面向市场自主经营、独立核算的营利性经济组织，因此，企业的经营绩效就表现为投入各种资源要素——人力、财力、物力的价值与向社会提供商品（含服务）的价值之间的差异。当企业产出商品的价值大于企业投入生产要素的价值时，企业经营就有成效，绩效表现为正，其差异越大，绩效越好；反之，则相反。这是以企业是商品经营者的身份来定义的绩效。如果从社会组织的角度看，企业的绩效还包括其履行其他社会责任的绩效。如改善企业环境（社会与自然）、为社会创造就业机会或从事慈善事业等。所以，企业的绩效有广义和狭义之分。

2. 企业绩效考核的作用

（1）有利于落实并实现企业的经营目标。确认目标是管理的出发点和落脚点。绩效的本质是对达成目标的贡献，所以，通过绩效考核有利于落实并实现责任主体的工作目标和企业的经营目标。

（2）有利于形成并强化企业的良性机制。通过基于共同目标的绩效考核，能够促进企业内部不同部门和员工之间的分工与协作，因而有利于形成并强化企业响应市场需求的良性机制。

（3）有利于创造并传承企业的优秀文化。对绩效考核结果的正确应用，不仅能够激励员工更好地发挥职业潜能，为企业做出贡献，而且更重要的是将考核作为企业文化的载体，能够形成良好的价值导向和工作氛围，有利于强化和传承企业的优秀文化。

（二）企业绩效考核的分类

企业绩效考核按照考核的对象分为员工考核、部门（内部机构）考核与企业考核；

按照考核的方法分为定性考核和定量考核；按照考核的范围分为综合考核与单项考核；按照考核的时间分为日常考核、定期考核、长期考核和不定期考核；按照考核的形式分为口头考核与书面考核、直接考核与间接考核；按照考核的主体分为内部考核与外部考核。其中，内部考核分为上级主管考核、下级考核、同级考核、服务对象考核、专门小组考核及自我考核；外部考核分为政府考核、社会考核。需要指出，即便考核内容相同，由于考核主体不同，对考核的结果和成效也会有所不同。上级主管考核是最常见的考核，通常由上级主管部门对下属责任主体（机构或员工）进行的绩效考核，有利于从更高的层面评价责任主体的工作对达成组织目标的贡献及其示范效应。下级考核通常由下级组织及其成员对上级领导或上级主管部门进行考核，以打分或评议投票的方式进行。下级考核的优点是能够反映出上级对下级工作的指导能力和指导效果。同级考核主要在各部门之间，以互相打分或评议的方式进行。在同级考核中，以服务对象进行打分评议的效果要强于非服务对象进行打分评议。对企业而言，服务对象的考核有利于传递市场竞争的压力。专门小组考核实际上是综合了各种身份的考核者特点，较为公正。自我考核是责任主体根据工作计划与考核的要求对自己的工作进行总结和对照检查，总结出成绩和缺点并找出具体原因，提出今后的改进措施。自我考核强调自主性和自觉性，一旦认真实施，有利于纠正不良的行为，对未来的绩效会有较大的改善作用。自我考核需要在被考核者高度认同组织目标并具有高度自觉性的条件下方有成效。外部考核通常由企业外部的主管单位和专家共同组成考核小组进行，考核通过听取汇报、查看报表和相关文件、召开座谈会、进行个别谈话、举办专家会议和打分评议等具体形式进行。外部考核的优点是能够比较客观地反映出企业在竞争中的经营成效。

（三）企业绩效考核的要求

1. 企业绩效考核的理念

管理者是绩效改善的推动者，而不仅仅是员工能力和绩效的评定者。考核的目的是：①激发组织的活力，形成符合组织战略目标和组织文化的价值导向；②改善员工的工作态度，激发员工的潜能，不断提高员工的职业能力和改进工作绩效，提高员工的工作主动性和有效性。

2. 企业绩效考核的确认

①确认组织和员工工作为什么有效或无效；②确认如何对组织和员工的工作加以改进，以提高有效性；③确认组织和员工工作执行能力和行为存在哪些不足；④确认如何改善组织和员工的能力与行为；⑤确认管理者和管理方法的有效性；⑥确认和选择更有效的管理方式和方法。

3. 绩效考核的关键环节

①考核指标的设置及其权重配置，要依企业的目标、价值导向、管理要求和操作条件而定；②考核指标选自关键职责领域；③有清楚的工作标准；④有可靠的衡量手段；⑤有可靠的信息来源；⑥有调整偏差的方法；⑦公正地使用考核结果。

二、企业责任会计

按照目标管理的逻辑，企业要将战略目标和经营目标加以量化，以考核指标的形式形成工作目标责任并在企业内部进行层层分解，最后落实到具体的责任主体。量化并分解考核指标，并对其加以核算，就是责任会计。

责任会计是在企业实行分权管理的体制下，以企业内部责任单位（或人）为主体，以提高企业经济效益、保证企业计划顺利落实为目的，以各责任单位（或人）的经济责任为对象，利用价值形式并采用专门的会计方法对各责任单位的行为及结果进行核算、考核与评价的一种会计方法。建立和实施责任会计制度，是落实企业目标和预算的保证。

企业责任会计源于20世纪20年代美国通用汽车公司推行事业部制改革的管理实践，它以投资回报为企业最终绩效指标，将其逐级分解到内部各层次责任主体（责任中心），以落实责任。根据权责相随原则，自上而下对财务指标承担经济责任的主体（责任中心）有投资中心（投资责任主体）、利润中心（利润责任主体）、成本中心（成本责任主体）和费用中心（费用责任主体）。

（一）责任中心的设置与变革

责任会计的第一要义是确认责任中心。因此，合理设置组织机构是制定和实施企业战略的前提条件，即企业组织结构必须根据战略目标的变化而进行及时的调整，战略实施必须有合理的组织机构及制度的保障。组织机构的设置原则是：第一，战略决定组织，即企业战略决定企业组织的结构、职责、效能和效益；第二，组织的权利与责任要相称；第三，组织机构的变革与调整是一个动态过程。

（二）责任会计的内容

1. 划分责任中心，确定责任范围

重点在于如何确定责任中心的责任范围，以及使用哪些价值指标将其责任给予量化反映。

2. 编制责任预算，制定考核标准

责任预算是利用货币形式对责任中心的生产经营活动做出的计划安排，其编制是以企业的财务预算为基础进行的。

3. 建立核算系统,编制责任报告

为反映责任中心的预算和考核指标完成情况,即责任中心的业绩情况,必须建立相应的核算系统,对反映责任中心业绩的会计信息进行归集、加工和整理,最后以责任报告的形式提交企业主管。

4. 根据业绩计酬,实施行为控制

这种做法是为了对责任承担者的行为实施控制,从而保证企业整体利益的实现。

通过实施责任会计,将企业战略的实施落实到了各责任中心,利用会计信息反映经济责任,即量化各责任中心所承担的具体生产经营目标和工作任务,能够更有效地保证战略实施的每一个步骤和每一项工作有效、积极地完成。

(三)责任中心及其考核指标

1. 投资中心

投资中心的职责权限既能决定投资的方向和数量,又能影响和决定投资的效果。投资中心亦可称为战略经营单位,它要为投资效果负责。根据投资权限不同,投资中心分为生产经营投资中心、产权经营投资中心和混合投资中心三种。生产经营投资中心是指有权通过项目投资的方式扩大生产经营规模的责任中心;产权经营投资中心是指有权通过收购、兼并和入股等方式扩大经营领域或经营规模的责任中心;混合投资中心则是前两者的混合。投资中心的绩效考核指标是投资报酬率、剩余收益和经济增加值(EVA)。

$$投资报酬率=营业利润/营业资产$$

$$剩余收益=营业利润-营业资产\times预期资产最低收益率$$

$$经济增加值=税后净营业利润-总资本\times加权平均资本成本$$

2. 利润中心

利润中心是指其业务活动既能影响收入,又能影响成本费用的责任中心,一般是指自负盈亏、独立核算的经营单位。利润中心分为自然利润中心和人为利润中心(内部利润中心)两种。前者具有对外经营和销售产品的权利,能够取得外销收入;后者则不直接对外,只对企业其他部门提供半成品或劳务,能够取得的只是内部销售收入。因此,后者的利润只是内部利润(或模拟利润)。对自然利润中心的绩效考核指标有税前利润、边际贡献;对内部利润中心的绩效考核指标有责任利润、部门边际贡献。

$$税前利润=销售收入-销售成本-期间费用$$

$$边际贡献=销售收入-变动成本$$

$$责任利润=内部销售收入-内部成本$$

部门边际贡献 = 部门销售收入 - 部门变动成本

3. 成本中心

成本中心是指其业务活动能够影响产品成本的业务部门,一般是指企业的生产部门及辅助生产部门。对这类责任中心,除了产品或服务的种类、数量、质量是其绩效的内容以外,成本指标也是其绩效的重要组成部分。纳入成本中心绩效考核的责任成本有三种:标准成本、可控成本、目标成本。

标准成本是以产品设计阶段所选定的设计方案和工艺方案为基础,根据对料、工、费统计测算确定的合理耗费,在现有生产和技术条件下确定的产品成本。用标准成本作为成本中心的考核指标,具有科学合理、可比性强的特点,长期得到企业界的广泛应用。

可控成本是根据成本的可控性,经过鉴别以后确定的成本中心的责任成本。鉴别成本费用的可控性有三条标准:成本费用的发生是否预先可知?发生的成本费用是否可以计量?成本费用的数量多少是否可以被影响?如果均符合“是”的标准,就是可控成本;否则,就是不可控成本。用可控成本作为成本中心的绩效考核指标,理论上是公平的,容易为成本中心所接受。但是,实际操作中不容易做到或者只能部分做到,因为成本中心容易过分强调客观而把一些可控的成本费用推到不可控成本的范围。

目标成本是产品销售收入减去必须保证的效益之后的成本。其基本公式为:

目标成本 = 销售收入 - 目标利润

用目标成本作为成本中心的绩效考核指标,优点是易于使成本中心分担市场风险,使企业落实目标责任;缺点是“效益无退路,市场没商量”,指标确定不讲“情面”。我国20世纪90年代所推广的“邯钢经验”就是典型。

4. 费用中心

费用中心的绩效主要表现在该责任中心的主要业务方面,费用只是其完成业务、实现工作目标的条件,因此,对费用中心的绩效考核要侧重于主要业务,对其费用指标考核的是费用预算执行情况和费用功效(即费用利用效率)。在企业里,几乎所有涉及期间费用开支的管理职能部门均可以成为费用中心。

(四)内部转移价格

内部转移价格是企业内部各责任中心之间进行产品与劳务供领的结算价格。内部转移价格具有核算依据、分配利益、转移资金、规避纳税、引入竞争机制等多重作用,因而是企业内部管理与企业集团内部管理的常用手段。

内部转移价格的定价方法有成本定价、成本加成定价、市场定价、协商定价和双重定价等。各种定价方法各有利弊,作用也不尽相同。

(五)内部结算与融资

将市场机制引入企业,内部各责任中心之间的经济业务往来需要相互结算,财务部门通过设立资金结算中心或内部银行完成结算功能。伴随内部结算功能延伸而来的是内部融资,如果在责任中心之间调剂资金余缺是有偿的话,内部银行的投资功能也会形成。金融业的发展出现两种并存的现象:一方面是金融机构深入企业内部提供结算与投融资服务;另一方面是企业资金中心发展成为财务公司等金融机构,不仅为本企业服务,而且也为其他企业服务。

三、企业绩效评价与考核方法

在企业管理实践中,美国企业绩效评价与考核的方法主要有杜邦分析法、沃尔评分法、综合系数分析法、经济增加值法、关键绩效指标考核及平衡计分卡。我国主要有国有资本金效绩评价和经济增加值法。

(一)杜邦分析法

杜邦分析法是利用各主要财务比率之间的内在联系建立起以净资产收益率为总纲的财务指标体系及其分析模型,综合地分析、评价企业财务状况和经营绩效的方法。由于这种财务比率分析综合模型是由美国杜邦公司最先设计和使用的,故名杜邦分析法或杜邦分析模型(The Du Pont System)。

净资产收益率是杜邦分析模型的"龙头"指标,它可以分解为资产净利率乘以所有者权益乘数(权益资产率);资产净利率分解为销售净利率与资产周转率的乘积,权益资产率分解为资产总额与所有者权益的比率;销售净利率分解为净利润与销售收入的比率;资产周转率分解为销售收入与资产总额的比率;资产总额分解为各项具体资产之和,所有者权益分解为各个具体权益项目之和。图6-3是杜邦财务分析模型。

将净资产收益率作为最高层次的绩效考核指标,是因为它集中地反映了企业所有者(投资人)的利益所在,是投资者和经营者最关心的财务指标,也是企业经营绩效的综合性反映。净资产收益率的高低,不仅反映了企业盈利能力的强弱,还反映了融资状况和企业运营效率的高低,所以,它是企业资产运用效率和盈利能力的综合体现。杜邦指标体系的特点在于,将财务指标之间的相互关系用层级分解的方式表现出来,形成一个数量关系模型,易于分析每一个指标变动对其他指标的影响,分析高层级指标变动的原因和趋势,为评价和考核承担指标的责任主体的绩效提供了依据。

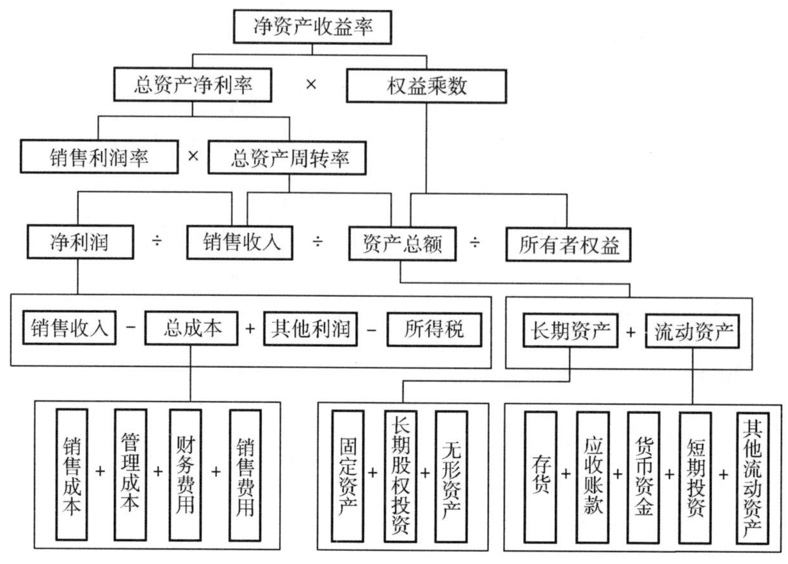

图 6－3　杜邦财务分析模型

（二）沃尔评分法

沃尔评分法亦称沃尔比重评分法，最早由美国学者亚历山大·沃尔（Alexander Wole，1879—1957）在 1928 年出版的《财务报表比率分析》中提出。沃尔选择了 7 个财务比率，即流动比率、产权比率、固定资产比率、存货周转率、应收账款周转率、固定资产周转率和自有资金周转率，分别给定各指标的比重，然后确定标准比率（以行业平均数为基础），将实际比率与标准比率相比，得出相对比率，将此相对比率与各指标比重相乘，得出总评分，据此评价企业的财务绩效。至于为何选择反映企业资产结构与运营效率的 7 个指标代表企业的财务绩效，后人至今未得其解。沃尔评分法评价指标体系见表 6－1。

表 6－1　沃尔评分法评价指标体系

财务比率	比重（%） （1）	标准比率 （2）	实际比率 （3）	相对比率 （4）＝（3）/（2）	评分 （5）＝（1）×（4）
流动比率	25	2. 5			
净资产/负债	25	1. 5			
总资产/固定资产	15	2. 5			
销售成本/存货	10	8			

续表

财务比率	比重(%) (1)	标准比率 (2)	实际比率 (3)	相对比率 (4)=(3)/(2)	评分 (5)=(1)×(4)
销售额/应收账款	10	6			
销售额/固定资产	10	4			
销售额/净资产	5	3			
合计	100				

(三)综合系数分析法

综合系数分析法是沃尔评分法的改进版。它以标准财务比率为依据,通过实际比率与标准比率的对比,综合评价企业的财务绩效。其要点是:根据选定若干能够反映各方面情况的财务比率,按其重要程度给定一个权重(重要性系数),总和为1;将实际财务比率与标准财务比率进行比较,计算出每项指标的关系比值,根据关系比值与重要性系数的乘积得出综合系数,汇总综合系数并用于判断企业的财务绩效。表6-2是财务比率综合系数分析法运用举例。

表6-2　财务比率综合系数分析

指标	重要性系数	标准值	实际值	关系比率	综合系数
1	2	3	4	5=4÷3	6=2×5
流动比率	0.15	2	1.8	0.90	0.14
速动比率	0.10	1	1.1	1.10	0.11
资产负债率	0.10	0.4	0.5	1.25	0.13
应收账款周转率	0.05	6	7	1.17	0.06
存货周转率	0.10	4	5	1.25	0.13
总资产周转率	0.15	1.5	2	1.33	0.20
销售净利率	0.10	18%	20%	1.11	0.11
总资产收益率	0.10	5%	6%	1.20	0.12
净资产收益率	0.15	15%	17%	1.13	0.17
合计	1				1.17

本例中,综合系数 1.17 与 1 有较大的差异,说明该企业与行业平均水平或标准比率之间有差距。这种差距是有利差距,因为各个比率比较的结果,基本上都比标准比率要好(除了资产负债率和流动比率略差),即使财务风险有所增加,偿债能力并未下降(速动比率指标为 1.1),而且由于盈利能力和营运能力都提高了,所以财务绩效是好的。

采用财务比率综合系数进行分析评价,其效果取决于四个环节:第一,指标选择既要选择有代表性、能够综合反映企业全貌的指标,又要注意指标之间的相关程度,相关程度高的指标不宜选择过多。第二,标准确认是选择行业平均水平还是选择行业先进水平,抑或竞争对手水平,要根据企业的实际情况决定。一般而言,比出落后差距,催人奋进,但如果差距太大,也会使人丧失信心;比出领先差距,令人自信,但如果差距太大,易使人缺乏危机感,骄傲自满、故步自封。第三,权重选择孰轻孰重,要依企业战略导向和管理要求确定。第四,用途及人员选择。如果是用于自我分析,对操作人员没有严格限制;如果是用于考核评价,需要具有独立性的专家负责。

(四)经济增加值法

经济增加值法(Economic Value Added,EVA)源于 20 世纪 20 年代美国通用汽车公司事业部制管理改革实践的责任会计,对投资中心的考核指标有“剩余收益”。

剩余收益 = 营业利润 - 营业资产 × 预期资产最低收益率

1982 年,美国思腾思特咨询公司在此基础上提出了经济增加值的概念。思腾思特公司认为,企业在评价其经营状况时通常采用的营业利润指标存在缺陷,难以正确反映企业的真实经营状况,因为忽视了股东资本投入的机会成本,企业赢利只有在高于其资本成本(含股权成本和债务成本)时才为股东创造价值。经济增加值就是从营业利润中扣除资本成本(资本成本 = 总资本 × 加权平均资本成本)以后的结果。与计算剩余收益时从营业利润中扣除预期资产最低收益率不同,资本成本是参照资本市场的资本回报率而计算出来的机会成本,具有更强的客观性和公信力。基于经济增加值的指标分层分解,有利于企业将保证和提高 EVA 的经济责任落实到各责任主体。

2003 年 10 月,我国国务院国资委审议通过了《中央企业负责人经营业绩考核暂行办法》(以下简称《办法》),把 EVA 引入考核体系,鼓励中央企业使用 EVA 指标进行年度经营业绩考核;2006 年 12 月,国资委审议通过了该《办法》的修订版;2009 年 12 月,国资委对《办法》进行了第二次修订,要求自 2010 年起全面采用 EVA 对中央企业经营绩效进行考核;2012 年 12 月,国资委对《办法》进行第三次修订,自 2013 年起实施。

《办法》对中央企业负责人分别进行年度经营业绩考核与任期经营业绩考核。考核的指标包括基本指标和分类指标。年度经营业绩考核基本指标包括利润总额和经济增加值指标;其分类指标由国资委根据企业所处行业特点和功能定位,针对企业管理"短板",综合考虑企业经营管理水平及风险控制能力等因素确定,具体指标在责任书中明确。任期经营业绩考核基本指标包括国有资本保值增值率和总资产周转率,其分类指标由国资委综合考虑企业所处行业特点和功能定位,选择符合企业中长期发展战略并反映可持续发展能力的指标予以确定,具体指标在责任书中确定。

其中,对"经济增加值"的定义是指企业税后净营业利润减去资本成本后的余额。其计算公式为:

经济增加值 = 税后净营业利润 - 资本成本 = 税后净营业利润 - 调整后资本 × 平均资本成本率

税后净营业利润 = 净利润 + (利息支出 + 研究开发费用调整项) × (1 - 25%)

企业通过变卖主业优质资产等取得的非经常性收益在税后净营业利润中全额扣除。

调整后资本 = 平均所有者权益 + 平均负债合计 - 平均无息流动负债 - 平均在建工程

资本成本率的确定是:①中央企业资本成本率原则上定为5.5%;②对军工等资产通用性较差的企业,资本成本率定为4.1%;③资产负债率在75%以上的工业企业和80%以上的非工业企业,资本成本率上浮0.5个百分点。

(五)关键绩效指标考核

关键绩效指标(Key Performance Indicator,KPI)考核是将绩效简化为1个或几个关键指标进行考核,对企业进行考核,其关键绩效指标有资产保值增值额、利润、销售额和EVA等。这种考核方法的优点是突出重点,简单易行,统一协调,可以使部门主管明确部门的主要责任,并以此为基础,明确部门人员的业绩衡量指标。建立明确的切实可行的KPI体系,是做好绩效管理的关键。关键指标的选择必须符合SMART原则,即具体性(Specific)、衡量性(Measurable)、可达性(Attainable)、现实性(Realistic)和时限性(Time - based)。

关键绩效指标考核的理论基础是"二八原理"。"二八原理"是由意大利经济学家维尔弗雷多·帕累托(Vilfredo Pareto,1848—1923)提出的一个经济学原理,即一个企业在价值创造过程中,每个部门和每一位员工80%的工作任务是由20%的关键行为完成的,抓住20%的关键就抓住了主体。这个原理为绩效考核指明了方向,即考核工作的主要精力要放在关键的结果和关键的过程上,绩效考核也要放在关键绩效指标上,考核工作要围绕关键绩效指标展开。

（六）平衡计分卡

由于传统的企业绩效评价过分关注财务绩效，加上资本市场固有的投机性，使得上市公司为了迎合公众投资者的获利心理，不断推出炒作题材，过于注重公司股价的涨跌，忽视了公司的长远利益和可持续发展，企业的急功近利和短视行为普遍，社会也变得很浮躁。针对此弊端，美国哈佛大学教授罗伯特．卡普兰和诺顿研究所总裁诺顿（David P. Norton）于20世纪90年代初提出了平衡计分卡（The Balanced Scorecard）评价模式。平衡计分卡一反过去绝大多数美国公司侧重于从财务角度评价企业绩效的做法，从财务、客户、内部流程和学习与创新四个维度评价企业的绩效。不仅如此，他们还把平衡计分卡发展成为“描述战略、分解目标、衡量战略、管理战略”的工具，以保证企业能够“平衡”协调可持续地发展。

平衡计分卡是一个战略目标管理系统，每一个责任单位都有自己的“平衡计分卡”及其相应的考核指标，将企业各级责任单位的“平衡计分卡”指标值汇总，就是企业的“平衡计分卡”。平衡计分卡为企业战略实施提供了一个很好的框架结构，企业可以从四个角度实施经营战略的步骤，同时在这些方面进行控制与考核。

1. 财务维度

在财务维度中，反映绩效的目标值分布在五个方面：①获利能力，其指标有利润率、净资产收益率、经济增加值和净现金流量等。②营业规模，其指标有销售收入、销售收入增长率和市场份额等。③成本水平，其指标有单位成本、费用功效等。④运营效率，其指标有资产周转率、经营周期等。⑤风险水平，其指标有经营杠杆、流动比率、资产负债率和利息保障倍数等。

2. 客户维度

在客户维度中，反映绩效的指标有市场份额、客户满意度、客户获得率、客户留住率和客户利润率等。

3. 内部流程维度

在内部流程维度中，反映绩效的目标值分布在四个方面：①运营管理流程，这是企业的基本业务流程，包括分析市场、设计产品或服务、生产制造以及向客户提供产品或服务。②客户管理流程，包括选择目标客户、争取目标客户、保留目标客户和增加对客户的服务等。③创新流程，包括寻找确认新产品和新服务的机遇、设计开发新产品和服务、研究开发管理、将新产品和新服务投入市场。④法规与社会流程，这个流程是企业保有在具体领域从事经营活动的权利所必需的。

4. 学习与创新维度

在学习与创新维度中，反映组织学习与创新能力的指标有学习能力、信息系统能力、成长能力、员工参与程度、信息反馈速度和战略调整机制。

(七)国有资本金效绩评价

为了适应我国国有资产管理体制改革的需要,逐步建立和完善社会主义市场经济条件下的国有企业和国有资本的监管制度,保证国有资产的保值增值,财政部、国家经济贸易委员会(国家经贸委)、人事部、国家计划发展委员会(国家计委)于1999年6月1日共同颁发了《国有资本金效绩评价规则》(以下简称《规则》)和《国有资本金效绩评价操作细则》(以下简称《细则》),并从发布之日起逐步试行。2002年2月,由财政部、国家经贸委、中央企业工委、劳动保障部、国家计委联合修改制定了《企业效绩评价操作细则(修订)》(以下简称《修订细则》),取代了原来的《规则》和《细则》。2006年10月,国务院国有资产监督管理委员会(国资委)发布了《中央企业综合绩效评价管理暂行办法》(以下简称《暂行办法》)和《中央企业综合绩效评价实施细则》(以下简称《实施细则》),并于当年开始实施。

国家相关部门三次发文的考核内容、方法和程序基本相同,都是从定量和定性两个方面确定的,定量评价的财务指标和定性评议的综合指标,内容和权数也基本相同,保持了价值导向的连贯性。现以《实施细则》为依据,介绍国有企业综合绩效考核的内容、方法和程序。

1. 考核目标与指导思想

企业综合绩效考核充分体现市场经济原则和资本运营特征,以投入产出分析为核心,运用定量分析与定性分析相结合、横向对比与纵向对比互为补充的方法,综合评价企业经营绩效和努力程度,促进企业提高市场竞争能力。

2. 考核内容及指标与权数设置

企业综合绩效评价指标由22个财务绩效定量评价指标和8个管理绩效定性评价指标组成。财务绩效定量评价指标由反映企业盈利能力状况、资产质量状况、债务风险状况和经营增长状况四个方面的8个基本指标和14个修正指标构成,用于综合评价企业财务会计报表所反映的经营绩效状况。企业管理绩效定性评价指标包括战略管理、发展创新、经营决策、风险控制、基础管理、人力资源、行业影响和社会贡献八个方面的指标,主要反映企业在一定经营期间所采取的各项管理措施及其取得的管理成效(见表6-3)。

3. 考核评价方法与程序

企业综合绩效评价计分方法采取功效系数法和综合分析判断法。其中,功效系数法用于财务绩效定量评价指标的计分;综合分析判断法用于管理绩效定性评价指标的计分。

表 6－3　企业综合绩效评价指标及其权重

评价内容与权数		财务绩效(70%)				管理绩效(30%)	
		基本指标	权数	修正指标	权数	评议指标	权数
盈利能力状况	34	净资产收益率	20	销售(营业)利润率	10	战略管理	18
		总资产报酬率	14	盈余现金保障倍数	9	发展创新	15
				成本费用利润率	8	经营决策	16
				资本收益率	7	风险控制	13
资产质量状况	22	总资产周转率	10	不良资产比率	9	基础管理	14
		应收账款周转率	12	流动资产周转率	7	人力资源	8
				资产现金回收率	6	行业影响	8
债务风险状况	22	资产负债率	12	速动比率	6	社会贡献	8
		已获利息倍数	10	现金流动负债比率	6		
				带息负债比率	5		
				或有负债比率	5		
经营增长状况	22	销售(营业)增长率	12	销售(营业)利润增长率	10		
		资本保值增值率	10	总资产增长率	7		
				技术投入比率	5		

(1)财务绩效考核评价。财务绩效定量评价基本指标计分是按照功效系数法计分原理,将评价指标实际值对照行业评价标准值,按照规定的计分公式计算各项基本指标得分。

(2)管理绩效考核评价。管理绩效定性评价指标的计分通过专家评议打分的形式完成,聘请的专家应不少于 7 名;评议专家应当在充分了解企业管理绩效状况的基础上,对照评价参考标准,采取综合分析判断法,对企业管理绩效指标做出分析评议,评判各项指标所处的水平档次,并直接给出评价分数。

(3)综合绩效评价。在得出财务绩效定量评价分数和管理绩效定性评价分数后,应当按照规定的权重,耦合形成综合绩效评价分数。计算公式为:

企业综合绩效评价分数 = 财务绩效定量评价分数 × 70% + 管理绩效定性评价分数 × 30%

在得出评价分数以后,应当计算年度之间的绩效改进度,以反映企业年度之间经营绩效的变化状况。计算公式为:

绩效改进度 = 本期绩效评价分数/基期绩效评价分数

绩效改进度大于 1,说明经营绩效上升;绩效改进度小于 1,说明经营绩效下滑。

对企业经济效益上升幅度显著、经营规模较大、有重大科技创新的企业，应当给予适当加分，以充分反映不同企业努力程度和管理难度，激励企业加强科技创新。反之，被考核企业在考核期间发生不良重大事项的，则应给予适当减分。

4. 考核结果及报告

企业综合绩效评价结果以85、70、50、40分作为类型判定的分数线。

(1)评价得分达到85分以上(含85分)的评价类型为优(A)，在此基础上划分为三个级别，分别为：$A^{++} \geqslant 95$分；95分$> A^{+} \geqslant 90$分；90分$> A \geqslant 85$分。

(2)评价得分达到70分以上(含70分)、不足85分的评价类型为良(B)，在此基础上划分为三个级别，分别为：85分$> B^{+} \geqslant 80$分；80分$> B \geqslant 75$分；75分$> B- \geqslant 70$分。

(3)评价得分达到50分以上(含50分)、不足70分的评价类型为中(C)，在此基础上划分为两个级别，分别为：70分$> C \geqslant 60$分；60分$> C- \geqslant 50$分。

(4)评价得分在40分以上(含40分)、不足50分的评价类型为低(D)。

(5)评价得分在40分以下的评价类型为差(E)。

企业综合绩效评价报告是根据评价结果编制、反映被评价企业综合绩效状况的文本文件，由报告正文和附件构成。企业综合绩效评价报告正文包括评价目的、评价依据与评价方法、评价过程、评价结果及评价结论和重要事项说明等内容。企业综合绩效评价报告的正文应当文字简洁、重点突出、层次清晰、易于理解。企业综合绩效评价报告附件包括企业经营绩效分析报告、评价结果计分表、问卷调查结果分析、专家咨询报告和评价基础数据及调整情况。其中，企业经营绩效分析报告是根据综合绩效评价结果对企业经营绩效状况进行深入分析的文件，应当包括评价对象概述、评价结果与主要绩效、存在的问题与不足和有关管理建议等。

四、企业员工绩效评价与考核

每个企业都有对员工的一系列考核管理制度，绩效考核评价是其中重要的组成部分。绩效评价与考核的方法有目标考核法、工作述职法、关键事件法、配对比较法和因素排序法等。

(一)目标考核法

目标考核法适用于工作目标易于量化的部门和岗位。考核方法是将企业的战略目标和经营目标进行量化并分解到各个部门，形成部门的绩效目标，再将其细化分解到每个岗位，成为岗位职责目标，并确定衡量方法和绩效标准，对目标达成程度确定不同分值的绩效标准——不合格、基本合格、合格、良好、优秀等。期末考核时按照预定标准与员工共同检讨每一个目标的完成程度，将员工的实际履职成效与目标(或标准)相对

比,据以确定员工的绩效。对于具有多个绩效考核指标的部门和岗位,还可以根据企业工作的重点对不同的绩效指标赋予不同的权重进行考核。

应用目标考核法需要根据员工能力设置工作业绩目标,目标的设定要适度,过高和过低都将失去考核的意义。人们形象地将合适的目标比喻为摘果子:伸手可得没有激励效果,跳起来够不着也没有激励效果,只有跳起来够得着的果子才有激励效果。

(二)工作述职法

对于工作绩效不能完全量化的岗位,适用于工作述职法。考核方法是责任者根据本岗位的工作计划和任务要求,联系企业和本部门的任务,以文字和口述的方式对考核期的工作进行全面回顾与总结,说明工作内容、工作过程和工作业绩以及工作中存在的问题,对工作中取得的成果和存在的问题的形成原因进行分析,并提出改进措施。工作述职类似于自我考核,述职者要实事求是,以事实说话,既不能文过饰非、自我吹嘘,也不能一概否定、妄自菲薄。考核者要根据被考核者的工作述职和所掌握的实际情况进行判断,给予相应的评价。

(三)关键事件法

关键事件法是根据关键事件评价员工绩效的一种考核方法。它是由美国学者福莱·诺格(John C. Flanagan)和伯恩斯(Baras)在1954年共同创立的。考核方法是事先认定员工与职务有关的行为,并选择其中最重要、最关键的部分评定其结果。它首先从领导、员工或其他熟悉职务的人那里收集一系列职务行为的事件;然后描述出"特别好"或"特别坏"的职务绩效。在考核期内,由上级主管者记录员工平时工作中"特别好"或"特别坏"的关键事件,考核期末利用积累的记录,由主管者与被考核者讨论相关事件,为绩效评价提供依据。关键事件法的优点是平时记录工作量小,操作简便;其缺点是考核不全面。

(四)配对比较法

配对比较法是通过员工之间的两两比较选拔绩效优良者的评价方法。它通过配对比较表实施操作。假设某部门有4位员工,企业需要对4位员工的工作绩效进行排序,为此邀请了该部门的服务对象代表作为考核者对4位员工进行评价,表6-4是某位考核者的评价结果。该考核者经过两两比较,确认员工C为绩效最优者。将考核者们的评价结果汇总之后,可以确认得分最高者——该部门绩效最优者。配对比较法适合用非量化指标进行考核的综合服务部门。

表 6－4　员工绩效配对比较表

员工	A	B	C	D	合计
A	—	1	0	1	2
B	0	—	0	1	1
C	1	1	—	1	3
D	0	0	0	—	0

(五)因素排序法

因素排序法是根据每一位被考核的员工在各项指标上排序的综合结果评价员工绩效的方法。表 6－5 是某考核者对被考核部门的 5 位员工进行绩效评价的结果。评价结果为:员工 A 在责任心、主动性、亲和度三个因素中排序第一,在协调性因素中排序第二,在严谨性因素中排序第三。综合起来排序第一。将考核者们的评价结果汇总之后,可以确认排序靠前者——该部门绩效最优者。因素排序法同样适合用非量化指标考核的综合服务部门。该方法的关键在于合理选择绩效因素。

表 6－5　员工绩效因素排序表

员工	责任心	主动性	协调性	严谨性	亲和度	合计
A	1	1	2	3	1	8
B	2	3	1	2	3	11
C	3	4	3	1	2	13
D	4	2	4	5	5	20
E	5	5	5	4	4	23

第五节　事业单位绩效考核

一、事业单位的目标与绩效

根据马克思的劳动价值论,任何商品都具有使用价值和价值两重属性。商品具有

使用价值是指它对于商品的使用者来说有具体的用途，能够满足使用者的具体需求。它由商品生产者的具体劳动所创造。商品具有价值是指它可以用作交易并使商品所有者获益。它由商品生产者的一般劳动所创造①。

现代社会仍然是商品经济社会，一切生产资料和生活资料都具有商品属性。在商品经济社会，根据组织的经济性质可以将其分成两大类：营利性组织和非营利性组织。营利性组织即以营利为目的的组织，是商品的生产者和经营者，侧重的是价值管理，其生存发展的目标通常用价值形式表现，追求资产保值增值。非营利性组织不以营利为目的，是商品的分配者和消费者，其生存发展的目标通常用使用价值形式表现，追求所提供公共产品的使用价值最大化。营利性组织就是企业，经过历史演变，独资、合伙、股份有限、有限责任和企业集团等公司制组织成为企业的主要形式。非营利组织的形式要比企业复杂得多，既包括政府机构、政党社团、协会学会、宗教机构和慈善组织等，也包括幼儿园、学校、医院、科研院所、博物馆、寺庙和公园等。

营利性组织要“营利”，注重的是基于产品或服务使用价值之上的价值；非营利性组织不“营利”，注重的是具有价值的服务或产品的使用价值。在现实中，营利性组织与非营利性组织并非截然对立。在营利性组织中，越来越多的企业承担了越来越多的公益性服务，以至于人们将企业分成了竞争性企业和公益性企业两类。而根据 2011 年 3 月中共中央、国务院颁发的《关于分类推进事业单位改革的指导意见》(中发〔2011〕5 号)，非营利组织中的事业单位也分成两类：公益一类和公益二类。公益一类事业单位是纯粹的非营利组织，所有经费皆由政府拨付或非服务对象提供；公益二类事业单位则是准经营性事业单位，其部分经费来源于服务对象——通过为其提供服务而直接收取。

在我国，事业单位属于非营利性组织，其性质决定必须向社会提供公共服务，其使命与目标是促进公益事业发展、改善某方面的社会环境或生态环境。

因为侧重于价值追求，营利性组织的经营目标可以用综合性很强的价值目标概括，事业单位侧重于使用价值追求，其运作目标很难用综合性不强的使用价值目标概括。事业单位的复杂性和服务对象的复杂性决定了事业单位的目标具有多样性且不易协调。与此相应，事业单位的绩效评价就很复杂，并且很难形成共识。即便如此，评价事业单位及其员工的绩效也并非无所作为，既有差异性又有可比性的一些反映事业单位提供公共服务使用价值的数量和质量指标，是可以用来评价事业单位及其员工绩效的。

在商品经济社会，所有组织都要利用所掌控的资源达成目标，因此都存在着资源优

① 卡尔·马克思. 资本论(第 1 卷)[M]. 北京：人民出版社，1975：51 - 73.

化与否的问题。资源利用是否有效或成效大小，便是组织的绩效体现。对企业来说，在经营活动中投入的一切资源以及经营活动的产出品都可以用价值尺度衡量，所以，企业资源配置的有效性就可以用盈利高低或资产回报率高低衡量。对事业单位来说，在运作过程中投入的一切资源是可以用价值尺度衡量的，但是其运作活动的产出品却不能衡量或无法衡量。所以，事业单位资源配置的有效性就只能用单位使用价值成本或百元使用价值产出量这样的相对数指标衡量。

以下就高等学校为例，说明事业单位的绩效考核。

二、高等学校的办学目标与绩效考核指标

在我国，高等学校是从事高等教育的法定主体，其办学目标必须与国家法规的要求相符。《中华人民共和国高等教育法》(2015 年 12 月 27 日修订)第四条：高等教育必须贯彻国家的教育方针，为社会主义现代化建设服务、为人民服务，与生产劳动和社会实践相结合，使受教育者成为德、智、体、美等方面全面发展的社会主义建设者和接班人；第五条：高等教育的任务是培养具有社会责任感、创新精神和实践能力的高级专门人才，发展科学技术文化，促进社会主义现代化建设；第三十一条：高等学校应当以培养人才为中心，开展教学、科学研究和社会服务，保证教育教学质量达到国家规定的标准。根据上述规定，可以将高等学校的办学目标归纳为培养人才，科学研究，服务社会。其中，培养人才是根本目标，科学研究与服务社会是派生目标。

高等学校的绩效所表现的是办学目标的达成程度。从操作层面看，表现上述目标实现程度的指标可以分成四类：第一类是培养各层次、各专业类型的人才数量，这类指标中的学生入学成绩、在校生学习成绩、学生参赛成绩、毕业生就业率、毕业生平均薪酬水平以及校友成才率、杰出校友数量或校友犯罪率等，可以反映人才培养质量和学校声誉；第二类是教学工作及成果，这类指标中的学生毕业率①、生师比、专业教师数量②、教师职级结构、教师学历结构、教学名师和师德标兵数量、开设课程数量、精品课程数量、课时数、出版教材数量、教育部规划教材数量、图书馆藏书、教学实验室、教学实习基地和获奖教学成果等，可以反映教学工作的质量和数量；第三类是科研工作及成果，这类指标中的承担不同层级的科研项目、发表论文、举办学术会议、出版专著、获奖科研成果，甚至于科研经费数量等，可以反映科研工作的质量与数量；第四类是社会服务及成

---

① 《中华人民共和国高等教育法》(2015)第十六条规定了专科生、本科生、硕士研究生和博士研究生的学业标准，学生达到标准方可毕业。

② 《中华人民共和国高等教育法》(2015)第四十六条和第四十七条规定了教师资格和助教、讲师、副教授、教授任职标准，教师达到标准方可聘用。

效，这类指标包括政策建议的采纳率、经验复制率、专业培训的数量、科技成果转化和志愿者服务等。目前，反映我国高等学校绩效的四类指标的表现形式基本上是使用价值指标。

价值指标是否也可以反映高等学校的办学绩效？回答是肯定的。首先，高等学校获取各种来源渠道的经费数量，可以直接反映高等学校的办学绩效；其次，高等学校获取具有竞争性经费来源渠道的数量，也可以间接反映高等学校的办学绩效，例如，列入教育部"211 计划"和"985 计划"的高等学校不仅可以获得专门的经费支持，而且还获得了社会声誉。

值得提倡的是，从投入产出相比较的角度，将价值指标与使用价值指标进行复合计算而得到的相对数指标（或称之为比率），更能够体现出高等学校资源配置的有效性。这种类型的指标可以称为功效指标，根据计算的复杂程度，进一步分成三类：人均成本类指标、投入产出类指标和功效指数类指标。

（一）人均成本类指标

人均成本类指标是用教育成本或特定的部分教育成本（分子）除以特定的人员数或约当人数（分母）。如生均成本、生均直接成本、生均人员经费、生均公用经费、生均后勤服务费用、生均能源费用、人均科研经费、人均薪酬收入，等等。以下是各项指标的计算公式。

1. 生均成本

生均成本 = 高等学校教育成本总额/折合在校生人数

折合在校生数① = 普通本、专科（高职）生数 + 硕士生数 ×1.5 + 博士生数 ×2 + 留学生数 ×3 + 预科生数 + 进修生数 + 成人脱产班学生数 + 夜大（业余）学生数 ×0.3 + 函授生数 ×0.1

生均成本是一个综合指标，反映学校在成本核算期间（通常为年度）在校生的人均分摊成本。该指标与每位学生缴纳的年度学费相比较，可以看出教育成本的补偿与分担比重，是政府制定财政政策的依据。该指标能够分专业、分层次核算，可用于学校内部各学科专业的办学成本比较。该指标乘以学生学习年限，可以得出生均培养成本。需要指出，生均成本的高低，并不能完全说明办学绩效的高低，它在一定程度上也反映了区域经济发展水平和物价水平，反映了社会（含政府）对教育的重视和投入程度。

2. 生均直接成本

生均直接成本 = 直接教育成本/折合在校生人数

① 折合系数来源于《普通高等学校本科教学工作水平评估方案（试行）》，（教高〔2004〕21 号）。

其中，直接教育成本是指直接计入教学单位的各项支出之和，不含校部机关及后勤服务的费用。

该指标可以直接用以比较学校内部各学院（系）的成本效益，数值越低，投入资源的效益越高；反之，则相反。

3. 生均人员经费

生均人员经费＝高等学校人员经费/折合在校生人数

该指标既反映学校人员经费的使用效益，又反映学校对人员经费的投入力度。前者，数值越低，效益越高，反之，则相反；后者，数值越高，表明投入力度越大。

4. 生均公用经费

生均公用经费＝高等学校公用经费/折合在校生人数

该指标既反映学校公用经费的使用效益，又反映学校对公用经费的投入力度。前者，数值越低，效益越高，反之，则相反；后者，数值越高，表明投入力度越大。

5. 生均后勤服务费用

生均后勤服务费用＝高等学校后勤服务费用/折合在校生人数

该指标同样既反映学校后勤服务费用的使用效益，又反映学校对后勤服务经费的投入力度。前者，数值越低，效益越高，反之，则相反；后者，数值越高，表明投入的力度越大。

6. 生均能源费用

生均能源费用＝高等学校能源费用/折合在校生人数

其中，高等学校能源费用是水电费和热力费用之和。该指标反映能源使用效率。该指标既反映学校公用经费的使用效益，又反映学校对公用经费的投入力度。前者，数值越低，效率越高；反之，则相反。

7. 人均科研经费

人均科研经费＝高等学校科研经费/在编在岗职工人数

该指标反映平均每位在编在岗的教职工获得科研经费的数额，指标数值越高，表明科研绩效越好；反之，则相反。

8. 人均薪酬收入

人均薪酬收入＝高等学校员工薪酬总额/在编在岗职工人数

该指标反映平均每位在编在岗的教职工获得的薪酬收入数额，指标数值越高，表明学校对教职工的投入越多；反之，则相反。

（二）投入产出类指标

投入产出类指标是用特定的投入指标与特定的产出指标相比较而获得的指标，如

百元科研经费论文数、平均课时费、单位建筑面积供暖费和单位绿化面积用水费等。

1. 百元科研经费论文数

百元科研经费论文数 =（学校发表论文数/学校科研经费）×100

该指标表明学校投入每百元科研经费产出论文的数量，数值越高，成本效益越好。

2. 平均课时费

平均课时费 = 学校课时费支出总额/学校课时总数

该指标表明每一课时需要支付的费用（课酬）。该指标数值表明教师授课的小时报酬高低，既反映学校（院系）对教师绩效的投入水平，又反映按劳分配的水准。

（三）功效指数类指标

指数是一种表明不同项目在不同场合下变动情况的特殊相对数。功效指数类指标是投入产出类指标的分支，是用特定的投入指数与特定的产出指数相比较而获得的指标，如教育成本功效指数（教育成本指数与综合产出指数相比）、员工薪酬功效指数（员工薪酬投入指数与综合产出指数相比）和能耗功效指数（能耗指数与综合产出指数相比）等。

1. 教育成本功效指数

教育成本功效指数 = 综合产出指数/教育成本指数

综合产出指数 = 考核期综合产出得分/基期综合产出得分

综合产出得分 = 人才培养产出得分 × 人才培养权重 + 教学产出得分 × 教学权重 +
科研产出得分 × 科研权重 + 社会服务得分 × 社会服务权重

人才培养产出得分根据毕业生数等有关项目得分汇总，教学产出得分根据课时数、开课门数等有关项目得分汇总，科研产出得分根据科研课题、发表论文数等有关项目得分汇总，社会服务产出得分根据志愿者服务、专业培训等有关项目得分汇总。四个项目的权重根据学校发展规划及其工作重点分配确认，如人才培养 0.4，教学 0.3，科研 0.25，社会服务 0.05。

教育成本指数 = 考核期生均成本/基期生均成本

该指标反映教育成本的变化与综合产出变化之间的关系，在一定程度上说明教育投入对办学产出的作用。数值大于 1，表明教育投入对办学产出的效率在提高；数值小于 1，表明教育投入对办学产出的效率在降低。

2. 员工薪酬功效指数

员工薪酬功效指数 = 综合产出指数/员工薪酬指数

员工薪酬指数 = 考核期员工薪酬/基期员工薪酬

该指标反映员工薪酬的变化与综合产出变化之间的关系，在一定程度上说明员工薪酬增长对办学产出的作用。数值大于 1，表明员工薪酬增长对办学产出的效率在提高;数值小于 1,表明员工薪酬增长对办学产出的效率在降低。

3. 能耗功效指数

能耗功效指数 = 综合产出指数/能耗指数

能耗指数 = 考核期能耗总额/基期能耗总额

该指标反映能源消耗的变化与综合产出变化之间的关系,在一定程度上说明能源消耗对办学产出的作用。数值大于 1,表明能源消耗变化对办学产出的效率在提高;数值小于 1,表明能源消耗变化对办学产出的效率在降低。

本章思考题

1. 为什么说“绩效的实质是责任主体对达成组织目标的贡献”?
2. 试比较中国古代道、儒、法、兵、墨、释六家激励理论之异同。
3. 如果你是公司的负责人,你将采取哪些激励措施保证新(老)员工努力学习和工作?
4. 平衡计分卡是否适用于我国企业绩效考核? 为什么?
5. 试述医院、文物、体育、文艺等事业单位的根本目标、价值导向和绩效。
6. 学校所获得的所有者投资额(预算拨款)是否属于其绩效? 为什么?

本章参考文献

[1]国务院国有资产监督管理委员会. 中央企业负责人经营业绩考核暂行办法[EB/OL]. 国资委令第 30 号,2012-12-29.

[2]财政部,国家经济贸易委员会,中央企业工委,国家劳动保障部,国家计划发展委员会. 企业效绩评价操作细则(修订)[EB/OL]. 财统(2002)5 号,2002-02-22.

[3]中共中央、国务院. 关于分类推进事业单位改革的指导意见[EB/OL]. 中发〔2011〕5 号,2011-03-23.

[4]德鲁克. 管理实践[M]. 上海:上海译文出版社,1999.

[5]卡普兰,诺顿. 平衡计分卡战略实践[M]. 上海伯意门咨询有限公司,译. 北京:中国人民大学出版社,2009.

[6]黄卫伟. 以奋斗者为本[M]. 北京:中信出版社,2014.

[7]杨周复,等. 大学财务综合评价研究[M]. 北京:中国人民大学出版社,2002.

[8]杨世忠. 责权利关系定量分析初探[J]. 经济与管理研究,1997(1):29-34.

[9]杨世忠. 企业理财目标辨析——兼评李心合教授的“阴态理财目标”[J]. 会计之友,2012(2)上:7-8.

作业成本管理

本章要点

作业成本管理是对企业成本核算与分析的深化和对企业成本管理与预算管理的细化。本章介绍作业成本法及其作业成本管理的相关概念与方法。学习本章,要求学生熟练掌握作业划分的方法和作业成本的计算方法,能够结合实际对企业或事业单位进行价值链分析。

第一节　作业成本法概述

一、作业成本法的基本原理

(一)作业成本法的基本思想

作业成本法(Activity - Based Costing,ABC)是以作业为基本的成本计算对象,并将其作为汇总其他成本(如产品成本、责任中心成本或客户成本)基础的一种成本核算方法。

作业成本法的基本思想是在资源和产品或其他最终成本对象之间引入作业作为中介,其逻辑关系为:作业消耗资源,产品消耗作业;生产导致作业的发生,作业导致成本的发生。其具体逻辑关系如图 7 - 1 所示。

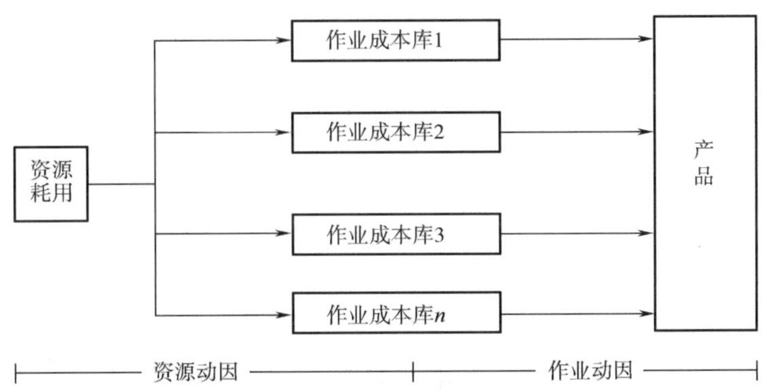

图 7 - 1　作业成本法基本原理

在作业成本法下,企业根据资源动因设置多样化作业成本库以归集成本,并采用多样化的作业动因分配成本,使成本的归集和分配,特别是间接费用的归集和分配更加明晰、更加科学,尽可能地避免了产品成本信息的扭曲。同时,作业成本法的实施使得企业关注成本发生的前因后果,从根源入手进行成本控制,并通过改进作业的效率得以优化企业的成本。

(二)作业成本法的基本概念

1. 资源费用

资源费用是指企业在一定期间内开展经济活动所发生的各项资源耗费。资源费用既包括各种房屋及建筑物、设备、材料、商品等各种有形资源的耗费,也包括信息、知识产权、土地使用权等各种无形资源的耗费,还包括人力资源耗费以及其他各种税费支出等。

2. 成本对象

成本对象亦称作业成本库,是指企业追溯或分配资源费用、计算成本的对象。成本对象分为最终成本对象和中间成本对象。最终成本对象是指最终的成本核算对象,如产品、服务或客户等;中间成本对象则主要是指在向最终成本核算对象归集和分配成本之前需要先行归集和分配成本的具有中间地位的成本核算对象。在作业成本法下,作业和作业成本库是中间成本对象的主体。

3. 作业

作业是基于一定的目的,以人为主体,消耗了一定资源的特定范围内的工作,是构成产品生产、服务程序的组成部分,如起动准备、购货订单、材料采购、物料处理、设备维修、质量控制、生产计划、工程处理、动力消耗、存货移动、装运发货和管理协调等。按消耗对象不同,作业可分为主要作业和次要作业。主要作业是指被产品、服务或顾客等最终成本对象消耗的作业;次要作业是指被原材料、主要作业等介于中间地位的成本对象消耗的作业。

4. 资源动因

资源动因是作业消耗资源的原因和方式,如原材料管理部门,按照不同的资源动因可以分为接收部件、接收原材料、分配部件和原材料。

5. 作业动因

作业动因是指各项作业被最终产品消耗的方式和原因,如对于上述原材料管理部门,上述三项作业的作业动因分别为部件接收次数、材料接收次数和生产批次数。

6. 成本动因

成本动因又称为成本驱动因素。一般而言,成本动因是诱发企业发生费用支出的一切因素,是由一系列与成本发生紧密相关并且具有可测量性的指标构成的,在作业成本法中占据核心地位。上述资源动因和作业动因构成了企业成本动因的主要内容。

7. 作业链

作业链是由不同的作业相互联系而形成环环相扣的一系列作业。按照美国哈佛大学教授迈克·波特(Michael E. Porter)的解释,企业的作业链可以大致分为两种类型:

基本作业和辅助作业。基本作业大致由内部后勤、生产经营、外部后勤、市场销售和售后服务构成;辅助作业大致由人力资源管理、技术开发、采购和管理基础构成。

8. 价值链及价值链分析

价值链是基于作业链形成的一系列价值增减环节。每一项作业在消耗资源的同时都要有特定的产出,资源消耗价值与产出价值的比较会形成正价值或负价值。资源消耗价值小于产出价值的部分是正价值,资源消耗价值大于产出价值的部分是负价值。企业通过对每一环节的价值投入产出分析,可以形成企业的经营决策:正价值环节需要巩固与强化,它会形成企业的核心竞争力;负价值环节需要改善或提升,它会成为企业自营或外包的选择项。图 7 - 2 就是波特的价值链分析框架。

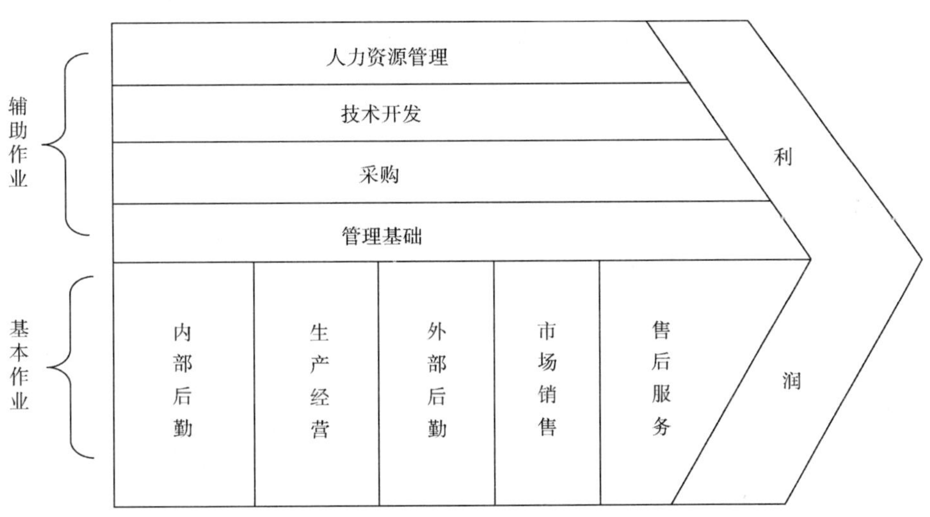

图 7 - 2 基于企业作业的价值链分析框架

资料来源:英国 ACCA 财会资格证书培训教材《企业分析》,北京三联书店,1997 年版,第 109 页。

二、作业成本法的基本步骤

作业成本法的应用一般包括资源识别及资源费用的确认与计量、分析确定最终成本对象、作业划分和认定、作业成本库或作业中心设计、资源动因选择与计量、作业成本汇集、作业动因选择与计量、作业成本分配和作业成本信息报告九个步骤。

(一)资源识别及资源费用的确认与计量

资源识别及资源费用的确认与计量是指识别出由企业拥有或控制的所有资源,遵

循相关会计制度的规定，合理选择会计政策，确认和计量全部资源的消耗所形成的费用，编制资源费用清单，为资源费用的追溯或分配奠定基础。资源费用清单一般应分部门列示当期发生的所有资源费用，其内容要素一般包括发生部门、费用性质、所属类别和受益对象等。

（二）分析确定最终成本对象

企业应根据成本核算和管理的需要并考虑预算控制、营运管理、业绩评价以及经济决策等方面的要求合理确定最终成本对象。

（三）作业划分和认定

对企业而言，作业是成本归集和分配的主要载体。因此，作业划分和认定前，应充分了解企业的经营和管理过程。在划分作业时，要考虑所选成本对象成本核算的需求，同时也要考虑数据采集难易程度与是否便于成本管理等方面的情况。在划分作业的基础上，企业开展进一步的作业认定工作。

作业认定是企业确认每一项作业完成的工作以及执行该项作业所耗费的资源费用，并据以编制作业清单的过程，其工作内容主要包括对企业每项消耗资源的作业进行识别、定义和划分，确定每项作业在生产经营活动中的作用、同其他作业的区别以及每项作业与耗用资源之间的关系。作业认定通常有两种形式：①根据企业生产流程，自上而下进行分解；②通过与企业每一部门负责人和一般员工进行交流，自下而上确定他们所做的工作，并逐一认定各项作业。企业一般需要将两种方式相结合，以保证将全部作业一一识别出来，并加以认定。企业对认定的作业应加以分析和归类，按顺序列出作业清单或编制出作业字典。作业清单或作业字典一般应当包括作业名称、作业内容、作业类别和所属作业中心等内容。

（四）作业成本库或作业中心设计

作业成本库的设计主要是指企业将认定的所有作业按照一定的标准进行分类，形成不同的作业成本库或作业中心，作为资源费用的追溯或分配的对象的过程。作业成本库或作业中心可以是某一项具体的作业，也可以是由若干个相互联系的能够实现某种特定功能的作业的集合。

企业可按照受益对象、层次和重要性，将作业分为五类，并分别设计相应的作业成本库或作业中心：①产量级作业，是指明确地为个别产品（或服务）实施的、使单个产品（或服务）受益的作业。该类作业的数量与产品（或服务）的数量成正比例变动，如产品加工、检验作业等。②批别级作业，是指为一组（或一批）产品（或服务）实施的、使该组

(或该批)产品(或服务)受益的作业。该类作业的发生是由生产的批量数而不是单个产品(或服务)引起的,其数量与产品(或服务)的批量数成正比变动,如设备调试、生产准备等作业。③品种级作业,是指为生产和销售某种产品(或服务)实施的、使该种产品(或服务)的每个单位都受益的作业。该类作业用于产品(或服务)的生产或销售,但独立于实际产量或批量,其数量与品种的多少成正比例变动,如新产品设计、现有产品质量与功能改进、生产流程监控、工艺变换需要的流程设计和产品广告等作业。④顾客级作业,是指为服务特定客户所实施的作业。该类作业保证企业将产品(或服务)销售给个别客户,但作业本身与产品(或服务)数量独立,如向个别客户提供的技术支持活动、咨询活动和独特包装等作业。⑤设施级作业,是指为提供生产产品(或服务)的基本能力而实施的作业。该类作业是开展业务的基本条件,其使所有产品(或服务)都受益,但与产量或销量无关,如管理作业、针对企业整体的广告活动等作业。

(五)资源动因选择与计量

资源动因是引起资源耗用的成本动因,它反映了资源耗用与作业量之间的因果关系。资源动因选择与计量为将各项资源费用归集到作业中心提供了依据。企业应识别当期发生的每一项资源消耗,分析资源耗用与作业中心作业量之间的因果关系,选择并计量资源动因。企业一般应选择那些与资源费用总额成正比例关系变动的资源动因作为资源费用分配的依据。

(六)作业成本归集

作业成本归集是指企业根据资源耗用与作业之间的因果关系,将所有的资源成本直接追溯或按资源动因分配至各作业成本库或作业中心并计算各作业总成本的过程。作业成本的归集应遵循两项基本原则:①对于为执行某种作业直接消耗的资源,应直接追溯至该作业中心;②对于为执行两种或两种以上作业共同消耗的资源,应按照各种作业中心的资源动因量比例分配至各作业中心。企业为执行每一种作业所消耗的资源费用的总和,构成该种作业的总成本。

(七)作业动因选择与计量

作业动因是引起作业耗用的成本动因,它反映了作业耗用与最终产出的因果关系,是将作业成本分配到流程、产品、分销渠道和客户等成本对象的依据。当作业中心仅包含一种作业的情况时,所选择的作业动因应该是引起该作业耗用的成本动因;当作业中心由若干个作业集合而成的情况时,企业可采用回归分析法或分析判断法,分析比较各具体作业动因与该作业中心成本之间的相关关系,选择相关性最大的作业动因,即代表

性作业动因，作为作业成本分配的基础。

按照作业动因的计量方式和计量单位的不同，作业动因可以分为以下三种：

（1）业务动因或交易动因：主要以作业发生的次数为计量单位，它假设每次作业消耗的资源是相同的，如生产准备次数、订单数量和设备调试次数。业务动因计量成本最低，但准确性最差。

（2）时间动因：以作业所耗用的时间作为计量单位，它假设单位时间的作业耗用的资源是相同的，如生产准备时间和生产调试时间等。时间动因计量成本较高，但准确性上升。

（3）直接动因或强度动因：以精细划分和计量的作业为桥梁，将产品耗用的资源直接进行归集，从而计算产品或劳务的成本。直接动因准确性最高，但是计量成本也最大。如果每次执行作业所需要的资源数量相同或接近，应选择业务动因或交易动因。如果每次执行作业所需要的时间存在显著的不同，应选择时间动因。如果作业的执行比较特殊或复杂，应选择直接动因或强度动因。对于选择的作业动因，企业应采用相应的方法和手段进行计量，以取得作业动因量的可靠数据。

（八）作业成本分配

作业成本分配是指企业将各作业中心的作业成本按作业动因分配至产品等成本对象，并结合直接追溯的资源费用，计算出各成本对象的总成本和单位成本的过程。作业成本分配一般按照以下两个步骤进行：

（1）分配次要作业成本至主要作业，计算主要作业的总成本和单位成本。企业应按照各主要作业耗用每一次要作业的作业动因量，将次要作业的总成本分配至各主要作业，并结合直接追溯至次要作业的资源费用，计算各主要作业的总成本和单位成本。有关计算公式如下：

次要作业成本分配率 = 次要作业总成本/该作业动因总量

某主要作业分配的次要作业成本 = 该主要作业耗用的次要作业动因量 × 该次要作业成本分配率

主要作业总成本 = 直接追溯至该作业的资源费用 + 分配至该主要作业的次要作业成本之和

主要作业单位成本 = 主要作业总成本/该主要作业动因总量

（2）分配主要作业成本至成本对象，计算各成本对象的总成本和单位成本。企业应按照各主要作业耗用每一次要作业的作业动因量，将次要作业成本分配至各主要作业，并结合直接追溯至成本对象的单位水平资源费用，计算各成本对象的总成本和单位成本。有关计算公式如下：

某成本对象分配的主要作业成本 = 该成本对象耗用的主要作业成本动因量 × 主要作业单位成本

某成本对象总成本 = 直接追溯至该成本对象的资源费用 + 分配至该成本对象的主要作业成本之和

某成本对象单位成本 = 该成本对象总成本/该成本对象的产出量

(九)作业成本信息报告

作业成本信息报告的目的是通过设计、编制和报送具有特定内容和格式要求的作业成本报表,向企业内部各有关部门和人员提供其所需要的作业成本及其他相关信息。作业成本报表的内容和格式应根据企业内部管理需要确定。作业成本报表提供的信息一般包括九项内容:①企业拥有的资源及其分布以及当期发生的资源费用总额及其具体构成的信息;②每一成本对象总成本、单位成本及其消耗的作业类型、数量及单位作业成本的信息,以及产品营利性分析的信息;③每一作业或作业中心的资源消耗及其数量、成本以及作业总成本与单位成本的信息;④与资源成本分配所依据的资源动因以及与作业成本分配所依据的作业动因相关的信息;⑤资源费用、作业成本以及成本对象成本预算完成情况及其原因分析的信息;⑥有助于作业、流程、作业链(或价值链)持续优化的作业效率、时间和质量等方面的非财务信息;⑦有助于促进顾客价值创造的有关增值作业与非增值作业的成本信息及其他信息;⑧有助于业绩评价与考核的作业成本信息及其他相关信息;⑨上述各类信息的历史或同行业相比较的信息。

三、作业成本法与传统成本核算方法的比较

(一)应用范围不同

作业成本法从其产生到目前在企业的应用都是在其适用范围内进行的,适用范围大致为:①产品多样性程度明显提高时;②当间接制造费用在成本中所占比重较大时;③产品生产工艺复杂多变、经常发生调整准备成本。目前,我国大多数劳动密集型企业都是采用传统成本计算方法,而技术密集型企业正在越来越多地使用作业成本法。

(二)计算特点不同

由于作业成本法的指导思想是产品消耗作业、作业消耗资源,因此,计算过程可分为四步:第一步,将直接成本直接对应于相应的产品与项目,计入产品、项目成本;第二步,将间接成本在各项作业中耗费的资源分配到各项作业,根据作业成本动因计算作业成本分配率,如耗用的工时、强度等;第三步,根据作业成本分配率和产品组件所消耗的作业数量,将作业成本归集到产品组件;第四步,将产品组件的成本对应于各相关产品与项目。传统的成本计算方法是:首先将直接成本对应到产品,同时将制造费用对应到生产部门(如车间);然后以工时为主要的分配标准,将制造费用分配到产品中去。

通过上述比较可以看出,传统成本核算方法在间接费用分摊方面比较便捷,而作业

成本法则根据资源动因设置多样化作业成本库以归集成本，并采用多样化的作业动因分配成本，使成本的归集和分配，特别是间接费用的归集和分配更加明晰、更加科学，尽可能地避免了产品成本信息的扭曲。

（三）作业成本法在管理上更具有优势

与传统成本法相比，作业成本法在管理上的优势主要体现在三个方面：①作业成本法能够提供更加准确的有关产品、服务、分销渠道、客户以及作业、流程和作业链（或价值链）等方面的成本信息和其他相关信息。这些信息既有助于企业提高定价和资本性决策的正确性，又可使原来无法做出的作业与流程改进、分销渠道和顾客服务等决策成为现实，促进资源配置效率和顾客价值的创造。②作业成本法的应用可以使企业取得对成本习性及其动态与特征以及成本动因的更加全面、深入的认识和理解，有助于改善和强化成本控制，提高成本控制的有效性，促进绩效管理的不断改进和完善。③作业成本法能够提供全口径、多维度、更准确的财务与非财务信息，有助于企业提升其战略规划能力，推进作业基础预算，使预算更加详细和准确，提高作业、流程和作业链（价值链）管理的能力。不过，作业成本法在应用过程中，在部分作业的识别、划分、合并与认定、成本动因的选择以及成本动因计量方法的选择等方面均存在较大的主观性，操作较为复杂，开发和维护费用较高等缺陷。

第二节　作业成本法在经营决策和管理中的应用

一、作业成本法在成本习性分析中的应用

传统成本习性是指成本总额与产量（或产值，或销量或销售额）之间的依存关系。按照依存关系的不同，成本分为固定成本和变动成本。固定成本又可进一步细分为约束型固定成本和酌量型固定成本；变动成本则可进一步细分为技术型变动成本和合约型变动成本。

在实际经济生活中，有很多间接成本费用项目的直接成本驱动因素并不是产量或销量。换句话说，这些费用项目（如生产调整准备成本）与产量或销量之间并不存在直接的依存关系，如果硬性地按与产量或销量之间的依存关系区分为变动成本和固定成本，势必会扭曲企业资源的消耗原因和方式。因此，在间接费用占有较大比例的企业

中,传统成本习性模型就不再适用,而需要运用 ABC 成本习性模型。

ABC 成本习性模型是指以作业为基础,按照成本费用项目与驱动其发生的作业之间的依存关系所确定的成本习性模型。作业成本法改变了传统成本习性的定义,将成本按照成本动因划分,使许多过去不随短期产量变动的间接费用也能够分配到产品中去,使成本的可归属性增强,这时的"固定成本"的大多数就不再固定,而是作为长期变动成本随成本动因变化。作业成本法通过选取成本动因,清晰地将这些间接费用和相应的作业联系起来,指明了影响成本动因的决策如何对成本起作用。由此,决策者可直接了解间接费用成本的细节,更清晰地明确间接费用成本发生的原因,从而他们可以实施更有效的过程成本控制。同时,以这种方式,在给定了管理决策所影响的作业成本动因的前提下,作业成本法还有助于取得未来的成本信息。

二、作业成本法在经营决策中的应用

作业成本法使得产品成本计算有着较高的精确性,从而提高了信息的可靠性。同时,该方法以长期变动成本作为长期决策的相关成本,因此作业成本法的成本信息将有助于企业的决策。具体来讲,作业成本法在企业决策领域的三个关键方面可以提供帮助。

(一)产品定价决策

成本是影响产品价格变动的一个基本要素,要获得一个准确的产品定价,必须首先确保产品成本计算的准确。作业成本法按照各产品所消耗的作业量比例分配到产品成本中,使得产品成本更加真实、更直接地反映产品的实际生产耗费情况,由此决定的产品价格比传统成本制度更为合理有效。

(二)降低产品成本

在作业成本法计算中,通过引入成本动因的概念,使得企业在降低产品成本方面有了明确的方向。从量的角度,通过分析资源动因和作业动因,可以把握成本控制的方向,不至于使成本控制毫无目标。对资源动因的剖析可以提供资源耗用的线索,找出资源被浪费的原因,以便采取措施节约资源,达到控制成本的目的。同时,对不同的作业,可将它们所归集的实际成本和预算成本进行比较,区分浪费资源的作业和节约资源的作业,将成本控制的作用发挥得更加充分。另外,还可从效率和增值的角度分析作业的业绩,以促进成本的降低和优化。

（三）通过增产或减产改变产品的范围或结构

企业在考虑产品范围或结构是否合理时，需要了解增加、保留或取消某种产品对短期和长期成本的影响。传统的成本决策是建立在变动成本法之上的，决策时往往侧重考虑短期变动成本，而将固定成本排除在相关成本之外。作业成本法将长期变动成本作为相关成本，一部分与产量无关而与作业量相关的固定成本也被列入决策方案的考虑因素中，从而使决策分析过程更为全面、科学，防止企业因片面追求当期利益而忽略长远发展。

三、作业成本法在企业预算管理中的应用

作业基础预算（Activity – based Budget，ABB）是以作业成本法为基础、以企业价值增值为目的的预算管理形式。它是在作业分析和业务流程改进的基础上，结合企业战略目标和据此预测的作业量，确定每个部门的作业所发生的成本，并运用该信息在预算中规定每一项作业所允许的资源消耗量，据以实施有效的控制以及绩效的考评。作业基础预算的实施，对企业管理有着重要的现实意义。

（一）提升预算编制整体的准确度，实现资源优化配置

企业编制以作业为基础的预算，在优化产品成本预算管理的基础上，同时为资本预算也提供了一个较为准确可靠的预算基础，从而提升了预算编制整体的准确度。传统的企业预算以部门为基础编制各种预算，只能将责任追溯到部门，难以再继续深入，致使企业预算与资源管理系统难以结成一体。而在作业成本法下，企业的各种预算以作业编制，可以消除无效作业，充分挖掘现有的人、财、物等企业资源的潜力。

（二）增加预算执行过程的可控性

作业基础预算的编制，在相对准确地提供成本信息的同时，还能将责任具体落实到任何发生作业的部门和个人，在实现资源最优化的目标过程中，为预算执行与控制提供依据。在内外部环境没有较大变化的情况下，企业预算管理部门只需依据当期预算的资料控制各生产作业环节即可。而作业中心和个人也可依据获批的预算进行工作，整个工作环节都在控制之中，有利于企业预算目标的顺利实现。如果执行过程中某环节出现了问题，也可以有针对性地加以分析改进。

（三）为合理的奖惩制度奠定基础，有利于发挥员工的工作能动性

合理的奖惩制度是企业发展的重要制度保障。各作业中心负责人和各项作业的承

担者愿意并努力完成预算目标,除了企业文化熏陶之外,主要是对奖惩制度的遵守。预算的准确度提升,会提高员工薪酬的合理性,从而调动员工的积极性。

四、作业成本法在企业价值链管理中的应用

从价值链成本角度分析,对产品设计开发的投入,决定着公司创新的动能和未来产品垄断地位的确立。调节成本在产品定义、设计、开发和服务运行之间的分布,注重在产品设计和产品开发阶段对产品质量的优化,识别产品各阶段的资源使用情况,精简无附加价值的环节,提升运作部门的运作效率,以期减少在服务运行环节为产品改进和处理客户投诉等投入的成本。通过持续改进等措施,应用作业成本信息,可以识别和消除价值链中的浪费及非增值型作业,并可借助价值链成本结构的分析来管理价值流与信息流,其目标是为最大限度地降低企业管理和运营成本,减少企业生产所消耗的资源。同时,分析产品成本结构,评价成本费用投入是否与战略规划一致,衡量成本投入所产生的效益,可以帮助企业在发展和升级进程中,通过对价值链环节资源配置和成本控制的有效管理,获得战略和战术上的优势,增强竞争力。

第三节　作业成本法应用过程中需注意的问题

一、作业成本法的适用对象

作业成本法适用于规模较大、间接费用占比重相当大、产品的种类繁多、各产品的技术层次不同的企业。针对企业对成本精细化管理的需求,作业成本法提供的产品成本信息较为准确,更有利于企业进行产品决策和盈利能力分析。从价值链分析入手,确定非增值作业和增值作业,在此基础上选择最佳的作业,尽量消除非增值作业,降低非增值作业成本,提升必要作业的质量和效率,从而降低产品整体的成本,提高作业的执行效率。

二、合理选择和确定成本动因

成本动因是作业成本法的核心内容,成本动因确定的合理性直接关系到作业成本法的运用效果。正确选择和确定各项作业的成本动因,按成本池进行归集是成功实施作业成本法的关键。在实际工作中,合理选择和确定成本动因并没有那么容易。选择

成本动因时如果过于注重可获得性和可操作性，归集的成本信息就会不准确。但是，如果选择成本动因时过于注重准确性和精细化，又会加大实施的成本，甚至有可能大于实施 ABC 产生的利益。要解决这一矛盾，企业需要对各项作业进行深度分析，选择正确和合适的成本动因，确定正确的归集作业成本的方法，同时尽量保持确认各项作业的方法和成本动因的确认方法的一贯性。

三、构建有效的项目组织

实施作业成本法需构建一支高素质、具备扎实的技术知识和高效沟通能力的项目团队。作业成本法的有效实施必须得到单位最高领导层和有关部门领导的认可与支持。作业成本法的实施是一个复杂的过程，目前企业中相当一部分员工还未正确认识作业成本法，不了解作业成本法的使用方法、理论知识及其重要性，以至于使用作业成本法的积极性不高。因此，应号召企业全体员工积极参与，加强对员工的培训及教育，通过培训使员工准确且全面地把握作业成本法的相关内容，认识作业成本法应用的重要性，从而更加积极地参与到作业成本法系统的设计与运用中。

四、成本效益原则

实施作业成本法最主要的效益，是使管理层清晰企业的成本结构、引发成本的各种作业活动及整个生产链条中的资源消耗情况，进而提升整个作业链条的效率和价值，改进增值作业，消除非增值作业。但是，实施作业成本法的成本也较高：一方面，从成本核算的角度看，实施作业成本法需要具备高素质的信息系统管理人员和财务人员；另一方面，为了正确确认各项作业，需要分析大量的作业，从而选择最合适的成本动因。可见，作业成本法的实施费用比传统成本计算方法要高很多。

企业管理者需谨慎考虑投资实施作业成本法是否值得，在决定实施时需要确定合理的实施路径和实施重点。针对生产链条复杂的企业，在数十种作业中，需要考虑重要性原则和成本效益原则，没必要对所有的作业逐项分析。企业可以只分析对企业价值比较重要、对顾客增值的作业。企业实施作业成本法的最佳目标，是设计一个能保证成本精确度能够达到企业管理层满意的程度，同时投资较少、相对简单及相对合理的作业成本核算制度。

本章思考题

1. 为什么说采用作业成本法计算的产品成本更准确？
2. 作业成本法与传统的间接费用分配法有何不同？

3. 作业成本法与价值链分析有何联系？

4. 为什么说通过价值链分析可以找到企业的核心竞争力所在或成为企业自营与外包的选项？

5. 在波特的价值链分析框架内如何进一步细化价值链？

6. 试述作业成本管理与预算管理的关系。

本章作业题

1. 作业成本法计算案例

某企业生产 A、B 两种产品，当期发生制造费用 1 000 000 元，耗费生产工时 1 600 000（A 产品耗用 300 000 小时，B 产品耗用 1 300 000 小时）；A 产品产量 100 000 件，B 产品产量 200 000 件；耗费机器工时 100 000（A 产品耗用 40 000 机器小时，B 产品耗用 60 000 机器小时）；搬运原材料 1 000 次（为 A 产品搬运 600 次，为 B 产品搬运 400 次）；调整准备生产线 400 次（A、B 产品各半）；下达工程指令 160 次（A 产品 100 次，B 产品 60 次）。试用作业成本法计算成本。

2. 对某单位或部门的作业进行细分并作相应的价值链分析。

本章参考文献

[1]杨世忠．管理咨询[M]．北京：首都经济贸易大学出版社，2003.

[2][美] 罗伯特·S. 卡普兰，安东尼·A. 阿特金森．高级管理会计（第 3 版）[M]．吕长江，译．大连：东北财经大学出版社，2012.

[3][美]格莱·M. 库金斯．作业成本管理：成本会计制度的创新[M]．谭军，等译．沈阳：辽宁人民出版社，2000.

[4]王平心．作业成本计算理论与应用研究[M]．大连：东北财经大学出版社，2001.

[5]潘飞，王悦，周琳．作业成本系统的设计[M]．上海：立信会计出版社，2017.

国际与战略管理会计

本章要点

本章在跨国公司管理控制系统的框架下介绍国际管理会计的基本概念及其特点、跨国公司的战略管理会计和资本预算、跨国公司预算管理和业绩评价。学习本章,要求学生深入认识跨国公司在国际经营环境中开展国际管理会计的重要性和主要侧重点;熟悉跨国公司战略管理的基本流程和主要战略性管理会计工具的运用;掌握跨国公司资本预算的特点和运用时应注意的问题;深入认识和掌握跨国公司预算管理的特点及对汇率问题的考虑和处理;熟悉跨国公司业绩评价系统的构建及实施中应注意的问题。

第一节　跨国公司的管理控制系统与国际管理会计

国际管理会计亦称跨国公司管理会计，它是随着跨国经营活动的兴起，将现代管理会计的基本原理和方法与跨国经营活动的环境和条件相结合而形成的管理会计的新领域。由于跨国公司是进行跨国经营活动的主体，因此，国际管理会计又可以简单地定义为跨国公司在进行跨国经营活动中所应用的管理会计。当前，随着经济全球化和信息时代进程的日益深入和推进，跨国公司面临的竞争日益激烈，为提高管理效益，跨国公司对国际管理会计的应用也日益深入。根据国外有关跨国公司应用国际管理会计情况的调查研究显示，全球性市场的形成和知识传播速度的加快，使得各国跨国公司的国际管理会计实务不断趋同，并成为其管理控制系统中不可或缺的基础性组成部分。为了能够对国际管理会计的职能和内容有一个更清晰、更完整的认识，本章对国际管理会计的论述将尝试放在跨国公司管理控制系统这一框架中进行。

管理控制系统(Management Control System)是指将各种管理工具有机地结合在一起，以计划为基础，以业绩评价和激励为导向，帮助和协调组织内部的决策行为，促使组织内所有个体在实现公司整体目标这一方向上发挥自己的管理努力，最终达到以最有效率和效果的方式实现公司目标这一管理效果的系统。图 8 - 1 是跨国公司管理控制系统的典型模型。

从图 8 - 1 看出，设计一个良好的管理控制系统要把握五个关键点：①企业要跟踪内外部环境的变化，通过战略分析和战略规划确定公司的目标体系，进而制定相应的战略实施方案，并将其贯彻到日常的经营管理中；②建立与企业的目标实现和战略实施相适应的组织结构，按照促进目标一致和管理努力的原则划分各类责任中心，同时要明确各责任中心的经营规则和授权范围；③完善业绩评价指标体系和预算管理体系，并建立适当的激励机制；④建立并完善管理信息系统，为管理控制系统奠定良好的信息基础；⑤维护企业的关键成功因素和核心竞争力。

管理会计作为会计领域中与财务会计相并列的一个独立分支，是专门为企业内部管理服务的一个会计系统，它通过提供信息执行反映职能；通过计划、控制、考核激励和决策支持提供管理职能。它既是一种财务性的经济信息系统，同时又是一种服务性的管理活动。通常，管理会计工作可以被划分为八大领域：成本计算系统、成本规划与控

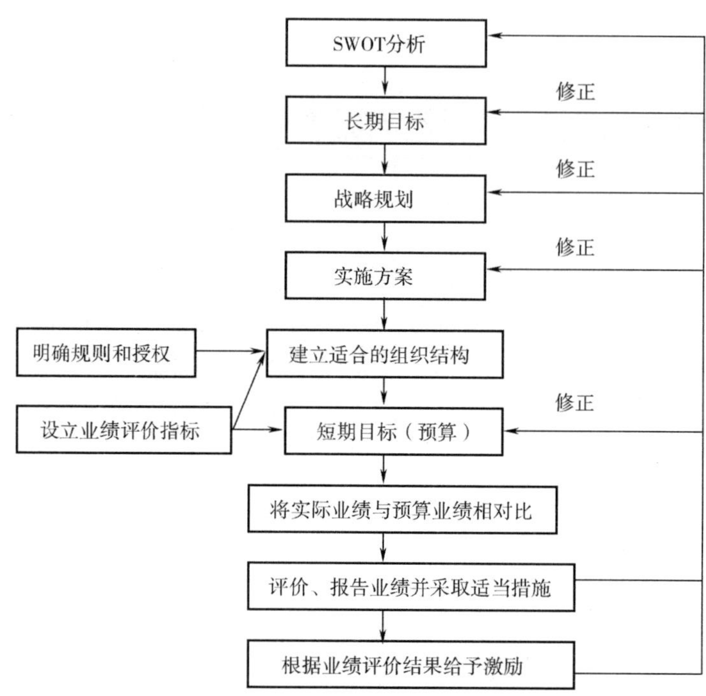

图 8－1　跨国公司管理控制系统的典型模型

制、年度经营预算、经营绩效的衡量与评价、转移定价、会计信息系统的运行与改进、资本预算和风险控制。近年来，随着战略管理的兴起，战略管理会计也随之出现，相应的管理会计的工作领域又增加了战略决策支持。很明显，管理会计的职能和其主要工作领域决定了管理会计系统是管理控制系统中不可或缺的部分，并贯穿了管理控制流程的始终，在一定程度上可以认为是管理会计系统构成了管理控制系统的主体。对于一个企业而言，应有意识地在管理控制系统的框架下认识和开展管理会计工作，将各种管理会计工具有机地整合在一起，使之系统化，为提高管理效益、实现企业整体目标服务。

对跨国公司而言，由于需要在许多国家和地区设立分支机构和子公司从事跨国经营活动，这使得跨国公司所面临的内外部环境和条件与单纯的国内企业相比都更加复杂和多变，这就决定了跨国公司的管理控制系统与一般企业相比具有独到的特点，主要表现在以下五个方面：

一、跨国公司的管理控制系统要充分考虑经营环境的国际化和多元化

管理控制系统立足于管理者的行为和决策，而任何管理行为和决策都是与所面对

的经营环境密切相关的,同一经济事项在不同的环境中可以有不同的决策。与单纯的国内经营企业相比,一方面,跨国公司面对的是国际化的经营环境,而国际化经营在为公司发展带来巨大空间和潜力的同时,又使企业的经营风险、财务风险和管理风险空前加大,如何在国际经营环境中做到趋利避害是公司跨国经营必须面对的一个新课题;另一方面,跨国公司还要面对经营环境的多元化,各国不同的政治、经济、文化、社会、法律甚至地理环境都会影响其各级管理者的管理行为和决策,如何促进他们的目标一致和管理努力也是跨国公司应着重解决的问题。因此,跨国公司的管理控制系统不能单纯地照搬国内企业的管理控制模式,而是要以全球化的视角,充分考虑经营环境国际化和多元化的实际情况,设计一整套灵活、有效的管理控制系统,以保证跨国公司整体目标的顺利实现。

二、跨国公司的管理控制系统要注意对分支机构的内部治理

为了提高决策的效率和效益以及提高管理者的积极性,大多数跨国公司对其在国外所设的分支机构往往采取分权管理。然而,分权管理也是有代价的,其中代理问题的凸显便是主要代价之一。代理问题是指分支机构的管理者在进行决策时不能做到以公司的整体利益最大化为判断基准,有时甚至做出以牺牲公司的整体利益换取局部利益最大的决策,即所谓的“逆向选择”, 或者在具体工作中不能做到为公司的利益竭尽全力,即所谓的“道德风险”。上述代理问题由于跨国公司的分支机构与公司总部之间的距离差异的扩大而显得更加突出。解决由分权所引发的代理问题的关键是设立和完善有效的公司内部治理机制,而公司内部治理机制完善的关键又在于管理控制措施的实施,包括授权系统、会计信息系统、动态监控和公正有效的业绩评价等。因此,跨国公司在设计和完善管理控制系统时,要将对分支机构的内部治理作为一个着重考虑的因素。

三、跨国公司的管理控制系统要注意实施战略管理

战略管理是根据企业所处的环境条件(包括外部环境和内部能力)确定企业发展方向和目标,并给予实施的整个管理过程。在当前变化迅速和竞争残酷的经营环境中,企业不能坐等变化的发生,而必须努力预测可能发生的变化,并采取适当的战略应对变化,消除对企业的威胁,抓住提高企业竞争地位的机会,这对面临经营环境国际化和多元化的跨国公司而言尤其重要。另外,战略管理是以战略目标为核心的管理系统,这对立足于促进目标一致和管理努力的跨国公司管理控制系统而言是至关重要的。如何通过内外部环境分析合理地制定战略管理目标体系,并通过预算管理和业绩评价将其贯彻到公司的跨国经营中是当今跨国公司管理控制系统能否实施成功的关键因素之一。

四、跨国公司的管理控制系统要特别注意通货膨胀和汇率变动的影响

母公司现金流最大化是跨国公司的主要管理目标之一，且管理控制系统的实施主要借助于货币化的综合性指标进行，因此，各分支机构所在国的货币对母公司所在国货币的汇率变动情况是管理控制系统的重要限制因素。汇率变动不仅会影响母公司的现金流，也会通过汇率变动损益影响公司的整体利润，更会给跨国公司总部对其分支机构的预算管理、业绩评价和报表合并带来影响，采用不同时点的汇率编制出的预算、合并报表和业绩评价结果会有较大的区别。另外，由于各国经济发展情况和货币政策不同，各国的通货膨胀情况也不一样，而通货膨胀又会与本国货币利率变动一起严重影响本国货币汇率的稳定，并且在严重通货膨胀的国家，企业的财务状况和经营成果信息会受到严重的扭曲，严重影响管理控制系统的有效实施。

五、跨国公司的管理控制系统既要注意防范风险，又要利用国际经营的有利条件提高公司效益

随着经营环境的变化和管理幅度与难度的加大，跨国公司的经营风险、财务风险、投资风险、外汇风险和管理风险都会显著加大，这就需要管理控制系统采取适当的机制和管理措施抵御和防范这些风险。与此同时，跨国公司还要注意利用国际经营的有利条件提高公司效益，如利用各国税制和税率的不同，通过合理设置国际转移价格促进公司效益最大化，这也是跨国公司管理控制系统应着重考虑的问题。

与跨国公司管理控制系统的特点相适应，跨国公司所应用的管理会计即国际管理会计。与单纯国内企业的管理会计相比，国际管理会计虽然在基本原理和所使用的工具方面没有本质的区别，但在具体应用和侧重点上会有所不同，主要表现在三个方面：①注重对战略管理的支持和对战略方案的贯彻；②在预算管理和业绩评价时特别注重通货膨胀和汇率变动的影响；③对所面临的一些特殊问题的处理，如外汇风险管理、国际转移价格定价系统、对国外子公司的内部治理以及全球管理信息系统的规划与建立等。

第二节　跨国公司的战略管理会计和资本预算

近年来国外的调查研究表明，跨国公司的管理会计师在支持公司战略管理的工作

中投入了越来越多的时间和精力，并且已经形成了战略管理会计这一管理会计的新领域。这说明，战略管理为跨国公司所重视，而相应的管理会计工作也随之发生了扩展和改变。

一、跨国公司战略管理的流程和层次

跨国公司的战略管理是一个完整的系统活动过程，它是以战略作为纽带，将企业的各项活动有机地联系在一起，以共同实现企业的战略目标。一般情况下，战略管理全过程可以分为"战略分析""战略选择""战略实施""战略控制和评价"四个部分（见图 8－2）。

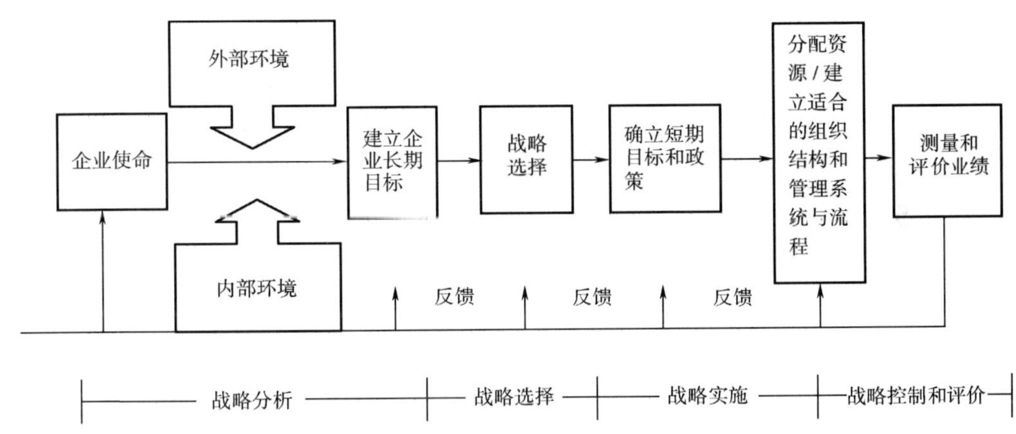

图 8－2　战略管理流程

跨国公司的战略一般分为三个层次：公司层战略、业务层战略（或地区层战略）和职能战略。公司层战略是跨国公司最高管理层为整个企业确定的长期目标和发展方向，首要立足点在于为公司股东创造最大化价值，其主要任务是确定企业的业务组合及各类业务在组合中的地位和作用。业务层战略又称为竞争战略，即由各业务管理中心根据公司层战略决定的业务组合和各业务的地位及发展方向，以实现公司总体战略目标为方向，以取得竞争优势为核心，确定本业务的具体竞争方式和资源使用重点。业务层战略是跨国公司战略管理的核心。职能战略又称为职能支持战略，它是按照公司层战略（当职能活动由公司管理层直接领导时）或业务层战略（当职能活动由业务单位直接领导时）对职能活动的发展方向进行的策划和对职能活动进行管理的计划，其作用在于使公司层战略或业务层战略的内容得以通过各项职能活动而具体落实，并实现与某特定业务有关的职能之间的协调。

二、战略规划的重要工具:SWOT分析

进行战略管理,特别是在战略规划选择阶段,需要运用一些经验模型和工具,其中SWOT分析是比较常用的,并且也是运用其他模型和工具的逻辑思维基础。

SWOT分析模型的基本原理是通过对企业内部能力中的优势(Strength)和劣势(Weakness)以及外部环境中的机会(Opportunity)和威胁(Threats)四个因素的组合分析选择企业战略。其理论基础是有效的战略能够最大限度地利用内部优势和环境机会,同时使内部弱势和环境威胁的负面效应降到最低。

优势、劣势和机会、威胁是SWOT分析的四个基本要素。优势是指企业相对于竞争对手而言所具有的资源、技术、产品、管理或其他方面的优势,反映了企业具有竞争力的特殊实力;劣势是指企业相对于竞争对手的弱势,或严重影响企业经营效率和效益的资源、技术能力方面的限制;机会是指企业经营环境中的重大有利形势和发展机会,它为企业的进一步发展或改变现状提供了空间和余地;威胁是指环境中的重大不利因素,它构成了企业经营发展的约束和障碍。通过对优势、劣势和机会、威胁四个因素的组合分析,可以形成SWOT矩阵(见表8-1)。

表8-1 SWOT分析框架

内部能力 外部环境	S(优势)	W(劣势)
O(机会)	SO类战略: 利用企业的内部优势,尽可能地利用外部环境机会	WO类战略: 通过克服弱势利用外部环境机会
T(威胁)	ST类战略: 利用企业的内部优势,尽可能使外部威胁最小	WT类战略: 使内部弱势尽可能缩小,同时尽量避免外部威胁

SWOT分析集中体现了战略管理的精髓,即以企业所面临的内外部环境为依据,通过对优势、劣势和机会、威胁的组合分析,根据战略目标,提出选择相应的战略方案的思路和合理的战略框架,这一思想可以运用到任何层次的战略规划中去。但是,由于内部能力上优势和弱势的表现以及环境机会和威胁是多种多样的,而且优势和劣势与机会和威胁的组合又是多种多样的,所以SWOT分析只能提供战略规划和选择的大概思路与框架,在具体制定某项战略时,还要根据具体的情况,在SWOT分析基本原理的基础上,进一步地将因素具体化,并结合具体的战略模型进行。

三、为战略管理提供决策支持的会计:战略管理会计

管理是以信息为基础的,战略管理自然也不例外。回顾战略管理的流程,无论是战略分析、战略选择,还是战略实施和实施业绩评价都离不开信息的支持。在企业中,信息来源的渠道有多种,其中,会计信息由于具有综合性、全面性和科学性等特点而成为决策支持信息的主要组成部分。在会计领域中,财务会计主要是为企业外部利益相关者服务的,而面向企业内部管理者的是管理会计。其中,为战略管理服务的管理会计被称为战略管理会计。

战略管理会计是一门新兴的学科,对于它尚未有一个统一、准确的定义。不过有一点是达成共识的,即与传统管理会计相比,战略管理会计突破了其基础性和内向型的特点,而转向主动性和外向型。具体来讲,战略管理会计以实现企业战略目标为核心,通过对传统管理会计的改进和战略型管理会计工具的运用,既提供外部环境中具有战略相关性的外向型信息,又对企业内部信息进行重新加工,使之具有战略相关性,并在管理控制系统的设计和执行过程中积极配合企业战略的实施,使企业战略目标得以顺利实现,企业的长期竞争优势得以保持。有一点需要指出的是,战略管理会计与传统管理会计之间不是否定与被否定的关系,而是继承与发展、相互补充的关系。

管理会计是各种管理会计工具的有机组合。对战略性管理会计来说,它所运用的管理会计工具应具有战略相关性这一特征,图 8 –3 反映了目前企业在进行战略管理时的常用工具。

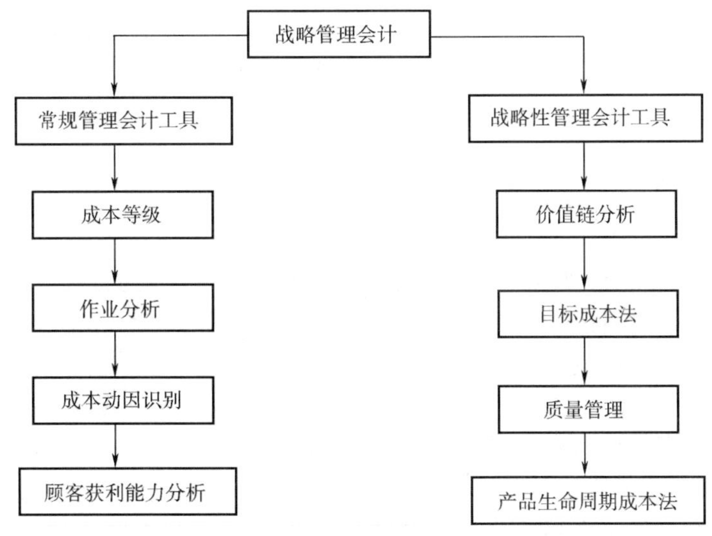

图 8 –3　战略性管理会计常用的工具

从图 8－4 可以看出，目前比较流行的战略管理工具除了包括以成本信息的加工和处理为基础、以产品成本核算和管理为主要内容的常规管理会计方法外，还包括一些战略性管理会计工具。与常规管理会计工具相比，战略性管理会计工具最大的特点在于将成本与企业的战略管理和竞争优势联系起来，使之能够满足战略分析、选择和实施的需要，以保证企业取得竞争优势。下面以价值链分析和目标成本法的应用为例进行说明。

价值链分析法是美国战略管理专家迈克·波特最先提出来的。该方法将企业视为由一系列相互关联的活动按发生的时间和所起的作用而链结成的共同为顾客创造价值的集合体。在这个“链条”中，每一个活动都应是创造价值的活动，而企业的竞争优势就来源于企业能比竞争对手成本更低、更有效地完成那些具有战略意义的价值创造活动。在运用价值链分析时，首先要确定企业价值链的构成。一般情况下，在为企业创造价值的活动中，按照其发挥作用的不同，可以分为基本活动和支持活动两种：基本活动是指贯穿于产品或服务的整个形成和运动过程中的直接为顾客创造价值的活动，包括生产前准备活动、生产活动、生产后准备活动、营销和促销活动及服务活动；支持活动是指为基本活动提供支持和服务的活动，它们虽然不直接为顾客创造价值，但是是顺利开展基本活动所不可缺少的，主要包括行政管理活动、财务管理活动、人力资源管理活动、技术管理活动和采购活动等。在基本活动和支持活动分类的基础之上再结合“作业”分析就可以确定企业价值链的构成。价值链构成确定后下一步的工作就是优化价值链，优化的方法主要有两种：一是从为顾客创造价值这一角度区别哪些活动是“增值”活动，哪些活动是“非增值”活动，对于“增值”活动要进行优化，提高其效率和效益，对于“非增值”活动通过业务流程再造等方法使其最小；二是将该项活动的实际成本与其所创造的价值进行对比，如果成本小于其所创造的价值，说明该项活动为企业带来的是正价值，反之则说明该项活动为企业带来的是负价值。在对比时，关于该项活动创造的价值，既可以选择同样活动的市场交易价格，也可以选择竞争对手相应活动的成本，或者该项活动的预算成本。一般情况下，企业应该保留为企业提供正价值的活动并予以强化，而对提供负价值的活动则可以考虑出售，或者做出相应的改进。上述主要是企业内部价值链分析，如果将其放到整个产业链中，把供应商和客户的价值链也考虑进来，就会扩展成为产业价值链分析。价值链分析法一方面有助于企业在战略分析时进行内部能力分析，确定企业内部目前存在的及潜在的优势和弱势；另一方面也有助于确定企业的内部关键要素，继而有助于战略的选择和实施，以优化企业价值链，保持企业的竞争优势。同时，产业价值链的分析会有助于企业确定在整个产业链中的位置，有助于企业与供应商和客户资源之间的整合与优化。所以，价值链分析法被认为是进行战略管理的非常有效的工具。

在运用价值链分析法时,需要对传统的管理会计进行改变。具体来说,传统管理会计的改变主要有以下两个方面:

第一,改变传统的成本核算方法,应用作业成本法。从上述分析可以很明显地看出,价值链分析需要的是各项活动(作业)的成本信息以及基于整个价值链的产品成本信息(既包括制造成本又包括非制造成本),而以归集产品制造成本为目的、以主观分配间接制造分配费用为主要特征的传统成本核算方法是无法满足此信息要求的,而需应用作业成本法。

第二,改变传统的单纯围绕企业各分支机构和责任中心提供信息的状况,还要提供围绕价值链管理的信息。企业分支机构和责任中心的划分与设置受很多因素的影响,不一定能与价值链管理的要求保持完全一致,因此,要想更好地优化企业价值链,就需要改变传统管理会计信息系统。这些改变主要体现在四个方面:①提供战略业务单位的信息。战略业务单位是企业对所经营的业务根据战略管理的需要而划分或设置的业务单位,不同的战略业务单位所面临的特征市场和竞争对手不同,其竞争优势的来源也就不同,因此要区别进行战略管理。②提供关键活动的信息。关键活动是指对各战略业务单位的竞争优势和价值创造活动有显著影响的活动,主要有两大类:一是有较大成本改善空间的活动;二是在战略经营单位的价值链中处于瓶颈地位的活动。③提供有关活动之间相互联系和相互作用的信息。④建立以作业为基础的预算体制。

价值链分析所需的信息与传统管理会计信息差异较大,如果按照价值链管理的要求对传统管理会计信息系统进行改革,其所耗费的成本和所带来的震动是比较大的,这也是为什么现在虽然价值链分析对企业战略管理有着非常重大的意义,但大部分企业并未完全按照价值链管理要求重新设置管理会计信息系统的主要原因之一。不过,很多企业的实践表明,尽管无法取得准确、详细的价值链管理信息,但是按照价值链管理的要求对企业信息进行粗略的再加工,就已经为企业的战略管理带来了很大的帮助。

战略管理是跨国公司总部对其分支机构进行管理的主线之一。运用价值链分析可以帮助跨国公司更好地进行战略分析和战略选择,并通过收集战略业务单位的信息,对公司战略的执行情况进行有效监控,还可以帮助跨国公司加强对关键活动的管理和对全球价值链的整合、优化,以保证其主要业务的竞争优势和公司战略目标的顺利实现。另外,在价值链基础上衍生出来的质量管理、产品生命周期成本法和目标成本法也是战略管理的重要工具。

四、跨国公司的资本预算

到国外进行长期投资是跨国公司执行其全球战略的重要环节。由于长期投资的资金数额较大,回收期较长,面临的风险也较大,投资成功与否直接影响着企业的盛衰

与成败。因此,在进行长期投资时必须进行资本预算,从财务角度评价投资项目的可行性,为公司战略目标的顺利实现提供保证。与单纯国内企业的资本预算相比,跨国公司的资本预算在原理和方法上并没有本质的区别,回收期法、净现值(NPV)法和内部报酬率(IRR)法依然适用于跨国公司的资本预算,所不同的是,跨国公司在进行资本预算时要充分考虑国际经营环境的特性以及如何将这些因素纳入资本预算框架中。归纳起来,跨国公司资本预算中的主要问题可以分为三类:①跨国投资项目的经济评价角度问题;②跨国投资项目的预期现金流量的确定问题;③跨国投资项目的资本成本(折现率)的确定问题。下面将逐一分析跨国公司资本预算中的问题。

(一)跨国投资项目的经济评价角度问题

跨国公司对跨国投资项目进行资本预算,首先面临的一个问题是从何种角度对项目进行评价,即是站在国外投资项目的角度,还是站在母公司的角度。不同的角度,所预计的项目现金流量和所运用的资本成本是不一样的,主要原因有五个:①投资项目所在国政府往往会对利润和资本的返还进行限制;②品牌使用费、专利权使用费等,对母公司来说是收益,而对项目来说则属于费用;③各国的通货膨胀率不一样;④外币汇率在不断发生变化;⑤各国政府的税制和税率存在差异。

关于从哪一角度进行投资项目的经济评价,在理论上和实务上都存在着分歧。支持采用母公司角度的观点认为,对国外投资的根本目标还是为了实现母公司股东的财富最大化,国外投资项目所创造的自由现金流量最终是要汇回母公司支付给股东的;支持采用项目角度的观点则认为,当前随着资本市场全球化进程的深入,母公司的股东已扩展为全世界的投资者,而不单单是母公司所在国,并且越来越多的跨国公司的对外投资是长期战略性的,国外项目所创造的资金都倾向于在当地进行再投资,而不是汇回母公司。另外,从项目角度进行投资评价有助于协调与当地政府的关系,同时也符合母公司合并收益最大化这一目标。还有一种观点是,同时从两种角度进行投资项目评价,以调和各方的利益。一项对总部设在美国的156家跨国公司的调查表明,有21%强调从母公司的角度,42%强调从项目角度,37%则同时采用从母公司和项目的角度进行评价。

一般情况下,从何种角度进行投资项目的评价,要根据母公司投资的战略目标和各利益相关方的要求确定。不过,不论从何种角度进行评价,都一定要考虑投资项目对母公司的影响。

(二)跨国投资项目的预期现金流量的确定问题

预测跨国投资项目现金流量时所用的方法与单纯的国内企业投资相同:一种是调

节会计利润，即净现金流量 = 税后利润 + 非付现成本（主要是折旧）；另一种是现金预算法，即在各种有关报表项目现金流动的假设基础上以编制各期现金预算的方法预测各期的现金流量。但是，由于跨国投资是在国际经济环境中进行的，这使得跨国投资项目现金流量的预测又有其特殊性和复杂性，主要表现在三个方面：①不仅仅从项目角度预测现金流量，还要从母公司角度进行预测，而这两种角度所预测的现金流量不论是预测结果，还是预测内容和方法都存在着很大的差别；②在预测过程中要充分考虑相关各国通货膨胀率和汇率变动的影响，以及各国之间在政策、税率等方面的差异；③要充分考虑各种性质的机会成本，使现金流量的预测更加科学和准确。

举例说明上述问题。假设一美国跨国公司准备在俄罗斯投资建设一家制造企业，原始投资包括两部分：一部分由母公司直接以现金、设备和其他资产投入；另一部分主要是流动资金垫支，则从俄罗斯当地银行借款取得。俄罗斯公司生产所需的原材料有一半须从美国母公司进口，其产成品的一半将出口匈牙利。另外，根据协议安排，俄罗斯公司将向美国母公司支付专利使用费、许可证使用费和管理费用，并向母公司每年支付股利。基于上述情况，该投资项目的现金流动情况如图 8 -4 所示。

从图 8 -4 可以很明显地看出：从俄罗斯子公司角度预测的现金流量所包括的内容和所用的方法看，它们同一般国内投资项目的经济评价是相一致的，只不过在确定相关外币收入和成本项目时还要注意通货膨胀率和汇率的影响；从美国母公司角度预测的现金流量所包括的内容只是能够直接增加总公司现金收益的部分，主要包括的项目如图 8 -4 所示。需要注意的是，在从母公司的角度确定上述项目的数值时，要充分考虑两国会计制度的差异、政府对资金返还的限制、通货膨胀率和汇率的潜在波动以及两国税率的差异等因素所带来的影响。另外，从母公司角度确定现金流量时，还要注意在国外投资为母公司带来的机会成本的影响。

（三）跨国投资项目的资本成本（折现率）的确定问题

在利用净现值法（NPV）、内部报酬率法（IRR）等折现法进行跨国投资项目的经济评价时，还必须确定折现率。根据资本预算的一般理论，项目折现率一般采用企业的资本成本，即预期投资收益率或者项目要求达到的最低投资收益率。

根据资本预算原理，跨国公司确定折现率时主要有三种方法：一种是公司综合边际资本成本法，适用于拟评价跨国投资项目与公司现有项目在风险方面相类似的情况；一种是 CAPM 法（项目预期收益率法），适用于拟评价跨国投资项目与公司现有项目在风险方面差别较大的情况；另一种是风险调整贴现率法，该方法是一种较为简便但同时又是相对主观的方法，它要求当跨国投资项目所显示的风险大于或（小于）“平均”风险时，将公司综合资金成本根据风险系数向上（或向下）调整以作为折现率。

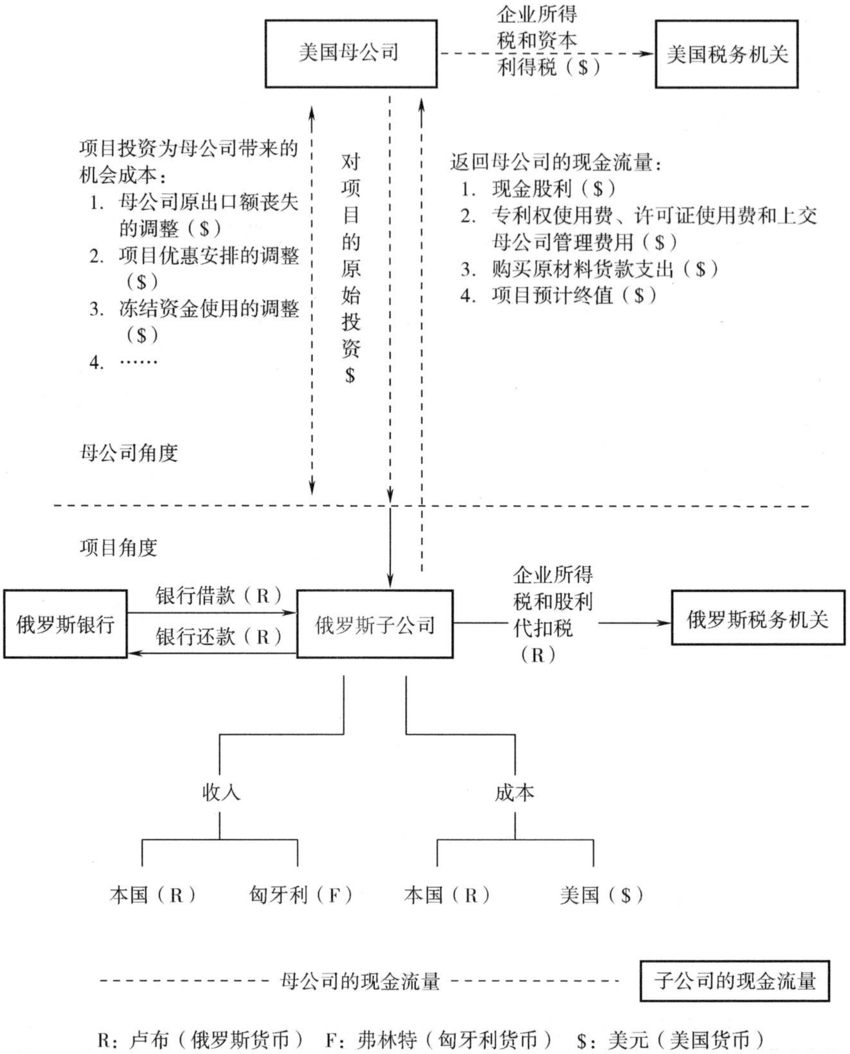

图 8－4　跨国投资项目的现金流动情况

一般情况下，跨国公司往往倾向于将公司的综合边际资本成本作为确定跨国投资项目折现率的基础。跨国公司综合边际资本成本的计算公式与单纯的国内企业没有大的区别，但是在具体确定资本成本时，跨国公司将面临一些特殊的问题：

一是资本结构的确定问题。采用公司综合边际资金成本有一个关键假定，即公司将长期按照既定的资本结构（比例）进行融资，通常这个资本结构是根据企业的最优资本结构确定的。对跨国投资项目而言，关于最优资本结构存在不同的选择：一种是公司

整体的最优资本结构；一种是子公司所在国同类企业的最优资本结构。前者考虑公司整体、长期的情况，并与公司股东的期望收益率相挂钩；后者则能够更好地适应子公司所在国的环境和条件，较好地体现“边际”这一概念。

二是各国通货膨胀率和汇率变动的影响问题。由于通货膨胀率的存在，使得根据综合边际资本成本公式所计算的资本成本是名义上的资本成本，并不能真正地反映实际的投资者所要求的最低收益率，为此，还需要根据通货膨胀的情况进行调整，调整的基本公式为：

$$[(1+名义资本成本)\times(1+通货膨胀率)]-1$$

同样，汇率的波动也会影响资本成本的计算，假定一美国公司从B国以8%的年利率融资100 000 B国货币单位，当时的汇率是\$0.24 = 1 B国货币单位，期限是1年，所得税税率是40%，当贷款到期时，B国货币升值，其汇率为 \$0.264 = 1 B国货币单位。此时，该贷款的实际资本成本就不应是8% ×(1 - 40%)即4.8%了，而应考虑汇率的波动，其实际资本成本为：

$$实际资本成本=[(1+8\%)\times(0.264/0.24)-1]\times(1-40\%)=10.8\%$$

需要注意的是，如果在预测现金流量时已经消除了通货膨胀或汇率波动带来的风险因素，则就没有必要再调整资本成本了。因为如果两者都调整势必会造成重复调整。另外，通货膨胀率的变化是汇率变动的主要原因(但不是全部)，所以在调整过程中，要注意两者之间的关系，不要产生重复调整。最后，在确定资本成本时，还需要考虑各国的税制和税率以及其他政治和经济风险的影响。

在实际工作中，跨国公司往往会采取一些简便、变通的办法确定资本成本，如根据不同国家的情况确定一个风险溢酬率等，这主要是因为由于信息获得成本较高，使得在全球范围内计算公司综合边际资本成本比较困难。

第三节　跨国公司的预算管理和业绩评价

一、跨国公司的预算管理

根据前述跨国公司管理控制系统设置的要求，在公司的战略规划和资本预算完成之后，跨国公司下一步就要编制预算，实施预算管理；期末则要根据预算的完成情况再结合其他指标进行业绩评价，给予相应的激励，以完成一个管理控制循环。

(一)跨国公司预算管理的特点

与单纯的国内企业相比,跨国公司无论是在管理环境、管理幅度和管理模式上都有较大的不同,跨国公司的预算管理具有自身的一些特点,主要表现为两个"相结合"。

1. 预算管理与战略管理相结合

如本章第二节所述,战略管理是跨国公司的管理重心之一。战略管理侧重于应对企业内外部环境的变化,是一种外部的、动态的管理模式;目标管理则侧重于如何调动企业内部各级管理者的积极性,使之为实现公司的总体目标付出最大的管理努力,是一种内部的、静态的管理模式。这两种管理模式相互补充、相互配合,组成跨国公司管理的"双翼",推动跨国公司不断向前发展。预算管理作为一种管理机制,在与目标管理相结合的同时,还要与战略管理相结合,具体表现在以下三个方面:

(1)预算管理要与企业的战略保持一致。图 8 - 2 所示的战略管理流程很清楚地表明,预算目标体系的确立是根据战略分析和战略选择的结果确立的,预算管理的目的就是要保证这些目标的顺利实现。具体来讲,经营战略的顺利实施要依靠各产品预算得以保证,而职能战略的实施则要依靠各职能部门的责任预算以及现金预算得以保证。

(2)预算管理要反映关键成功要素(CSF Critical Successful Factor)的要求。所谓的关键成功要素是指对企业在其所在行业中生存、发展和取得竞争优势至关重要的方面,如果企业在关键成功要素方面做得不如其竞争对手好,即使其他方面做得再好,也将会处于竞争劣势,直至被淘汰。关键成功要素是战略分析的产物,是战略管理的重点。为了维护企业的竞争优势,预算管理要将关键成功要素作为管理的主线,资源分配时要优先考虑,预算控制时要设置专门的预算控制指标(既包括财务指标,又包括非财务指标),对关键成功要素进行适时的控制,实施预算考核和激励时要将关键成功要素作为考核和激励各级管理者的重要方面。

(3)预算管理要维护企业的核心竞争力。所谓核心竞争力(core competence)是指企业拥有的、能为消费者带来特殊效用、使企业在某一市场上长期具有竞争优势、独特的内在能力资源。核心竞争力是公司竞争能力的基础,是引导企业成功的内部关键要素。实施预算管理时要充分利用核心竞争力,并要刻意加强维护,以保持企业的竞争优势。当然,在"扬长"的同时,在可能的情况下企业也可以通过预算管理"补短"。

2. 预算管理与目标管理相结合

目标管理是一种以目标为中心要素的管理模式,它包括目标的设定和分解、目标的完成和目标完成结果的评价三个阶段,构成 P(Plan)、D(Do)、S(See)的管理循环。对于跨国公司而言,目标管理的实行有着更为重要的意义,其原因主要有两个:①跨国公司一般都是上市公司,而上市公司的业绩指标必须达到或高于投资者和债权人的预期收益率，才能实现股东财富最大化这一基本的理财目标，也才能保证公司融资渠道的畅通。因此，资本市场为跨国公司提供了一个必须完成的基本业绩指标，为了完成这个业绩指标，跨国公司就需要借助于目标管理，将业绩指标进行分解和落实，形成“千斤重担大家挑，人人肩上有指标”的局面，以保证公司目标的顺利实现。②跨国公司的分支机构分布在世界各地，各自面临着不同的市场环境及变化。在这种情况下，跨国公司经营的成败在很大程度上取决于能否充分调动各级管理者的积极性，保持一个组织足够的应对市场变化的灵活性和迅捷反应性。要获得这样的效果，目标管理是一种较为理想的管理模式，这可以从目标管理的特点看出来：一是把员工作为一名独立的人给予尊重；二是与员工一起设定工作目标，该工作目标是公司整体利益和个体利益平衡后的结果；三是授予员工一定的权利，该权利要与目标实现的责任相对应；四是根据目标的完成情况决定其待遇；五是没有秘密，公开所有的情报。

“预算是管理的载体”。对于采用目标管理模式的跨国公司而言，其预算管理要充分反映目标管理的特点和要求，具体讲主要有四个方面：①预算的编制要以预算编制单位的目标体系（或者业绩指标体系）为逻辑起点进行编制，所编制的预算要能够保证编制单位目标或业绩指标的顺利实现。在目标体系中，目标利润是其核心指标，它至少要能满足投资者和债权人的预期收益率要求。②预算的编制要采取自下而上和自上而下相结合的模式进行，既强调广泛参与和适度妥协，以发挥各分支机构的积极性，又强调重大事项集中管理，以保证公司整体目标的顺利实现。③要充分发挥预算控制的过程管理作用。目标管理是一种管理体系，不仅包括目标的设定和目标完成情况的考核，更重要的是还包括对目标实现过程的设计和控制。预算控制作为预算管理的有机组成部分，通过将企业生产经营的实际值与预算控制值进行适时的比较和分析，通过经营决策产生反馈信息并作用于生产经营活动，使生产经营过程得到一种有效的控制。考虑到跨国公司的经营规模、环境和管理幅度，为了提高预算控制的效率和效益，可以适当地采取多级分权的预算控制体系。④规范公司的会计信息、建立信息快速通道，规范公司现金的流动、强化公司现金的相对集中统一管理，为公司有效实施目标管理模式下的预算管理奠定良好基础。

除上述两个“相结合”的显著特点之外，跨国公司的预算管理还有一个显著特点，就是要充分考虑跨国经营中汇率因素的影响。关于这一特点，下面专门进行论述。

（二）跨国公司预算管理中的汇率因素

由于是跨国经营，跨国公司的下属预算单位分布在不同的国家。为了保证预算编制的准确性和预算控制的有效性，国外预算单位往往以所在国的货币为单位进行预算管理。但是，跨国公司总部出于汇总、比较和分析的需要，一般都要求国外预算单位的

预算按照一定的汇率重新调整或表述为以母公司货币为单位的预算。汇率因素对跨国公司预算管理的影响不仅仅是对国外预算单位的预算折算结果有影响,更重要的是,它会影响到跨国公司站在母公司角度对国外预算单位管理者的预算考核和业绩评价。因为在经过汇率折算后,国外预算单位的实际业绩与预算指标之间的差异包含了汇率变动的因素,此时,如果不做深入分析,直接将比较的结果作为业绩评价的依据,就会严重影响国外预算单位管理者的积极性,因为汇率变动并不是(或不完全是)预算单位管理者所能控制的因素①。因此,汇率因素是跨国公司进行预算管理时必须考虑的因素之一。

一般情况下,在编制预算时有两种汇率可供选用:预算编制时的即期汇率和期末预计汇率。另外,当预算根据汇率变动进行修订时,可以采用修订期的期末汇率。在母公司进行考核评价时,对国外预算单位的实际值进行折算可以选用三种汇率,即预算编制时的即期汇率、期末预计汇率和期末实际汇率。这些预算折算汇率和实际值折算汇率的不同组合,会形成不同的预算考核和业绩评价结果。在实际工作中,有五种组合是较为普遍的:①用期初即时汇率编制预算和追踪实际业绩;②用期末(或适时)汇率编制预算和追踪实际业绩;③用期初即时汇率编制预算,用期末汇率追踪实际业绩;④用预计期末汇率编制预算和追踪实际业绩;⑤用期末预计汇率编制预算,用期末实际汇率追踪实际业绩。

上述五种组合之间的区别在于防范汇率变动风险责任的归属,其中,第四种和第五种组合在理论界和实务界都比较受推崇。第四种组合的优势在于:①在编制预算时用预计汇率,可以鼓励管理者在进行经营计划和决策时考虑预算期内汇率的预计变动情况,采取相应措施保证公司整体战略目标的顺利实现;②在追踪实际业绩时用预计汇率,可以使管理者避免对未预计的汇率变动承担责任,强调了业绩评价中的可控性原则。第五种组合的优势在于:①在编制预算时采用预计汇率的优势类似于第四种组合;②在追踪实际业绩时采用期末实际汇率,可以通过与利用预计汇率所编制的预算之间的比较,得出实际汇率与预计汇率之间的差异所带来的业绩影响,进一步对此类业绩差异进行分析,可以明确相关各方的责任,以鼓励相关各方对汇率的非正常变动做出积极的应对和反应。一般情况下,跨国公司总部的财务部门要对汇率预测的准确性负责,而国际部门的经营管理者则要对出现预计不到的汇率变动时而采取的相应决策的有效性负责。另外,调查显示,即使在业绩评价时将由汇率变动引起的差异从预算单位经理人

① 跨国公司对国外预算单位的预算考核和业绩评价可以有两种方式:一种是站在子公司角度,即根据国外预算单位按照所在国货币所编制的预算进行考核评价;一种是站在母公司角度,即根据国外预算单位折算后的预算进行考核评价。前者不会涉及汇率因素,而后者则受汇率因素的影响较大。

员的实际经营业绩中剔除，使用实际汇率追踪实际业绩仍会鼓励经理人员对未预计的汇率变动做出对公司有利的应对和反应。

二、跨国公司的业绩评价

业绩评价是公司管理控制系统的核心环节。一个设计良好的业绩评价系统将有助于公司高层实施管理：①判断现存业务的获利性；②指出没有达到预算要求的环节或领域；③提高资源配置的效益，保证资源向高效益的方向流动；④评价管理业绩，引导管理者行为。

（一）跨国公司的业绩评价系统

一个完整的业绩评价系统包括七个因素：评价目标、评价对象、评价原则、评价指标、评价标准、业绩测量和业绩报告。下面结合跨国公司在经营和管理上的特点对跨国公司的业绩评价系统进行阐述。

1. 评价目标

评价目标是业绩评价系统所要达到的境界，是设立业绩评价系统的出发点和归宿。跨国公司业绩评价系统的目标与国内企业相一致，主要有三个目标：①对公司的战略经营及各环节的经营管理行为进行及时的反馈和修正；②与激励措施相配合，以充分激发各级管理者的积极性，引导其管理行为，使其在实现公司总目标的正确方向上付出最大的管理努力；③对下一个管理控制循环的开始提供支持性的信息。

2. 评价对象

与评价目标相对应，跨国公司的业绩评价系统的评价对象应是多重的，概括地讲包括三个对象：①经营系统，即公司各级责任中心，如子公司和分支机构等；②各级管理者及雇员；③资本支出项目。

3. 评价原则

一个成功的跨国公司业绩评价系统在进行业绩评价时，应该注意把握以下六项基本原则：

（1）区别性原则。不同的评价对象其具体评价目标、自身特点和评价的侧重点都各不相同，因此在评价时应区别对待。具体地讲，对各级管理者及其雇员的业绩评价应与对管理单位的业绩评价相分离。这主要是因为管理单位的业绩除了受管理者决策影响之外，还受到观察者不可控的其他多方面因素的影响，而资本支出的业绩评价应与日常经营活动的业绩评价分开，这主要是因为对资本支出项目的评价应立足于长期，充分考虑货币的时间价值和风险因素，应用现金流折现模型进行评价，而日常经营行为则侧重于以权责发生制下的会计收益为基础进行评价。

（2）可控性原则。即评价对象只对在其可控制范围（即授权范围）内的经营和管理行为的业绩负责，由不可控因素所造成的对业绩的影响应在业绩评价时予以调整，这在对管理者进行业绩评价时尤其如此。因为如果不可控因素对管理者的业绩评价结果和报酬影响很大，则管理者所承担的风险就大，作为缺少风险分散机会的管理者往往会规避风险，所做的决策就不能保证企业的利益，有时甚至会损害公司的利益。为了更好地利用全球资源，发挥集团的协同和规模效应降低内部交易成本，跨国公司往往会安排大量的关联交易，并且是站在公司整体利益的角度，而不是站在市场交易的角度确定内部转移价格和分配成本，这就使得各分支机构的报表业绩受很多不可控因素的影响，并不能真实完整地反映其对公司的贡献。因此，要想公正公平地进行业绩评价，就要对报表业绩进行调整，把不可控因素尽量调整出去。比如，跨国公司为了将利润从一个分支机构所在国转移出来，往往会对其课以高额的专利权使用费或对其提供的中间产品制定较低的内部转移价格。在这种情况下，受不可控因素的影响，该分支机构的报表业绩对比它对公司的真实贡献是偏低的，在业绩评价时，就需要在其报表业绩的基础上加回所分配的专利权使用费中不合理的部分，并且按照公平价格对内部交易利润进行调整。

（3）一致性原则。这里所讲的一致性并不主要是指业绩指标的纵向和横向一致，而主要是指跨国公司的业绩评价要与业绩评价对象的战略目标保持一致。为了实现公司价值的最大化，跨国公司无疑要确保公司整体的获利性，但是公司整体的获利性并不是简单地要求各分支机构都完成一定的利润，而是要充分发挥各分支机构之间的互动和协同效应，以取得“1 +1 >2”的集团公司管理效果。因此，跨国公司设置国外分支机构的动机和要求并不一定是必须获取利润，而是从公司的全局利益出发呈现出多样化的态势，比如，建立稳定的原材料供应基地、分散公司的经营风险、降低公司整体税负、巩固市场竞争地位、开拓新市场、利用廉价劳动力、扩大生产规模以降低单位产品的固定成本等都有可能成为跨国公司在国外设立分支机构的理由和动机。鉴于跨国公司各分支机构设立的动机和战略定位不同，在进行业绩评价时就不能只关注于该分支机构的获利性，而是要使所设定的业绩指标与该分支机构的经营性质与公司对它的战略要求相一致，以保证公司整体目标的顺利实现。

（4）全面性原则。对跨国公司而言，单一的业绩评价指标是无法实现业绩评价目的的，其主要原因有三个：第一，单一的业绩评价指标的运用会导致管理者管理行为的失衡，即只关注该业绩评价指标的实现情况而往往忽略单位经营的其他重要方面，比如，如果对销售部门只考核其回款完成情况，则销售经理很可能会不计费用和风险地增加销售收入，结果是，虽然回款任务完成了，但是却造成了严重的亏损和库存积压以及大量的呆坏账。同时，单一的业绩评价指标的运用很可能会鼓励管理者通过牺牲公司其他部门或公司整体的利益来换取自身利益的最大化。借用上例，如果只对销售部门

考核销售回款，销售经理就会倾向于多销售价格高的产品，而不是边际贡献大的产品，从而对生产部门和公司整体造成损害。第二，跨国公司所使用的单一业绩评价指标往往是基于内部标准而没有考虑外部的机会，往往会失之恰当，比如，由于市场需求的扩大，该经营单位的报告业绩虽然超过了预算指标，但是与竞争对手相比，它的市场份额或竞争地位却因为没有列入评价指标而可能会有所下降。第三，跨国公司在设立单一业绩评价指标时，往往会选用容易测量的反映短期经营成果的财务指标，却忽略了那些相对难以测量的反映当期经营行为所产生的长期经济效果的非财务指标考核和评价，这就很可能会导致所评价单位的管理者的短期经营行为，即通过牺牲企业的未来价值和长期利益，以换取短期利益的最大化。基于以上三个原因，跨国公司在对下属机构进行业绩评价时，一定要注意把握全面性原则，即根据下属机构的战略定位和经营特点，为其设置多重业绩评价指标组成的评价指标体系，以保证公司的管理行为能够得到正确的引导。在这个评价指标体系中，既要有财务指标，又要有非财务指标；既要有获利能力评价指标，又要有营运能力、发展能力和偿债能力的评价指标；既要有以内部标准为基础的评价指标，又要有反映外部机会的评价指标。另外，在体系中还要为各类业绩评价指标分配相应的权重，根据最后加权后的业绩评价结果决定相应的奖惩。

（5）公开透明原则。业绩评价的一个重要目的就是引导各级管理者的管理行为，并与激励措施相配合激发管理者的积极性。为实现这一目的，一个很重要的原则就是不能为评价而评价，而是要把握公开透明原则，将业绩评价延伸为过程管理。具体来讲，要注意将业绩评价指标和业绩评价过程以及相对应的激励措施事先公开，并在为实现目标业绩而编制预算的过程中引导各预算单位广泛参与，在事后的业绩评价过程中坚持公开透明。

（6）成本效益原则。任何一种管理行为在实际应用中都要遵循成本效益原则，即要保证管理实施成本要小于它所取得的效益，这对业绩评价来讲也不例外。比如，在美国的一次调查中就发现，在实际工作中很少有公司将管理者的业绩与单位业绩相分离，这样做的原因主要就是出于成本效益的考虑。

4. 评价指标

对于分权经营的跨国公司而言，各分支机构的管理者不再仅仅是总部命令的执行者，而是授权范围之内的决策者，这时跨国公司总部只能主要依靠业绩评价指标的设置以及后续的业绩评价和激励引导各级管理者的管理行为，以保证公司整体目标的顺利实现。因此，业绩评价指标设置的问题，实际上是公司管理导向的问题，它设置的合理与否将直接关系到各级管理者能否真正围绕公司整体目标而尽自己最大程度的管理努力。所以，业绩评价指标问题是业绩评价系统、甚至是整个管理控制系统的核心。下面将先阐述跨国公司针对各种责任中心所设置的一般业绩评价指标；然后再结合上述评

价原则探讨跨国公司具体设置业绩评价指标时应注意的问题。

按照所承担的责任和权利以及计量产出的困难程度的不同，可以将跨国公司责任单位的类型做出划分：标准成本中心、酌量性费用中心、收入中心、利润中心和投资中心。不同的责任中心其业绩评价指标是不同的。

（1）标准成本中心。标准成本中心的特征是生产的产品明确并且可度量，而生产每单位产品所需要的投入量是已知的。经营者对该中心业务活动水平的变动不负责，也不决定产品的价格，即对收入和利润没有责任，他们的主要责任在于产品的质量、产品生产过程中投入与产出的效率、产品生产的时间、产品数量和产品生产过程中流动资金的占用等。与之相适应，对标准成本中心可设置的业绩指标为产品成本、资金占用成本、产品质量水平、时间和数量等。

（2）酌量性费用中心。酌量性费用中心的特征是所生产的产品不能用财务指标计量（如一般的行政管理单位），或者耗费的资源（投入）与取得的成果（产出）之间没有密切关系（如研究与开发部门）。中心管理者应对在一定预算费用水平上尽可能地提供高质量的服务和产出负责。由于无法度量该中心的产出或将投入与产出相配比，所以无法用效益或效率指标对酌量性费用中心进行考核，因此，酌量性费用中心成为公司管理的难点和盲点。目前大部分公司只能通过控制资源投入量的办法对酌量性费用中心进行管理，主要的财务考核指标有预算费用的执行程度、与本行业中同类企业的支出比较等，但是这种考核并不是最优的，因为低于预算支出并不能代表该类中心的效益和效率的提高。为了改进对酌量性费用中心的考核，现在有一些公司正在尝试应用ABC法将酌量性费用中心改进为标准成本中心或利润中心。除了上述财务指标，还可以设置一些非财务指标衡量中心的产出，如服务满意度、新产品研制数等。

（3）收入中心。收入中心主要负责公司产品的市场营销，他们销售的产品主要通过内部交易取得，产品成本也因此主要由产品提供部门负责。对收入中心的传统业绩评价指标是销售收入和回款金额，但是，使用这些指标却有着非常大的弊端，比如，销售经理很可能会偏重于价格高的产品的销售而不是边际贡献大的产品的销售，同时也很可能会不计费用和风险地增加销售收入，结果是，虽然回款任务完成了，但是却造成了严重的亏损和库存积压以及大量的呆坏账。鉴于此，单纯的传统收入中心在跨国公司的组织设置中是越来越少了，目前的管理趋势是将传统的收入中心改变为准利润中心，并且随着ABC方法的应用，利润中心的趋势将深化到个别产品和服务层次。在准利润中心的定位下，销售部门的管理者既对实际的销售量和销售结构、价格体系的维护、货款回收和产品的市场营销负责，又对销售费用、销售环节资金的占用和周转负责，如果收入中心有制定价格的权利，还要对单位产品的毛利率负责。主要的财务考核指标有销售收入（销售回款）、边际贡献（或利润）和资金周转天数等；主要的非财务考核指标有市场份额、品牌美誉度等。

(4)利润中心。利润中心是既对资源的供应和产品的生产负责，又对产品的销售负责，但对该中心资产的投资水平不负责的责任中心。显然，与标准成本中心、酌量性费用中心和收入中心相比，利润中心的管理者将拥有更大的决策权。利润中心按照其拥有的权力的不同可以分为两种：一种是自然利润中心，该利润中心对产品的生产和销售拥有充分的自主决策权；另一种是人为利润中心，又称模拟利润中心或准利润中心，该利润中心虽然对利润(收入减去成本)负责，但是其决策权受到限制，不能自主决定产品的生产或销售，而要受制于公司对内部转移的安排。在跨国公司中，更多的是人为利润中心。由于利润中心既对产品的生产、又对产品的销售负责，那么应通过衡量其运用所配备的资源及其他投入要素所取得的综合经营成果进行考核，主要的财务考核指标是利润指标。在进行业绩考核时，利润指标并不单纯是会计利润，它可以有四种表现形式：短期营业毛利、可控贡献、部门毛利和部门税前利润。表 8－2 以一个简单的例子说明这四个利润指标的计算。

表 8－2　ABC 部门利润核算表　　单位：元

项目	金额
部门销售收入	15 000
随生产能力的使用而变化的成本	10 000
(1)短期营业毛利	5 000
其他短期可控成本	800
(2)可控贡献	4 200
其他长期可控成本	1 200
(3)部门毛利	3 000
分摊公司费用	1 000
(4)部门税前利润	2 000

在上述四个利润指标中，短期营业毛利是部门收入减去直接归属于该部门的成本后所得的一个营利指标。该指标尽管很重要，但是不适合于做业绩评价指标，主要原因是该指标并没有涵盖部门管理者在其决策权限内可控的所有成本，所以无法对其决策能力进行客观、公正的评价。可控贡献是短期营业毛利减去为该部门管理者通过短期决策所能控制的其他成本(如间接人工、间接材料和公用设施)所得的一个指标，该指标可以在一定程度上衡量部门管理者的经营业绩，但是对该部门对公司的经济贡献却不能进行很好的度量。部门毛利是可控贡献减去其他长期可控成本后所得的一个营利

指标,它是衡量部门获利水平的一个重要指标,与部门经理业绩的衡量是不相关的。部门税前利润是部门毛利减去公司层次上发生的与生产能力有关的成本后所得的一个营利指标。该指标的运用可以衡量部门对公司所做出的贡献,提醒部门管理者注意这些共同成本,使他们明白只有当部门产生足够的边际贡献弥补这些成本时,整个公司才有可能获利。

对跨国公司而言,它比较偏向于将分支机构设为利润中心,并将利润指标作为主要业绩评价指标,因为这样做可以强化各分支机构的获利观念,进而为公司整体获利能力的取得奠定良好的基础。另外,将责任中心设置为利润中心往往伴随着经营权的下放,并且利润指标可以作为利润分享激励计划的基础,可以更好地激发中心管理者的积极性。将分支机构设置为利润中心而不是投资中心往往意味着公司对投资权的集中控制,而目前经营上放权、控制上集权则是跨国公司的管理趋势。鉴于此,目前有很多跨国公司正在尝试将成本费用中心或收入中心改变为利润中心。

由于跨国公司的集中控制和大量内部交易的安排,使得跨国公司的利润中心不是真正的自然利润中心,而是人为利润中心,而对人为利润中心的业绩评价往往会遇到两个难题:一是如何计算上述利润指标,并根据评价对象和评价目标选择合适的利润指标。这里又引申出两个问题:如何区分可控和不可控;如何对共同成本和共同收入进行合理、公正的划分? 二是如何合理确定内部交易条件下各利润中心对公司的贡献。在内部交易条件下,各利润中心的报表利润受内部交易安排和内部转移价格的影响较大,如果不能对其进行合理的调整,以准确地反映各利润中心对公司的贡献,将严重影响业绩评价目标的实现。

(5)投资中心。投资中心不仅承担利润中心的全部职责,还对资金的占用水平和性质承担责任。对投资中心应以其使用资金创造价值的能力和水平作为计量业绩的主要标准。主要的财务考核指标有投资报酬率(ROI)和经济增加值(EVA)。

投资报酬率的一般计算公式为可控利润/投资额,其主要优点为:①计算简便、客观;②属于相对指标,易于比较;③能够综合反映投资中心运用资金创造价值的能力,并且也是连接企业经营与股东价值之间的纽带,是资本市场最为关注的指标之一,因此,利用此指标可以促使各分支机构与公司整体经营目标保持一致;④有利于在制定公司各责任中心的目标利润时体现公平原则,即“多投资、多创利”;⑤通过对投资额的计算口径的选择,可以有效地引导各责任中心的管理行为。正是由于上述优点,投资报酬率指标才被跨国公司广泛应用。但是投资报酬率指标的缺陷也是很明显的,主要表现为:①公司价值的增加取决于投资报酬率是否高于资本成本,凡是投资报酬率高于其资本成本的投资机会都能为公司创造价值,但是面对投资报酬率这一业绩评价指标,部门管理者往往只考虑投资机会是否能够提高本部门的投资报酬率,而不考虑该投资机会的

投资报酬率是否高于其资本成本,导致公司整体价值受损;②投资报酬率作为一个相对指标容易被操纵,并且不能完全反映各部门为公司创造价值的水平和规模。

为了避免投资报酬率指标的使用缺陷,经济增加值指标便应运而生。该指标的一般计算公式为:

可控利润 - 资本成本

资本成本 = 部门的净投资额 × 风险调整成本

利用经济增加值进行业绩评价有两个优点:①经济增加值指标与企业价值直接相关,其作为评价指标可以使所评价单位以项目投资报酬率是否超过资本成本为标准进行投资决策,从而与公司价值最大化的目标保持一致;②经济增加值指标的运用允许管理者根据不同的项目设定不同的风险调整成本,引导其在风险和收益之间取得平衡,而以公司综合加权平均资本成本为基础的投资报酬率则无法做到这一点。但是,经济增加值指标也有其局限,主要表现为规模不同的部门之间的经济增加值不具有可比性;以利润作为计算的依据,使其仍具有可操纵性;部门资本成本难以准确测定,有可能导致管理者承担较大的风险,从而会出现代理问题等。

从上述有关责任中心的业绩评价指标的论述可以看出,权责发生制下的会计数据是其运用的基础。但是,对于需要单独处理的资本支出项目而言,会计数据则不适合作为业绩评价的基础,这主要是因为科学的资本支出决策是建立在现金流量折现模型基础上的,如果在进行业绩评价时选用会计数据,势必会造成采用一种模型进行决策而采用另一种模型进行评价的局面,就如同在学校教育中强调素质教育但在评价时却仍以高考升学率为考核重点一样,会引起管理上的混乱,导致管理者在进行资本支出决策时的短视行为。鉴于此,在需要对资本支出项目进行专项的业绩评价时,评价的重点应放在实际现金流量和预测现金流量的比较上。

需要说明的是,上面论述的是跨国公司针对各种责任中心所设置的一般业绩评价指标,在具体应用时还应根据评价原则灵活运用。下面着重论述跨国公司设置和应用业绩评价指标过程中应注意的两个问题。

第一,财务指标与非财务指标的平衡问题。根据全面性原则的要求,要为下属机构设置由多重业绩评价指标组成的评价指标体系进行评价。在这个体系中,比较关键的环节是既要有财务指标,又要有非财务指标,非财务指标对财务指标起着补充与修正的作用,比较典型的非财务指标有市场占有率、产品质量、交货期、员工积极性和创新能力等。根据上述思路,20 世纪 90 年代初由卡普兰和诺顿提出了平衡计分卡,较好地解决了业绩评价中财务指标与非财务指标的平衡问题。他们的设计思路是:虽然企业的战略目标最终体现为财务指标,但是战略目标的实现则需要由一系列的因果机制实施,为了保证企业战略目标的实现,在设计目标和进行业绩评价时,就不能只考虑作为结果的

财务指标，还应该关注那些与战略目标之间具有因果关系的业绩动因，从而形成一套以过程管理为支撑的战略目标管理体系，进而保证企业的战略得以成功实施，企业的生存和发展得以成功保证。图 8 –5 是某企业平衡计分卡的图示，它直观地描述了平衡计分卡的思想。

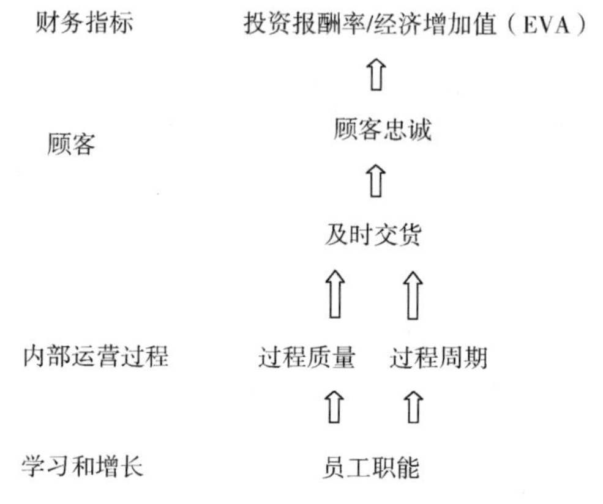

图 8 –5　某企业平衡计分卡

第二，注意各责任中心的外在性问题。所谓外在性是经济学术语，是指某些经济活动会对他人的效用造成有利或有害的影响。具体到跨国公司而言，就是指某个责任中心的经营活动不仅会影响本身的业绩，还会影响与之发生关系的其他责任中心的业绩，而其他责任中心的业绩也会影响该责任中心的业绩。从公司整体利益最大化角度来看，只有当各责任中心是相互独立的、彼此不受影响时对公司进行分权经营和业绩评价才是最理想的。因此，各责任中心外在性问题的存在为公司的分权经营带来了一定的风险，它不仅会造成各责任中心的部分业绩不可控，需要加以鉴别和调整，更为严重的是还会导致决策和业绩评价之间的矛盾，即如果某个责任中心只关注自身利益的最大化，则做出的决策往往会以牺牲其他部门的利益或公司整体的利益为代价。所以，在对分权经营的单位进行业绩评价时一定要注意解决外在性的问题，尽量消除外在性问题对公司整体利益的不利影响。合理的转移价格政策可以在一定程度上消除外在性的影响，但是并不能消除那些非价格因素所造成的外在性影响，如中间产品供应单位的产品质量、交货期等非价格因素同样会影响接受单位的业绩。因此，为了解决外在性问题，还需从业绩评价自身角度入手，即通过完善业绩评价机制限制外在性问题对公司整体利益的损害，其中一个可行的解决办法就是，在为某责任中心设计业绩评价指标体系时，可以将反映其他责任中心或公司整体的业绩指标作为其中的一项评价考核内容，这样做可以鼓励各责任中心的管理者增强合作意识和大局意识。

5. 评价标准

评价标准又称为评价基准,是指根据业绩评价指标判断所评价对象实际业绩优劣的基准。一般情况下,评价标准可以有以下三种选择:

(1)内部目标标准和预算标准。如前所述,目标管理是跨国公司的主要管理模式。在目标管理模式下,公司总部将公司整体目标层层分解,为各个责任中心都建立了目标体系,同时目标体系中的各个目标值也就构成了责任中心的主要业绩评价基准。为了保证目标的顺利实现,还需要进一步将业绩评价目标基准延伸为预算标准。预算标准作为业绩评价标准的最大优势为:通过对实际业绩与预算标准的比较可以及时发现差异、分析原因和明确责任。因此,预算标准更适合作为对各级管理者的业绩评价标准。

(2)竞争对手标准。竞争优势的取得和维护是企业生存和发展之本,所以,在进行业绩评价时,不仅要选用内部评价基准,还要注意与外部竞争对手的比较。这种比较一方面可以鼓励各级管理者注重对竞争对手的分析和自身竞争优势的维护,防止预算自我目的化倾向的出现;另一方面也可以为 预算考核和评价提供有益的信息,使其评价更加公正、有效。不过,有时选用竞争对手标准时会遇到一些困难,如竞争对手信息的取得、竞争对手信息的可比性问题等。

(3)同质单位标准。为了在公司内部形成一种内部竞争的态势,更好地激励各级管理者,也可以选用公司内部同质单位标准,如果再配合以业绩排序和末位淘汰等激励措施,效果则会更加明显。不过,在采用此项标准时一定要注意同质性和可比性,否则,会使业绩评价不公正。

上述三种评价标准在一般情况下要结合使用,结合的方式取决于评价目标和所评价对象的特点。

6. 业绩测量

与单纯的国内企业相类似,跨国公司对各分支机构的业绩测量是基于以会计信息系统为核心的管理信息系统进行的,其基本原则也是可靠、相关并且保证性质相似的经济交易在测量后所得的财务结果也是相类似的。但是对于跨国公司而言,由于其分支机构分布在世界不同的国家,使用不同货币进行核算,因此在进行业绩测量时还需要将外币报表折算成本国货币的报表。如何确保各分支机构及其管理者的业绩在折算过程中不被扭曲是跨国公司进行业绩测量时重点关注的问题之一。

关于外币报表折算目前主要有两种方法:一种是时态法;另一种是现行汇率法。

时态法的基本精神是按照母公司报告货币观点,通过折算对子公司的当地货币报表进行重新表述,其基本特征是各报表项目在折算成外币时根据其计量属性选用不同的汇率。具体地讲,货币性项目和以现行成本计量的非货币性项目应选用报表时间的

现时汇率进行折算,而以历史成本计量的非货币性项目则应选用相关交易入账日的历史汇率进行折算,同时在所有资产负债表项目和利润表项目的折算过程中所形成的折算损益都计入当年已折算的净损益。由于不同的项目选用不同的汇率进行折算,并且折算损益计入折算后的净收益,因此按时态法进行折算后的子公司财务状况和经营结果中就包含了汇率变动的影响。

现行汇率法的基本精神是将外币折算只作为计量单位的换算,与各项目的计量属性无关,其基本特征是对国外子公司报表中的资产和负债项目不再按计量属性进行区分,而是统一选用单一的现行汇率进行折算,同时将在折算过程中形成的折算差额确认为包括在股东权益内的折算调整额(而不是计入折算后利润表中的折算损益)。由于采用单一的现行汇率,并且折算差额不确认为折算损益,因此按现行汇率法进行折算后的子公司的财务状况和经营成果就不包含汇率变动的影响,子公司货币报表原先表述的财务结果和关系得以保持,此时汇率变动的影响集中体现在母公司对国外子公司投资净额的变动上。从业绩评价角度来看,采用现行汇率法应该说是较为合适的,其原因为:一是采用现行汇率法可以保持原先子公司报表表述的财务结果和关系,汇率的变动不会扭曲子公司的财务状况和经营成果;二是采用单一的现行汇率便于在将实际数与预算数相比较时进行预算分析,以确定实际汇率与预计汇率之间的差异所带来的业绩影响。

另外,跨国公司还要特别注意对在高通货膨胀率国家的分支机构的业绩评价问题。在现行以历史成本为主要计量属性的会计模式下,通货膨胀的存在会影响分支机构的业绩测量和反映,主要表现是:①低估销售成本;②低估非货币性项目的价值,低估折旧费,企业的价值耗费不能得到真正的补偿;③高估分支机构的投资收益情况;④使得分支机构各时间段的业绩之间以及不同国家分支机构的业绩之间都变得不可比。为了修正通货膨胀所致的这些影响为业绩评价带来扭曲,可以采取三项措施:一是在计算业绩评价指标时,利用现时成本模式或者现时成本的补充资料对子公司的财务数据及报表资料进行调整,利用现时成本数据进行业绩评价;二是在制定子公司的经营预算时就要充分考虑通货膨胀因素,对子公司的实际经营业绩进行追踪控制;三是选择现金流量这一客观指标对子公司的业绩进行评价,这一方面可以正确评价子公司所产生的现金流量是否能够充分弥补子公司的资产重置成本和资本成本并取得企业发展所需的利润,另一方面也可以更好地引导管理者的经营行为,促使其采取适当的措施,如加速货款回收和推迟货款支付,以防范通货膨胀风险。

7. 业绩报告

业绩报告是业绩评价系统的总结性报告,其主要内容包括所评价对象的实际业绩、实际业绩与评价基准之间的比较、差异说明和明确责任等内容。业绩评价报告是内部管理报告，并不是对外公布的财务报告，因此，不能用对外公布的财务报告代替业绩评价报告，而是要针对不同的评价对象，根据业绩评价系统的要求编制专用业绩评价报告。在编制专用业绩评价报告时同样要遵循区别性、可控性、全面性和一致性的评价原则。

（二）西方跨国公司的业绩评价实务及经验

业绩评价作为跨国公司管理控制系统的核心在西方国家得到了广泛的重视，有关业绩评价的实务工作也开展得比较深入，总结出了很多有益的经验。下面首先介绍一个有关于跨国公司业绩评价实务的调查研究，以帮助我们了解西方国家跨国公司是如何开展业绩评价的；然后总结西方国家跨国公司开展业绩评价的经验。

1. 业绩评价调查研究的结果

此项调查研究的调查样本为美国、欧洲和日本 88 家著名的跨国公司，调查方式主要采取问卷调查、个人访谈和圆桌会议相结合的方式进行。调查的结果如下：

（1）关于业绩评价系统的目标。调查发现，美国及美国以外的跨国公司都将确保企业拥有足够的获利能力作为业绩评价系统的首要目标，次之的目标是通过差异分析确定经营中所出现的问题以及进行有效的资源分配，以提高资源的配置效益。有趣的是，对管理者进行业绩评价并没有被所调查的公司列为一个重要的系统目标，这也反映了在业绩评价实务中并没有刻意区分单位管理者和单位的业绩，尽管这样做非常有价值。

（2）关于业绩评价指标。调查发现，跨国公司在业绩评价时所运用的主要指标仍是财务业绩指标。在所用的财务业绩指标中，预算和实际利润的对比指标被认为是最重要的，次之的对比指标是投资收益率（ROI），此外还有预算与实际销售收入的对比和经营现金流量等。在现金流量指标的运用中，美国的跨国公司侧重于站在母公司角度，而非美国的跨国公司则侧重于站在国外投资项目角度。在调查中还有一个有趣的现象，即尽管经济增加值指标在理论上备受推崇，但是在实务中却很少有公司重视和运用。

除财务业绩指标外，一些非财务业绩指标也在跨国公司的业绩评价中得到了广泛的应用。在所运用的非财务业绩指标中，市场占有率被认为是最重要的，次之的业绩指标是生产率改善指标、与当地政府的关系、质量管理和员工关系等。需要注意的是，调查发现，公司在对经营单位和经营单位的管理者进行业绩评价时，所用的指标是基本相同的，没有进行明确的区分。这与业绩评价系统目标的调查结果是相吻合的。

（3）关于汇率变动的影响。调查发现，在汇率变动的环境中，尽管所调查的公司都认为汇率变动对分支机构及其管理者的业绩评价所产生的影响要与分支机构及其管理

者对汇率变动风险的防范所承担的责任相一致,但是在具体做法上美国公司与非美国公司存在较大的差异。具体地讲,大多数美国公司将汇率变动造成的折算损益纳入对分支机构的业绩评价中(但是在对分支机构管理者的业绩评价中还要剔除汇率变动的影响),而非美国公司则刚好相反,它们通常认为汇率变动的影响应由公司总部负责,从而在对分支机构的业绩评价中将汇率变动的影响予以剔除。另外,调查还发现,在预算管理过程中,大部分公司(既包括美国的又包括非美国的)都选用第五种汇率组合,即用预计汇率编制预算,用实际汇率追踪实际业绩。

(4)关于通货膨胀的影响。调查发现,绝大多数美国公司在对分支机构进行业绩评价时并不进行通货膨胀的调整,对于在通货膨胀率过高的环境中进行生产经营的分支机构,则要求改以美元为功能货币,应用时态法进行外币折算,以消除高通货膨胀率的影响。而在进行通货膨胀调整的少数美国公司中,也多数是通过预算管理进行,即用预计通货膨胀率编制预算,然后与子公司的实际业绩相比较。与美国公司的做法刚好相反,绝大多数欧洲的跨国公司都认为,经过通货膨胀调整的业绩评价信息是更为合理和有效的,因此,它们都赞成在业绩评价前先对各分支机构的业绩数据利用现时成本资料或一般物价数据进行通货膨胀调整,并应用现时汇率法将其转换为母公司货币。

(5)关于评价基准。调查发现,所有的被调查公司都将内部预算标准作为首要的业绩评价基准。此外,业绩的纵向历史比较也被认为是比较有用的评价基准,而业绩的横向竞争对手比较和内部同质机构比较却不被常用来作为重要的评价基准。另外,在所调查的公司中,有40%的人认为应根据分支机构所在国的风险水平调整评价基准,高风险的就要有相应的高收益。

(6)关于其他环境问题。调查发现,虽然分支机构所在国的一些社会、政治和经济因素会对分支机构的业绩带来影响,但是所调查的公司都认为,在对分支机构进行业绩评价时基本上不考虑这些环境因素。

(7)对当前系统的满意度。调查发现,大多数被调查的公司都对公司现有的业绩评价系统表示基本满意,只有少数的一些公司(14%的美国公司和21%的非美国公司)认为他们当前的业绩评价系统可能会导致国外分支机构的管理者所做出的决策不一定是最优,有可能会损害公司的整体利益,因而需要进一步地改进。

2. 业绩评价成功实施的经验

除上述调查结果外,国外的一些有关跨国公司业绩评价的文献还总结了业绩评价系统成功实施的经验,主要有以下方面:

(1)不应将国外分支机构作为一个单纯、独立的利润中心进行业绩评价,要注意可控性、一致性等评价原则的运用,使业绩评价结果能够真正反映所评价对象对公司战略的实施和整体目标的实现所做出的确切贡献。

(2)在设置业绩评价指标和基准时,尽量根据国外分支机构的经营环境和具体目标进行设置。

(3)业绩评价系统要与预算管理相结合。具体而言,业绩评价指标要与预算目标体系保持一致;目标标准要通过预算编制延伸为预算标准;通过将实际值与预算值相比较,确定和分析预算差异,对相关责任者进行业绩评价。

(4)对分支机构的业绩评价应着重考虑与目标值(或预算值)之间的差异和导致这些差异的原因以及对未曾预计的事项的管理反应。

(5)分支机构的管理者不应对超出他们控制范围的因素和事项所造成的结果承担责任,但应鼓励他们对这些因素和事项做出积极的反应。

(6)在具体设置业绩评价指标和基准时,应允许作为被评价对象的分支机构管理者广泛参与这一过程。

(7)在评价国外分支机构时,不应只运用单一的财务业绩指标,而要设置多重的业绩评价指标体系,注意财务指标与非财务指标的平衡。

(三)业绩评价案例:美国 GE 公司的全球业绩评价系统

美国 GE 公司的全球业绩评价系统是基于分权经营的管理思想而建立的。GE 公司认为,如果给予各级管理者以明确的授权和必要的进行预算管理和实现目标所需的工具,那么管理者将更有责任感,他们的经营业绩也会更加出色。另外,分权经营也将会有利于公司克服对大规模、多样化的交易进行集中管理与控制所带来的弊端。在这种分权经营思想下,国外分支机构的管理者将和国内分支机构的管理者一样对其经营业绩负责。

并不是所有美国公司都像 GE 公司一样对国外的分支机构实行分权经营,正如美国 GE 公司的一位财务主管而言:尽管许多美国公司对本国的经营实行分权管理,但是对于国外的分支机构却往往采取集中的管理与控制,这主要是因为担心国外分支机构的管理者没有接受充分的国际财务管理的培训。对于 GE 公司来说,由于我们对国外分支机构的管理者给予充分的有关国际财务管理方面的培训,所以,我们也就敢于对国外分支机构同样实行分权经营。

GE 公司在对国外分支机构进行业绩评价时,并没有一个统一、固定的标准,每一个分支机构的战略方案、经营计划和财务目标都是根据该分支机构的具体情况制定的,并且在总部和分支机构之间取得一致。另外,如同其他大多数的美国公司一样,GE 公司通常对高风险的国外投资项目要求一个相应的高回报率,为此,公司专门开发了对世界各国的风险评估与排序系统。一般情况下,GE 公司对在高风险国家中进行的投资持有非常审慎的态度,并且通常都要求一个高的收益率。当然,这也不是绝对的,有时

还要考虑公司战略发展的需要。

GE 公司对国外分支机构的业绩评价主要根据该分支机构的战略目标和基于该目标的预算标准进行。GE 公司要求进行长期预算,预算期间一般为 5 年,预算的编制主要采取滚动预算方法。当每一年结束时,都要根据情况的变化,对后续的预算进行必要的调整。GE 公司所用的首要业绩评价指标为预算和实际利润的对比指标,其次是投资收益率 ROI[①]、销售净利率、市场占有率、存货和应收账款周转率及外币暴露风险等。

GE 公司在评价分支机构和分支机构管理者的业绩时所用的主要评价指标是一致的,但是在对管理者进行业绩评价时还需要考虑其他业绩指标,诸如管理者在改进政府关系、员工关系和企业内部运营效率方面的努力和结果。这些业绩指标的设立同样也需要与分支机构的战略定位和目标设置保持一致,并且要在总部和所评价的分支机构之间达成一致。不过,由于这些指标大部分是非财务指标,因此,在测量和评价时会不可避免地带有一定的主观性。

与公司的业绩评价系统相配套,GE 公司要求对分支机构及其管理者的经营情况进行定期检查,检查主要是由被检查单位的上级机构和主管进行,检查的重点是计划与决策、经营结果和近期的估计。这种定期检查可以有助于公司管理者及时发现和纠正那些违背公司整体利益的短期行为。

为了使公司的外汇暴露风险最小,GE 公司对分支机构固定资产的筹资主要通过长期权益融资解决,并要求分支机构的管理者对营运资本的平衡状况负责。当然,这些财务政策还要根据具体情况进行调整。

GE 公司并不像其他跨国公司一样,将筹资和外汇暴露管理职能集中于总部,而是授权于当地的管理者对其负责,不过要接受总部专业部门和人员的监督与指导。为了降低公司的外汇管理风险和交易成本,GE 公司专门制定了在内部单位之间进行套期保值安排的相关条例。依据该项条例,公司总部的财务部门从各分支机构中获取有关外汇暴露风险的数据,经过分析和权衡后向分支机构提供有关风险抵消所需的信息和建议。这样,公司各单位就可以在公司内部进行套期保值的安排,而无需借助外部的资源,从而发挥公司各单位之间互补的优势,提高公司资源配置的效益,降低公司的外汇交易风险和交易成本。

GE 公司要求分支机构的管理者采用预计的汇率编制预算,并为预算的结果负责。公司认为,尽管预计的汇率并不一定准确,但是国外分支机构的管理者应被给予一定的权利和手段,采取适当的措施以使他们实现自己的预算目标。这些手段主要包括套期保值和价格决策。各分支机构的管理者不仅可以在授权范围之内提高价格、削减成本、

---

① 计算公式为:ROI =(报告净收益 + 税后利息)/(净资产 + 借款)

加速收账、延迟付款、在当地融资和尽快地发放股利，还可以在可能的情况下签订远期合约。

同样，分支机构的管理者有责任和权利防止责任单位遭受汇率变动带来的损失，这也就是说，不管汇率如何变动，管理者都要为责任单位折算成美元后的利润负责。这正如公司的一位发言人所言："即使发生了未曾预期的货币贬值情况，分支机构的业绩评价仍然要基于折算成美元后的实际利润与预算利润之间的对比。GE 公司认为，汇率变动的风险应与在国外经营所遇到的其他风险一样对待。举例来说，如果一个分支机构由于一些特殊原因（如经营所在国经济萧条等）而导致销售收入低于预算，那么分支机构就应该采取相应的应对措施。此时，如果我们强调这些因素是不可控的，那么公司就没有办法管理和经营了。当然，我们并不是否认有些因素的不可控性，我们所强调的是分支机构应该对这些事项的发生采取一定的应对措施，既包括事前也包括事后的。"

资料来源：Choi , Frost, Meek. International accounting 4th edition. Prentice Hall.

本章思考题

1. 与单纯国内的企业相比，跨国公司的管理控制系统和其所运用的国际管理会计具有哪些特点？

2. 如何有效地防范跨国公司的预算管理风险？结合你在学习和工作中的心得谈谈个人体会。

3. 跨国公司进行业绩评价的主要原则是什么？结合 GE 公司的业绩评价系统，谈谈这些原则在 GE 公司中的具体应用。

本章作业题

1. 根据 SWOT 分析的原理对你所在的学校或企业进行战略分析；基于这些分析提出一些你认为有助于增强所分析单位竞争优势的战略选择。

2. 假设总公司的最优资本结构为 0.45，产权为 0.55，以此为基础确定的各类资本的加权平均资本成本为 16.5%，其中债务成本为 14%，所得税税率为 40%，按照"购置力对等"的原理，欲投资的子公司所在国货币对总公司所在国货币的年贬值率为 1.5%。试计算在考虑货币贬值率的情况下子公司的资本成本。

3. 母公司分别在 X、Y、Z 三国建立了三个全资子公司，其以母公司货币计量的初始投资和年度利润情况如表 8－3 所示。

表 8-3　X、Y、Z 全资子公司总资产和年度利润

子公司	总资产	利润
X	1 000 000	250 000
Y	3 000 000	900 000
Z	1 500 000	600 000

母公司对国内分支机构所要求的最低投资收益率为 10%，对国外分支机构则根据所投资国家的风险情况进行相应的调整，假定母公司对 X、Y、Z 三国的风险情况评定如表 8-4 所示。

表 8-4　X、Y、Z 国家的风险情况

国家	风险得分（满分为 60）
X	30
Y	21
Z	15

在其他条件不变的情况下，风险得分越高，意味着该国的风险就越低。

要求：试根据上述资料对 X、Y、Z 三个子公司的经营业绩情况进行分析。

本章参考文献

[1]常勋，常亮．国际会计（第 9 版）[M]．厦门：厦门大学出版社，2012.

[2]王善平，唐红．国际会计学[M]．大连：东北财经大学出版社，2013.

[3]郝振平．国际会计（第 3 版）[M]．上海：立信会计出版社，2009.

[4] 韩文连，黄毅勤，刘志翔．成本管理会计（修订第 2 版）[M]．北京：首都经济贸易大学出版社，2012.

质量管理会计

本章要点

本章介绍质量管理会计的基本概念、质量成本管理和作业质量成本管理、战略质量成本效益分析。学习本章,要求学生深入认识产品质量的涵义与重要性、质量与收益和成本的关系;掌握质量成本的内涵与分类;了解质量成本预测与计划、质量成本核算与控制;熟悉质量成本习性,掌握质量成本效益分析方法,尤其是质本利分析法;了解作业质量成本管理和战略质量成本效益分析,掌握质本价分析方法。

第一节　质量管理会计的基本概念

一、质量的内涵与外延

（一）质量的内涵

1. 国际权威观点

朱兰（J·M·Juran）认为[①]，质量是对顾客需要的满足（收益导向）或对不良工作的避免（成本导向）。具体到产品质量，是指能够具有针对顾客需要而使顾客满意的产品特征，或具有免于工作差错和顾客投诉的产品特征。

2. 国内权威观点

根据国家技术监督局修订的《质量管理和质量保证术语》（GB/T 19000—2008），质量是“一组固有特性满足要求的程度”。固有是指某事物或某物中本来就有的，尤其是永久的；特性是指可区分的特征，可以是物理的、感官的、行为的、时间的、人因工效的和功能的，既可定性描述也可定量描述。

3. 评述

根据国际权威观点，质量是对人类劳动成果的评价，它既体现为物质（产品）的有用程度，又体现为劳动（工作或服务）的有效程度，具有使用价值属性。国内权威表述的质量范畴显然要更宽广，“一组固有”既是人造的也可以是天然的，还包括人造寓于天然之中的。

（二）质量的特征

质量的特征亦称质量的特性，是指构成质量的元素。不同的产品（工作），具有不同的质量特征或质量特征组合。例如，对于某种食品而言，其质量特征表现为安全、营养、新鲜、味道、口感、时效、色泽和方便等；对于某项服务而言，其质量特征表现为舒适、便捷、愉悦、及时和尊重等。无论何种产品（工作），其质量特征及其特征组合并非一成

① 朱兰，等．朱兰质量手册[M]．北京：中国人民大学出版社，2003：8.

不变，而是具有相对性。在不同的背景（时空条件）下，质量特征及其特征组合是不同的。例如，就运输服务的质量而言，就有不同的交通工具，就有不同的质量特征及其组合；再如，同样的产品或服务对于不同的顾客群体，其满意程度是不同的。

（三）质量的外延与种类

从认知层面看，质量是一个抽象的和广义的概念；从操作层面看，质量是一个具体的和狭义的概念。例如，在企业里，对于CEO或高层主管而言，产品质量问题是经营问题，应以顾客需要为导向，对产品质量的管理过程着眼于研发、采购、制造、储存、运输、销售和售后服务；对于产品制造部门经理或质量主管而言，产品质量问题是专业（职能）管理问题，应以质量标准为导向，对产品质量的管理过程着眼于对标、培训、检验和绩效考核。

从质量管理的层面看，质量表现为作业质量、产品质量、部门工作质量、企业经营质量、企业品牌质量、行业质量和国家品牌质量。作业质量是指某项具体业务或工作的质量，如钳工加工质量；产品质量是指某种具体产品的质量；部门工作质量是指服务对象对企业某部门工作的满意程度或其符合专业工作标准的程度；企业经营质量是指顾客在企业经营期间对企业产品（服务）的满意程度；企业品牌质量是指顾客和业界对企业品牌的认可程度；行业质量是指同类产品（服务）在与其他类产品（服务）的比较当中所获得的公众认可度；国家品牌质量是指本国产品品牌在国内外顾客心目中的认可度，通常，只有获得多数国内外顾客认可的本国产品品牌才能够成为国家品牌。

（四）质量的描述与度量

“质量”二字包含了对质量的两种度量方式：一种是质化度量，亦称定性描述；一种是量化度量，亦称定量描述。质化度量多用形容词表述，如“好”“坏”“高”“低”“优”“劣”“最好”“很好”“好”“较好”“一般”“较差”“差”“很差”“最差”等。量化度量则多用等级或相对数值或数值区间表示，如“一级品”“二级品”“优质品率”“PM2.5颗粒物在20~50之间”等。

二、质量的经济性

经济性是质量特征或特性之一，通常是指与质量相关的经济价值。按照马克思的观点，商品具有两重属性：一是具有使用价值；二是具有价值（即经济价值）。质量是使用价值的体现，也是经济价值的附着对象。商品质量的高低不仅体现着使用价值的大小，而且也从根本上决定着商品经济价值的高低。质量的经济价值可以从两个不同的侧面来认识：一是收益；二是成本。质量经济性表现为质量与收益和成本之间的关系。

当质量引起的收益大于质量导致的成本时,质量具有经济性或质量经济性好;反之,质量不具有经济性或质量经济性差。因此,质量的经济性有两个视角:一是顾客视角;二是企业视角。从顾客视角看,当购买产品的使用价值等于或大于顾客认可的经济价值时,其产品具有经济性或经济性好;反之,不具有经济性或经济性差。从企业视角看,当出售一定质量的产品实现的收入能够补偿或大于生产经营产品所付出的要素价值时,其产品具有经济性或经济性好;反之,不具有经济性或经济性差。

(一)质量与收益

按照马克思的观点,商品是使用价值与价值的统一物,商品的生产者只有生产出符合顾客有效需求的商品,并使其使用价值得到顾客的认可,才能完成“惊险的跳跃”,实现商品的价值①。

质量与收益的关系就是使用价值让渡与经济价值实现的关系,产品的使用价值得到顾客的认可并且购买之,产品的生产经营者就可以取得收益。产品质量对收益的影响体现为:产品销售价格和销售订单、市场地位和市场占有率。高质量的产品往往意味着高投入或劳动复杂程度更高,基于其技术含量的价值更高,因而能够取得价格优势。高质量的产品对顾客需求的满足程度也更高,能够激起顾客强烈的购买意愿,产品获得销售订单的几率扩大。高质量的产品能够得到更多的顾客认同和良好的声誉,容易使产品生产经营者具有更大的产品价格话语权和价格影响力。由于品牌效应和市场地位,高质量的产品不仅能够巩固自己的市场份额,而且还易于扩大市场份额。

(二)质量与成本

符合顾客需求的使用价值创造是要投入各种资源的,如物料费、人工费和管理费。这些投入就是成本——成为创造使用价值之本。从经营的逻辑看,质量与成本的关系是使用价值创造与生产要素价值投入的关系:通过投入具有价值的各种生产要素,创造出符合顾客需求的使用价值。一旦顾客认可了企业产品的使用价值并且购买之,企业就可以用产品实现的价值来补偿成本以至实现盈利。从成本动因与质量的关系看,并非投入与质量之间总是呈现正相关的线性关系。如何将其关系理清,使成本与质量之间的互动进入可控和良性的状态,正是质量管理会计需要研究和解决的问题。

(三)质量管理与质量成本管理

如果将 GBT 19000—2016 中的质量策划与质量保证活动与朱兰“质量管理三部

---

① 卡尔·马克思. 资本论(第1卷)[M]. 北京:人民出版社,2004:105.

曲"中的质量计划合并为质量管理的第一环节,则企业质量管理的内容就由基本概念(术语)、质量计划、质量控制和质量改进四个部分构成。相应的,企业质量成本管理的内容也由质量成本的基本概念——内涵与分类、质量成本预测与计划、质量成本核算与控制、质量成本效益分析四个部分组成(见图9－1)。图9－1是对质量管理与质量成本管理之间相互关系的简单示意。实际上,在质量计划环节,尤其是企业进行质量策划和做出质量保证的环节,进行质量成本效益的分析也是必需的。

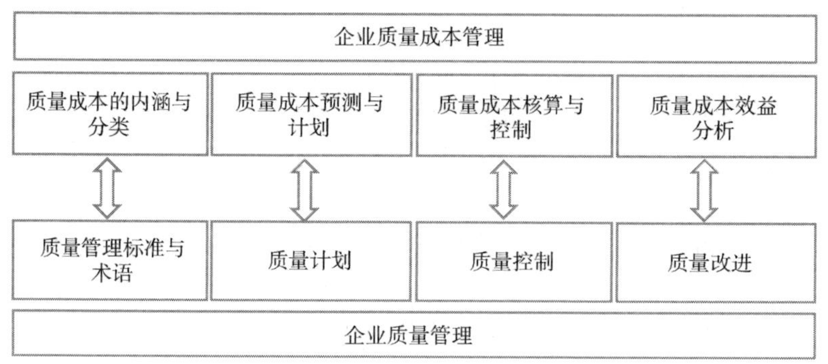

图9－1　企业质量管理与质量成本管理的关系

三、质量成本的内涵与分类

(一)质量成本的内涵与定义

1961年,时任美国通用电气公司质量主管的费根鲍姆(A·V·Feigenbaum)出版了名为《全面质量控制》的专著,明确提出全面质量管理的思想和质量成本概念。他把质量成本划分为预防费用、检验费用与产品不合要求造成的厂内损失和厂外损失四类,为质量成本在全面质量管理中的应用奠定了理论基础。

20世纪80年代,美国质量管理专家哈灵顿(H·J·Harrington)在《质量不良成本》一书中提出:"质量成本应改称为质量不良成本……它是指使企业全体雇员每次都把工作做好的成本,鉴定产品是否可以接受的成本和产品不合公司和(或)用户期望所引起的成本之和。"他认为,质量与质量不良成本之间是反向变化的关系,质量提升的结果是降低了质量不良成本;反之,降低质量不良成本能够保障或提升质量。

美国佛罗里达大学的格里纳(F·M·Gryna)教授将哈灵顿的观点写入《朱兰质量手册》(第5版,1999),认为不良质量成本就是质量成本,它由产品不符合要求的成本、过程低效率的成本和因质量问题失去销售收入的机会成本组成。

我国国家标准《质量成本管理导则》(GB/T13339—1991)对质量成本的定义是:将产品质量保持在规定的水平上所需的费用。它包括预防成本、鉴定成本、内部损失成本和外部损失成本,特殊情况下,还需增加外部质量保证成本。质量成本属于质量经济学范畴,它包括确保和保证满意的质量时所发生的费用,以及未达到满意的质量时所造成的损失。

王又庄教授(2008)将质量成本归纳为:企业为确保规定的产品质量水平和实施全面质量管理而支出的费用,以及因为未达到规定的质量标准而发生的损失的总和。

简而言之,与质量达标、质量改进相关的费用和因质量问题而丧失的收益机会就是质量成本。

(二)质量成本属性

成本的经济属性是为取得收益或实现决策目标而付出的以货币形式计量的代价。代价的表现形式是各种资源的耗费。从因果关系看,"种瓜得瓜,种豆得豆",一方面,成本具有带来收益的投资属性,所以人们才会积极地投入各种资源,使其在企业经营过程中源源不断地变成各项成本;但是另一方面,任何收益(效益)总是在收入扣减成本之后才形成的,成本与效益之间是此增彼减的关系。从数量关系看,只有减少成本开支才会获得较高的收益,所以人们又在经营过程中努力地不断减少各种资源的耗费。一提"成本"二字就联想到节约和降低,这就是成本所具有的双重属性。质量成本亦然。在保证质量的前提下降低成本以提高质量效益,在加大质量成本投入的前提下提高质量以带来质量效益,正是基于质量成本双重属性而形成的质量成本管理逻辑。

(三)质量成本的分类

1. 根据质量成本的用途分为预防成本、鉴定成本、内部损失成本、外部损失成本和外部质量保证成本

预防成本:用于预防不合格品与故障等所支付的费用。

鉴定成本:评定产品是否满足规定的质量要求所支付的费用。

内部损失成本:产品交货前因未达到规定的质量要求所损失的费用。

外部损失成本:产品交货后因未达到规定的质量要求,导致索赔、修理、更换或信誉损失等所损失的费用。

外部质量保证成本:为提供用户要求的客观证据所支付的费用。它包括特殊的和附加的质量保证措施、程序、数据、证实试验和评定的费用(如由认可的独立试验机构对特殊的安全性能进行试验的费用)。

2. 根据质量成本的存在形态不同分为显在质量成本和隐含质量成本

显在质量成本:根据国家现行成本核算制度规定列入成本开支范围的质量费用,以及由专用基金开支的质量费用。

隐含质量成本:未列入国家现行成本核算制度规定的成本开支范围,也未列入专用基金,通常不是实际支付的费用,而是反映实际收益的减少,如产品降级、降价和停工损失等。

3. 根据质量成本的作用分为积极质量成本与消极质量成本

积极质量成本是对保证和提升质量具有促进作用的成本,例如,因落实改进质量措施而发生的费用。

消极质量成本是对保证和提升质量具有负面作用的成本,例如,因不良质量导致的损失。

4. 根据质量成本控制对象,将质量不良成本分为直接质量不良成本和间接质量不良成本

著名的朱兰"质量三部曲"(Quality Trilogy)将质量成本控制对象确认为质量不良成本;哈灵顿将质量不良成本分为直接质量不良成本和间接质量不良成本。前者由企业直接负担,后者由用户承担并且包含隐形成本。表 9 - 1 是哈灵顿对质量成本的分类。

表 9 - 1　哈灵顿的不良成本分类

<table>
<tr><td rowspan="4">质量不良成本</td><td rowspan="3">直接质量不良成本</td><td>可控制成本</td><td>预防成本,检验成本</td></tr>
<tr><td>结果成本</td><td>厂内损失,厂外损失</td></tr>
<tr><td colspan="2">设备质量不良成本</td></tr>
<tr><td>间接质量不良成本</td><td colspan="2">用户损失,用户不满成本,信誉损失</td></tr>
</table>

5. 质量成本的其他分类

根据质量成本的发生原因及其受益对象分为直接质量成本和间接质量成本;根据产品质量形成过程分为产品(工艺)设计质量成本、材料能源采购质量成本、生产制造质量成本和销售服务质量成本;根据可控程度分为可控质量成本和控制失效质量成本;根据成本覆盖面分为产品质量成本、部门质量成本、企业经营质量成本和行业质量成本;根据质量成本的习性分为固定性质量成本和变动性质量成本等。

(四)产品质量成本与产品成本的关系

产品成本是指企业为生产产品、提供劳务而发生的各种耗费。其项目构成是直接材料、直接人工和制造费用。哪些材料费用、人工费用和制造费用允许列入产品成本,

要根据成本开支范围的法规确认。通常意义的产品成本仅仅是产品生产过程中形成的成本,亦称为生产成本,它并不包含企业经营期间发生的研发、管理、营业和财务费用;后者属于期间费用,计入当期损益,其特点是从生产角度或制造部门角度来看。而从企业经营角度(或管理会计视角)来看,还应当把期间费用分配到当期出售的产品成本中去,形成产品销售的完全成本。只有这样,才与当期实现的产品销售收入相匹配。为了区分产品的生产成本,王又庄教授将承担了期间费用的产品生产经营成本称为产品完全成本。

产品质量成本既不同于产品生产成本,也不同于产品完全成本,它只是产品成本中用于质量管理的一部分费用,此外再加上未计入产品成本却应计入产品质量成本的损失(含机会成本)。从数量上看,产品质量成本要小于产品成本。图 9－2 是产品质量成本与产品完全成本之间的关系示意。

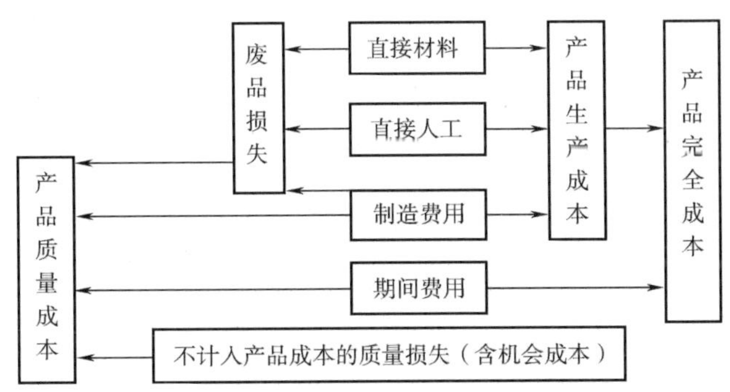

图 9－2　产品质量成本与产品完全成本的关系

第二节　质量成本管理

质量的实质是对用户需求的满足及其满足的程度。对于企业而言,是否能够生产出满足用户需求的产品要依能力而定。从用户需求到企业生产意向,属于主观范畴。要使主观愿望转变成为客观现实,离不开企业的生产要素投入能力,企业对生产要素的投入能力决定了企业对用户需求的满足程度及其满足的覆盖范围。生产要素的投入能力最终形成产品成本。如果说,产品成本是产品数量的制约因素,那么,产品质量成本就是产品质量的制约因素。因此,质量成本管理必然成为质量管理不可或缺的重要组

成部分。这也是为什么质量成本及质量成本管理的概念是由质量管理专家提出来的，而并非会计人员提出来的。根据朱兰“质量管理三部曲”——质量计划、质量控制、质量改进，质量成本管理过程亦可划分为质量成本预测与计划、质量成本核算与控制以及质量成本优化与质量改进三个阶段。

一、质量成本预测与计划

（一）质量成本指标体系

质量成本指标是反映质量成本水平和质量成本结构的量化指标，它是质量成本管理的重要观测值。质量成本的预测、决策分析、计划、核算、控制及考核评价都离不开质量成本指标。根据我国《质量成本管理导则》，构成我国企业产品质量成本指标体系的指标有以下七个：

1. 预防成本率

$$预防成本率(\%)=\frac{预防成本}{质量成本}\times 100\%$$

2. 鉴定成本率

$$鉴定成本率(\%)=\frac{鉴定成本}{质量成本}\times 100\%$$

3. 内部损失成本率

$$内部损失成本率(\%)=\frac{内部损失成本}{质量成本}\times 100\%$$

4. 外部损失成本率

$$外部损失成本率(\%)=\frac{外部损失成本}{质量成本}\times 100\%$$

5. 质量损失率

$$质量损失率(\%)=\frac{内部损失成本+外部损失成本}{工业总产值}\times 100\%$$

6. 产品成本内部质量损失率

$$产品成本内部质量损失率(\%)=\frac{内部损失成本}{产品成本}\times 100\%$$

7. 单位产品质量成本

$$单位产品质量成本(元/单位成品)=\frac{产品质量成本}{产品数量}\times 100\%$$

（二）质量成本预测

“凡事豫（预）则立，不豫（预）则废。”（《礼记·中庸》）质量成本预测是通过分析各种

质量要素与质量成本之间的依存关系，对未来一定时期内的质量要素水平下的质量成本进行的预计和测算，或是根据既定的质量成本预测有关质量要素的提升程度或改进水平。质量成本预测结果既是企业相关决策的依据，也是制定质量成本计划的主要依据。

进行质量成本预测需要收集和整理的相关信息有：企业历史资料、企业战略与经营目标、国内外同行业的质量成本资料、产品生产的技术条件及产品质量要求、用户的特殊要求以及与质量成本相关的质量要素数据等。

1. 质量成本预测方法

质量成本的预测方法有经验判断法、基础调整法、比率推算法、统计平均法、回归分析法、质本利分析法、功能成本法和因素分析法等。

(1)经验判断法。经验判断法是指由技术、财务和计划等方面有经验的专业人员，根据所掌握的资料，对未来预测期间的质量成本及其有关项目进行预计和测算。

(2)基础调整法。基础调整法是指根据以往的质量成本及其项目数额，考虑有关项目的未来变化幅度，继而调整得出预测数值。常用的计算公式为：

$$\text{质量成本预测值} = \text{基期质量成本} \times (1 \pm \text{项目}_1\text{的变化率}) \times (1 \pm \text{项目}_2\text{的变化率}) \times (1 \pm \text{项目}_3\text{的变化率}) \times (1 \pm \text{项目}_4\text{的变化率})$$

(3)比率推算法。比率推算法是指根据以往质量成本或质量成本项目占某一经济指标值的比率测算与该经济指标预期数值相对应的质量成本。例如，利用质量成本占销售成本或产品成本的比率，计算与预期销售成本或产品成本相对应的质量成本。

(4)统计平均法。统计平均法是指根据以往的质量成本或质量成本项目数额，计算其统计平均值，用于预测未来。统计平均法又可分为简单算术平均、累计加权平均和移动加权平均等方法。

(5)回归分析法。回归分析法是指利用以往的质量成本数据及其影响因素数据，建立起反映其数量关系的函数表达式，并根据此关系式预测质量成本。通常，将质量成本设为因变量，影响因素设为自变量。根据自变量的个数，可以是一元回归，也可以是多元回归。根据函数关系式的表达，可以是线性回归，也可以是非线性回归。

(6)质本利分析法。质本利分析法是指利用历史数据建立起反映质量、成本、利润三者之间关系的数学模型；再利用此模型进行相关变量的预测。

(7)功能成本法。功能成本法亦称“价值工程分析”，是通过产品功能结构与成本结构的对比分析，寻找降低成本途径的一种分析方法。其思路是：每一个产品部件的功能占比要与该部件的成本占比相称，如果不相称，就要分析原因，采取措施，促使其尽可能相称。

(8)因素分析法。因素分析法是利用质量成本与相关因素之间的数量关系式分析各个因素与质量成本影响程度的一种分析方法，包括连环替代法、差额分析法和指标分

解法等。

2. 产品研发的质量成本预测

产品(工艺)研究开发是企业响应顾客需求、设计和完善产品功能的初始阶段,也是决定产品先天性成本的重要阶段。根据产品研发和推出的进程,可以进一步分为概念构想、系统设计、细节设计、初步测试、中间试验、样品试制和小批量试制等步骤。研发质量体现为产品概念的质量、产品系统设计的质量、产品细节设计的质量、产品初步测试活动的质量、产品中间试验活动的质量、样品和成品的质量。前五个步骤相应的质量成本表现为工作质量成本,即产品概念构思活动的质量成本、产品系统设计活动的质量成本、产品细节设计活动的质量成本、产品初步测试活动的质量成本、产品中间试验活动的质量成本;后两个步骤的质量成本体现为样品质量成本和成品质量成本。

对于改进研发工作质量而言,我们需要加大对研发工作质量成本的投入或改善研发工作质量成本的结构;对于改进成品质量成本而言,同样需要加大对产品试制过程的质量成本投入或改善试制过程的质量成本结构。根据质量与成本之间的关系,预测指向有二:一是根据用户需求导向和研发工作要求,预测既定质量水平下相应的质量成本;二是根据以往的质量成本数据和增加投入的数量,预测相应的质量标准。

3. 产品制造的质量成本预测

产品制造的质量成本预测,通常采用经验判断法、比率测算法和因素分析法进行预测。以下是因素分析法中的指标分解法,即根据质量成本各构成要素的变化预测质量成本。

$$QC = \frac{DP + ST + LE + RE + SC}{Q(1 - R)} + A + K_1 + K_2$$

式中:QC 为单位产品质量成本;DP 为质量事故减产损失预测值;ST 为质量事故停工损失预测值;LE 为产品降级损失预测值;RE 为产品返修损失预测值;SC 为产品“三包”费用预测值;Q 为预测期产品产量;R 为废品率;A 为单位产品废品损失预测值;K_1 为单位产品预防成本;K_2为单位产品检验成本。

对质量成本构成分类越细致,分解出的变量因素越多,则预测结果的准确度就越高。对于单项质量成本指标的预测也可采用类似的方法。

$$R_1 = \frac{Q(1 - R_2)(1 - R_3) \times K_1}{Q(1 - R_2) \times P_1}$$

式中:R_1为预防成本率;Q 为预测期产品产量;R_2为废品率;R_3为质量事故减产率;K_1为单位产品预防成本;P_1为一级产品单位售价。

(三)质量成本计划

企业质量成本计划是实施全面质量管理的组成部分,应与企业综合经营计划、质量计划和产品成本计划相衔接。质量成本计划要以质量成本预测的结果为依据。质量成本计划一般包括单位产品质量成本计划、总质量成本计划、质量成本构成比例计划以及质量改进措施和费用计划。质量成本计划规定应达到的质量成本目标、为完成质量成本计划所采取的措施和检查与考核的质量成本指标。表 9－2 是质量成本计划。

表 9－2　质量成本计划表

质量成本计划

编表企业：　　　　××××年度　　　　单位：元

序号	质量成本项目		上年实际	本年计划	增减变动（%）	占比（%）
1	预防成本	质量培训费				
2		质量管理活动费				
3		质量改进措施费				
4		质量评审费				
5		工资及福利基金				
		小计				
6	鉴定成本	试验检验费				
7		质量检验部门办公费				
8		工资及福利基金				
9		检测设备维修折旧费				
		小计				
10	内部损失成本	报废损失费				
11		返修费				
12		降级损失费				
13		停工损失费				
14		产品质量事故处理费				
		小计				
15	外部损失成本	索赔费				
16		退货损失费				
17		折价损失费				
18		保修费				
19		诉讼费				
		小计				

续表

序号	质量成本项目		上年实际	本年计划	增减变动(%)	占比(%)
20	外部质量保证成本	质量保证措施费				
21		产品质量证实试验费				
22		评定费				
23		质量体系认证费				
		小计				
合计						

二、质量成本核算与控制

讲求质量经济效益离不开质量经济核算。质量经济核算包括两个方面:质量经济收益核算与质量成本核算。质量成本核算是质量成本管理的基础性工作,质量成本核算的成果是实际发生的质量成本——质量成本总额及其各成本项目的数额。

(一)质量成本报告(报表)

1. 质量成本报告及其作用

质量成本报告是对企业质量成本核算与质量成本管理活动结果及其原因调查、分析与建议的书面报告。其作用是:了解质量成本的数额及其构成、评价质量管理的适用性和有效性、发现需要注意和改进的地方、确定质量与质量成本目标和明确改进工作的措施。

2. 质量成本报告的内容与形式

根据我国《质量成本管理导则》,质量成本报告的内容包括质量成本发生额累计及其构成、揭示实际数与计划数之间的差额并进行分析、揭示影响质量成本的因素及其影响程度并提出改进措施、对典型事件进行具体深入的分析。

质量成本报告的形式有图像式、表格式、叙述式和综合式。常用的是报表及其附注的格式呈报。企业根据管理需要和实际核算情况设计具体的质量成本报告,通常有"质量成本计划完成情况表""质量成本指标完成情况表"。对于基层业务部门,还有内部质量成本报告,通常与内部质量报告相配套。

(二)质量成本核算模式

实践中,质量成本的核算模式有两种:一种是将质量成本核算与产品成本核算融为一体,俗称"单轨制",它将产品质量成本核算嵌入现行产品成本核算系统①。其优点是既保证了质量成本核算的可靠性、完整性和连续性,又可以满足现行产品成本核算制度的要求;其缺点是日常核算工作量较大,对于管理基础薄弱的企业来说,会带来更多的管理成本。另一种是在现行产品成本核算体系之外另起炉灶,亦称"双轨制",它单独设立统计质量成本的台账,需要时从现行的成本核算体系中选取有关数据。其优点是不改变现行产品成本核算的账户系统及其核算程序,减少数据稽核工作;缺点是信息的可靠性有所减弱。

(三)质量成本科目设置

质量成本分类是科目设置的依据。根据前述《质量成本管理导则》(GB/T13339－1991)对质量成本的分类,质量成本核算设置三级科目。一级科目"质量成本";二级科目"预防成本""鉴定成本""内部损失成本""外部损失成本""外部质量保证成本";三级科目是各二级科目项下的具体费用项目。

1. 预防成本

(1)质量培训费:为达到质量要求或改进产品质量的目的,提高职工的质量意识和质量管理的业务水平,进行培训所支付的费用。

(2)质量管理活动费:为推行质量管理工作所支付的费用。

(3)质量改进措施费:为保证或改进产品质量所支付的费用。

(4)质量评审费:对本部门、本企业的产品质量审核和质量体系进行评审所支付的费用,以及新产品投产前进行质量评审所支付的费用。

(5)工资及福利基金:从事质量管理人员的工资总额及提取的职工福利基金。

2. 鉴定成本

(1)试验检验费:对外购原材料、零部件、元器件及外协件以及生产过程中的在制品、半成品和产成品按质量要求进行试验、检验所支付的费用。

(2)质量检验部门办公费:质量检验部门为开展质量检验工作而支付的费用。

(3)工资及福利基金:从事试验、检验工作人员的工资总额及提取的职工福利基金。

(4)检测设备维修折旧费:检测设备的维护、校准、修理和折旧费。

3. 内部损失成本

(1)报废损失费:因产成品、半成品、在制品达不到质量要求且无法修复或在经济上不值得修复造成报废所损失的费用,以及外购元器件、零部件、原材料在采购、运输、

① 王又庄:质量成本会计[M].上海:立信会计出版社,2008:65.

仓储、筛选等过程中因质量问题所损失的费用。

(2)返修费:为修复不合格品并使之达到质量要求所支付的费用。

(3)降级损失费:因产品质量达不到规定的质量等级而降级所损失的费用。

(4)停工损失费:因质量原因造成的停工所损失的费用。

(5)产品质量事故处理费:因处理内部产品质量事故所支付的费用。如重新筛选或重复检验等所支付的费用。

4. 外部损失成本

(1)索赔费:因产品质量未达到标准,对用户提出的申诉进行赔偿、处理所支付的费用。

(2)退货损失费:因产品质量未达到标准造成用户退货、换货所损失的费用。

(3)折价损失费:因产品质量未达到标准折价销售所损失的费用。

(4)保修费:根据保修规定,为用户提供修理服务所支付的费用和保修服务人员的工资总额及提取的职工福利基金。

(5)诉讼费:因质量问题引起的与客户之间的法律纠纷而支付的律师代理费等。

5. 外部质量保证成本

(1)质量保证措施费:应用户特殊要求而增加的质量管理费用。

(2)产品质量证实试验费:为用户提供产品质量受控依据进行质量证实试验所支付的费用。

(3)评定费:应用户特殊要求进行产品质量认证所支付的费用。

(四)质量成本核算凭证

质量成本核算凭证亦称质量成本数据来源。在"单轨制"核算模式下,其核算凭证的来源是:废品通知单和废品损失计算汇总表,返修通知单和返修损失汇总表,材料领用单和材料费用汇总分配表,职工薪酬结算支付明细表、职工薪酬结算支付汇总表、职工薪酬汇总分配表,折旧费用分配表,培训活动费用表,检验工时报告单和检验工时薪酬汇总表,保修费用报告单和退换货损失报告单,售后维修服务费结算凭证汇总表,技术研发部门、管理部门、生产制造部门、物资采购部门、销售及售后服务部门的有关报告与费用明细表,以及属于隐含成本的质量事故停工损失计算表、质量事故减产损失计算表、产品折价损失计算表、产品降级处理损失计算表等。

(五)质量成本核算程序

根据王又庄教授的设计,单轨制下的产品质量成本核算程序如图 9 – 3 所示。

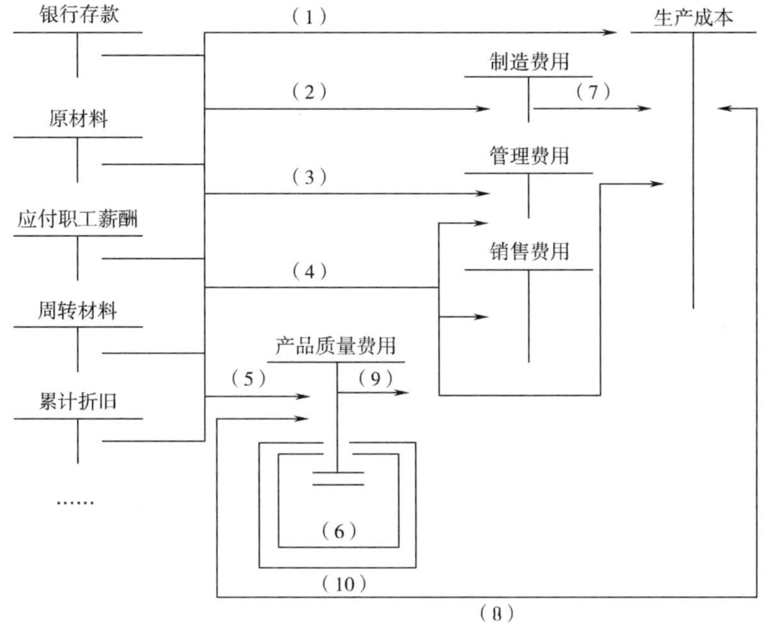

图9－3　“单轨制”产品质量成本账务处理程序

图中：(1)(2)(3)(4)(5)为分配费用要素；(6)为登记隐含质量成本，借记“产品质量成本”的“内部损失成本”“外部损失成本”等二级账户，贷记“产品质量费用调整”二级账户；(7)为结转制造费用；(8)为结转产品质量费用；(9)为分配产品质量费用；(10)为冲销质量隐含成本。

(六)质量成本控制

在实践中，质量成本控制是与质量成本计划和质量成本核算融为一体的。在编制质量成本计划时，要对计划的合规性、合理性、可行性和配套性等进行审核，这是事前的质量成本控制。在质量成本核算过程中，质量成本费用发生时，通过对原始凭证的填制与审核，对质量成本进行事中控制；通过记账凭证填制与审核以及账簿登记、试算平衡和编制月度、季度、半年度质量成本并进行分析，对核算年度内的质量成本进行事中控制。对年度报告的分析利用，虽是过去年度质量成本的事后控制，实质却是新年度的质量成本计划编制依据和事前控制依据。

质量成本控制主要通过对过程的控制和对组织的控制来实施。过程控制是指从物质流的角度对产品质量及其相关质量成本发生的过程从始至终地实施控制，其中包括产品(工艺)设计阶段的质量成本控制、物资采购阶段的质量成本控制、生产制

造阶段的质量成本控制、销售及售后服务阶段的质量成本控制。组织控制是指从责任划分与责任承担的角度对各部门甚至各岗位的质量责任及其质量成本费用责任加以明确并纳入考核，与责任承担者的利益挂钩。例如，预防成本由质量管理部门归口控制，将其分解落实到技术（工艺）研发部门和制造部门。鉴定成本由质量检验部门归口控制，将其分解落实到各个检验岗位。内部损失成本由质量管理部门归口控制，将其分解落实到各分厂、车间、班组、库房、科室和岗位。外部损失由营销部门归口控制，并分解落实到有关部门和岗位。外部质量保证成本由总工程师通过质量管理部门控制。财务部门配合业务部门开展质量责任成本核算，及时提供质量成本信息，为质量成本控制服务。

为落实质量成本责任，要对归口控制的责任指标进行定期考核。根据质量成本计划与质量成本核算资料，确认质量成本计划完成情况和各部门责任履行情况，进行定期考核评比。通过考核评比，根据有关制度定期进行奖惩。

三、质量成本优化与质量改进

质量改进必然涉及质量成本。产品（工艺）质量改进的路径通常有：弱化或减少产品多余功能、强化或增强产品主要功能、增加产品功能、扩大适用范围和改善使用条件等。与之相对应，有些质量成本会减少，有些质量成本要增加。质量成本具有抵减收益和创造收益的双重作用。一方面，质量成本与所有的耗费一样，需要用收入补偿，计算企业的经济效益时要用收入抵减。在收入一定的条件下，成本高低与效益高低相反，成本越高，效益越低；反之，成本越低，效益越高。正因如此，人们总是以消极的态度看待成本，欲降之而后快。另一方面，质量成本又与所有的投资一样，它是创造收入的根本。没有付出，哪来收获？没有投入，哪有产出？深圳华为公司从20世纪90年代中期开始，每年以占销售额10%的比例提取研发费用，长期坚持以客户为导向的产品研发高投入，最终使得该公司在业界脱颖而出，不仅成为我国拥有技术专利和自主知识产权最多的高科技企业，而且成为当今世界通信设备制造业数一数二的领导型企业。所以，不能孤立地、片面地看待质量成本，一定要将质量成本与质量的关系理清。只有着眼于质量经济效益，优化质量成本结构，尽可能减少低效或失效的质量成本，尽可能增加高效或有效的质量成本，才能真正有效地搞好质量成本管理。如何做到这一点？可以应用以下介绍的方法：

（一）质本利分析

质本利分析是根据历史数据建立起质量、成本、利润之间的数量关系模型；然后，利用该模型对质量经济效益进行分析。

1. 质量成本习性

质量成本习性是对质量成本因质量变化而产生的变化及其变化方向和程度所做的描述。根据经验数据，企业加大对于预防成本和鉴定成本的投入，必能提高或保证企业产品质量的达标程度或提升产品质量，因此，将减少因产品质量不达标或质量低劣而带来的内部损失成本和外部损失成本。据此判断，预防鉴定成本与质量的变化同向，即增大预防鉴定成本，必定使质量得以保证或提升，同时也将使内外部损失成本降低。虽然预防鉴定成本与质量之间有变化同向的关系，但是预防鉴定成本却与内外部损失成本之间形成了此增彼减的反向变化关系。这就为优化质量成本结构奠定了基础。

2. 质本利关系模型构建

在产品量本利分析工具的应用中①，企业产品销售利润 = 产品销售量 × 产品销售单价 -（企业产品承担的固定成本 + 产品销售量 × 产品单位变动成本）。运用量本利分析工具进行敏感性分析，其价格变动影响而形成的产品销售利润变化 = 产品销售量 × 产品销售单价差异。

假设产品销售单价因产品质量提升而得以提升，则由此形成利润增量；反之，假设产品销售单价因产品质量下降而降低，则由此形成利润减量。假如加大质量成本投入能够提升产品质量，后者又连带造成产品价格提升，那么，由于产品质量改进而形成的质量经济效益 = 产品销售量 ×（产品销售单价差异 - 单位产品质量成本差异）。其计算公式为：

$$\Delta E = (\Delta p - \Delta c)x$$

式中，产品销售单价差异（Δp）= 产品质量改进以后的产品销售价格（p'）- 产品质量改进以前的产品销售价格（p），亦称单位产品质量价差；由于该价差因质量改进或提升而得，所以是单位产品质量的有利性价差。

单位产品质量成本差异（Δc）= 变化以后的单位产品质量成本（c'）- 变化之前的单位产品质量成本（c）。由于此项差异是为改进产品质量而增加形成的，所以亦称单位产品质量成本增长性差异。

3. 质量边际效益分析

根据质本利关系模型：

产品质量经济效益 = 产品销售量 ×（单位产品质量价差 - 单位产品质量成本差异）

当单位产品质量有利性价差等于单位产品质量成本增长性差异时，即产品质量边际收入等于产品质量边际成本，产品质量经济效益为零，此时，往往是质量经济效益的最大值所在，可停止增大质量成本，止于至善。

---

① 见本教材第三章第四节的内容。

当单位产品质量有利性价差大于单位产品质量成本增长性差异时，即产品质量边际收入大于产品质量边际成本，产品质量经济效益为正，可以继续加大投入质量成本。随着质量成本的增加，企业质量经济效益也随之提升。

当单位产品质量价差小于单位产品质量成本差异，即产品质量边际收入小于产品质量边际成本时，产品质量经济效益为负。随着质量成本的增加，企业质量经济效益不但不会随之增加反而下降，所以应减少质量成本投入。

结论是：只要产品质量边际效益大于零，企业就应该持续不断地加大对产品质量改进的投入。

4. 质量成本结构优化分析

上述质量经济效益边际分析的逻辑前提是：企业增大质量成本投入之后会改进产品质量，而产品质量改进以后会得到市场响应——提高产品售价（即优质优价）。但在现实中，对于不具备价格话语权的企业，其提高价格的结果是产品销量受损。因此，在不触动产品销售价格的条件下，要提升产品质量经济效益，就要降低单位产品质量成本。在产品销售量不变的条件下，须降低产品质量成本总额。

美国著名质量管理专家费根鲍姆在将质量成本分成四个项目以后建立了一个最佳质量成本模型，人称费根鲍姆模型。他认为，当产品质量降低时，内部和外部的损失成本就上升；反之就下降。至于预防成本，只要提高产品质量，一般就会逐渐上升。而鉴定成本则不论什么情况，一般都趋于稳定。根据质量成本的这些特点，将四项成本之和绘成质量总成本曲线，其最低点即为最佳质量成本，其对应的产品质量水准即为最佳水准（见图 9－4）。

产品质量成本结构优化分析方法有列表法、图示法、微分法和代数法四种。

（1）列表法。列表法是通过列示不同产品质量水准下的成本寻找质量成本的最低区域，并以此作为质量控制标准和费用的最佳比例。根据表 9－3 举例，质量控制标准为 95%，两大类成本的控制标准分别为 42 万元和 38 万元，在此区域，质量成本 80 万元为最低。

表 9－3　质量成本结构优化列表　　单位：万元

质量标准	92%	93%	94%	95%	96%	97%	98%	99%
预防鉴定成本	35	37	39	42	48	52	56	62
内外损失成本	56	48	44	38	35	33	30	28
质量成本合计	91	85	83	80	83	85	86	90

（2）图示法。图 9－4 即为图示法示意。

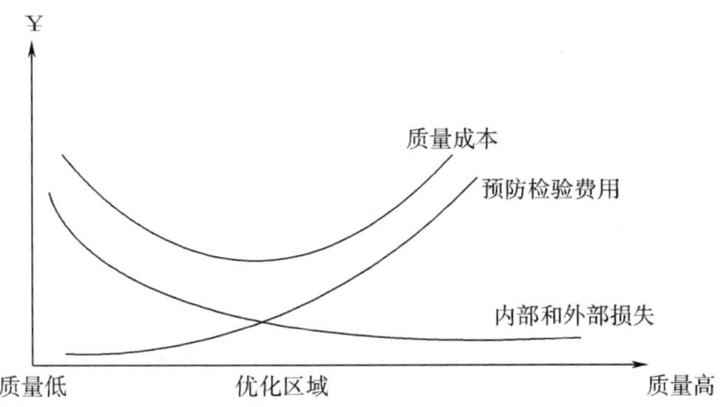

图 9－4 质量成本结构优化

(3)微分法。根据数学原理,某一函数在一阶导数为零处有极值,当其二阶导数大于零时,有极小值。微分法就是先确定质量成本函数,然后再通过微分方法寻找质量成本的最低点。

设:C——质量成本;

Q——量化的质量标准;

N——发生质量问题的次数;

A——平均每次质量问题要耗费的内部和外部损失;

F——平均每一个质量标准单位对应的预防检验费用。

则:

$$C=(N/Q)\cdot A+(Q/2)\cdot F$$

令:$C'=0$,解出:$Q=\sqrt{2NA/F}$

再令:$C''=0$,解出:$2AN/Q>0$,说明 Q 有极小值。

例如,某企业计划年度估计发生质量问题的总次数为 4 000 次,平均每次质量问题所导致的内部和外部损失为 20 元,平均每一个质量标准单位对应的预防鉴定费用为 1 元,据此确定最佳质量控制标准如下:

$$Q=\sqrt{2\times 20\times 4\ 000/1}=400(\text{质量标准单位})$$

显然,$2\times 20\times 400/400>0$,说明 Q＝400 是极小值。

$$\text{预防鉴定成本}=(4\ 000/400)\times 20=200(\text{元})$$

$$\text{内外损失成本}=(400/2)\times 1=200(\text{元})$$

$$\text{质量成本}=200+200=400(\text{元})$$

(4)代数法。根据上述三种方法可以推论,当两类成本数额接近或彼此相等时,质量成本有最小值。

令:$(N/Q)\cdot A=(Q/2)\cdot F$,解出:$Q=\sqrt{2NA/F}$,计算结果同上。

可见,运用微分法和代数法的前提是建立两类成本与质量标准之间的函数关系。

(二)功能—成本分析

1. 功能—成本分析原理

功能—成本分析,亦称“价值工程”,是用对称性的思维通过产品功能结构与成本结构的对比分析,寻找降低成本途径的一种分析方法。其思路是:每一个产品部件的功能要与该部件的成本相称,如果不相称,就要分析原因,采取措施,促使其尽可能相称。首先,要计算出各部件功能占产品总功能的比重,即各部件的功能系数 F;其次,要计算出各部件成本占产品总成本的比重,即各部件的成本系数 C;然后,将相应的功能系数与成本系数对比,计算出价值系数 V,即 $V=F/C$。如果 $V=1$,说明该部件的功能与成本相称;如果 $V>1$,说明该部件的功能与成本不相称,功能比重大于成本比重,要分析该部件是否功能过剩或成本不足;如果 $V<1$,说明该部件的功能与成本也不相称,功能比重小于成本比重,要分析该部件是否功能不足或成本过高。

功能是指产品的使用价值,包括各种质量特征。从产品整体来看,F 不再是比例系数而是量化的功能,C 是产品成本,此时价值系数 V 越大,说明成本效益越好。要提高成本效益,可从四个方面着手:①功能不变,降低成本;②成本不变,提高功能;③提高功能,降低成本;④成本上升,功能更大提高。

功能—成本分析可用于产品(工艺)的改进设计。

2. 功能评价与构成分析

如果把产品的功能看作一个整体,构成产品整体的各个部件就是局部功能的载体。各局部功能之间相互配合、相互影响,共同组成产品的总功能。如果将总功能定为100%,那么各部件功能量化的结果就一定小于100%,而且它们的总和就是100%。在对产品各部件或各子系统的功能进行定性分析(描述、定义和整理)的基础上进行量化处理,就可以得到各部件或各子系统的功能在总功能中的比重。图9－5是对某产品功能评价与构成分析结果的示意。图中 $F=F_1+F_2+F_3$。

3. 成本构成分析

与功能构成分析相对应,产品总成本也可以视同为各个部件或各个子系统成本之和。成本构成分析就是分析各个部件或子系统的成本占全部产品成本的比重。

4. 功能—成本对称性分析

假如某产品只有三个部件,经功能评价,$F_1=30\%$,$F_2=40\%$,$F_3=30\%$;产品总成本为1 000元,$C_1=250$ 元,$C_2=400$ 元,$C_3=350$ 元。则:

$V_1=30\%\div25\%=1.2$,表明成本与功能不相称,功能的重要程度超过成本比重,要分析由于成本相对不足是否影响功能的正常发挥。

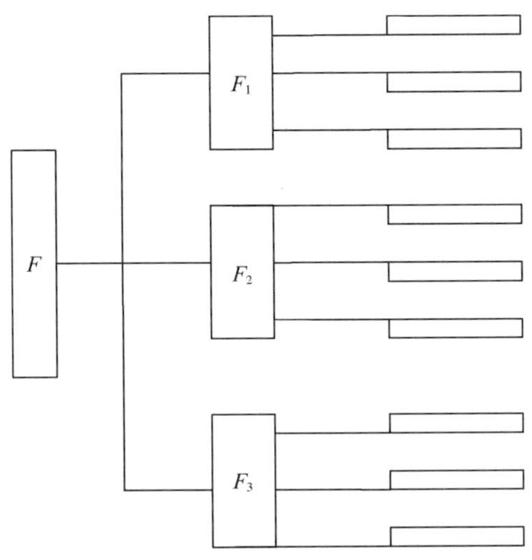

图 9－5　某产品功能系统图

$V_2 = 40\% \div 40\% = 1$，表明成本与功能相称，通常可以不作为分析的重点。

$V_3 = 30\% \div 35\% = 0.86$，表明成本与功能不相称，成本费用的投入程度大于功能的比重，需要分析是否存在浪费资源的现象。

5. 价值分析

功能—成本对称性分析的目的是平衡各部件投入与产出之间的关系。就提高价值而言，则是要尽可能地使成本相对降低，功能相对扩大。要做到这一点，有下列四种情形：

(1) 功能提高，成本不变。

(2) 功能不变，成本下降。

(3) 功能下降，成本更降。

(4) 成本提高，功能更高。

上述四种情形中，第(1)(2)(4)种情形均属于保证或改进产品质量，第(3)种情形须慎重。如果是通过市场—技术分析而简化产品功能——减少剩余功能、强化必要功能，仍属于质量改进，其价值提升可取。如果是因为工作未及质量或未达标而导致功能下降并成本也下降，其价值虽然提升却不可取。正如预算实施，因实际工作而节省开支属于节约，值得提倡；因未做工作而没有开支属于结余，不可取。

(三) 朱兰"质量管理三部曲"

朱兰博士所倡导的质量管理理念，深刻影响着世界质量管理的发展，其主编的《质量控制手册》(Quality Control Handbook) 第一版于 1951 年出版，被誉为当今世界质量控

制科学的名著，现已发行第六版（从第五版开始书名改为《朱兰质量手册》）。书中提到了著名的"矿中黄金"的观点，认为企业在不合格产品上浪费的成本就像一座金矿，企业可以对其进行不断的挖掘，以提高产品质量，降低质量成本。美国质量专家伦德瓦尔（Lundavall）发表了"水面冰山"的质量成本观。他指出，产品质量好似一座冰山，实际看到的低劣产品或服务带来的成本损失，犹如漂浮在水面之上的冰山一角，几乎90%的劣质产品或服务尚隐藏在水面之下。朱兰"质量管理三部曲"（Quality Trilogy）模型是一个以时间为横轴、以不良质量成本为纵轴的示意图。该模型是考虑在学习曲线和加大预防成本（尤其是培训）投入的共同作用下，通过"质量计划—质量控制—质量改进"循环而使不良质量成本不断降低。如图9－6所示。

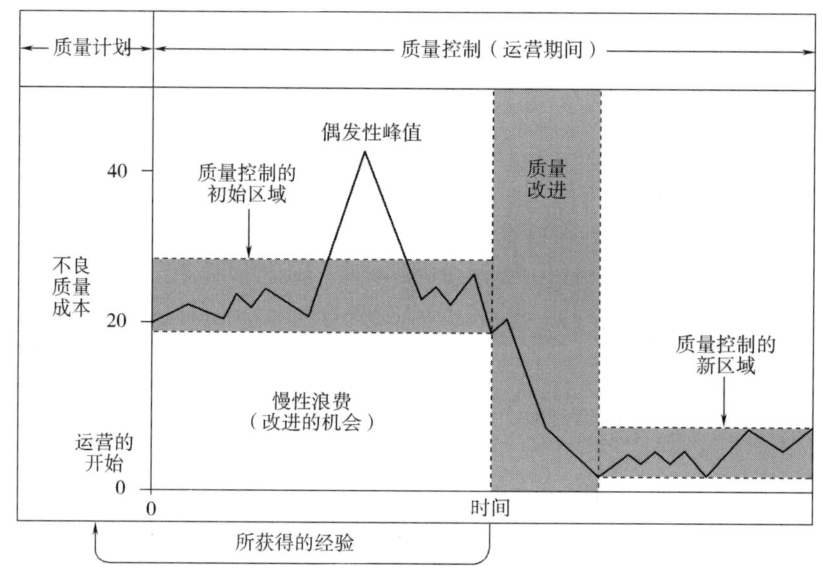

图9－6　朱兰"质量管理三部曲"示意图

第三节　质量成本管理新发展

早在20世纪80至90年代，人们就认识到产品质量是经济建设的战略问题，是企业的生命（盛树仁，1989；任正非，1997）；美国国家标准与技术学会（NIST）负责人赖曼

(Reimann)提出:质量是企业竞争力和国家竞争力的核心(赖曼,1992);美国著名质量管理专家朱兰认为:正如20世纪是生产率的世纪一样,21世纪将是质量的世纪(朱兰,1994)。21世纪以来,尤其是2008年金融危机之后,各国为了寻找经济增长出路,开始重视制造业。2012年,美国国家科学技术委员会发布了《先进制造业国家战略计划》,旨在发挥互联网优势重塑制造业;新上台的特朗普政府更是不遗余力地推行"制造业回归战略"。2013年,德国政府提出"工业4.0"实施建议,旨在第三次工业革命(信息化和自动化)的基础上,使工业制造向智能化、网络化和集成化方向发展。中国制造业面临的国际竞争压力陡增。

从2010年起,虽然中国制造业开始超越美国成为世界第一的制造业大国,但是其所占据的却是国际产业链的低端。以国际产业链微笑曲线(施振荣,1992)为例,在产品研发、零部件生产、模块零部件生产、产品组装、产品销售和售后服务各环节中,我国制造业所占据的主要是附加值最小的产品组装环节。而利润空间最大的两端——产品研发和售后服务,则主要由发达国家的企业占据。据《捕捉iPhone手机全球供应网络利润》报告(2011),在2010年度,每卖出一台苹果手机所获得的利润,苹果公司占58.5%,中国大陆组装利润占1.8%。而且,小到圆珠笔芯,大到航空母舰,甚至于汽车发动机、飞机发动机等,中国制造与世界制造业强国相比还有不小的差距。在市场上,中国人甚至连国外生产的奶粉、电饭煲、马桶盖等日用品都要抢购。中国制造正面临着国内外市场竞争的压力和产业结构不合理、产品附加值不高、资源和能源消耗大及环境污染严重三大难题。

对此,中国政府在2015年推出《中国制造2025》行动纲领。其主要内容是:"以提质增效为中心",在"创新驱动、质量为先"等五项方针指引下,遵循"市场主导、政府引导"等四项基本原则,明确"提高国家制造业创新能力、加强质量品牌建设"等九大任务,开展五项重点工程建设,采取八项政策保障措施,力争通过"三步走"实现制造业强国的战略目标。即第一步,到2025年使中国迈入世界制造业强国行列;第二步,到2035年使中国制造业集体达到世界制造业强国的中等水平;第三步,到新中国成立一百年时,使中国制造业位于世界制造业强国的前列。此后,中国开启了从制造业大国转变成为制造业强国的历史进程。

中国制造的转轨变型是"以提质增效为中心"的,在技术革命的浪潮推动下,"中国正面临着一场品质革命"(周其仁,2017)。在这场"品质革命"中,质量和质量成本管理上升到了突出的位置。

一、质量和质量成本概念的发展

（一）质量概念内涵与外延的发展

质量是在一定的技术条件和社会环境背景下，人们对物品（或服务）的使用价值的评价。评价的依据来自两个方面：一是技术方面；二是客户方面。技术方面形成的质量评价依据是质量的规定性，即质量标准，它通常由权威机构颁布实施、由独立机构鉴定和认证；客户方面形成的质量评价依据是实际使用效果，它在客户的切身体验和比较中显现。技术的进步与发展，促使质量标准（或产品达标的门槛）不断提高。而时过境迁，不仅不同群体的客户体验不同，即便是相同的客户群体，其体验也在变化。如果说，质量的技术标准侧重于体现供方的认识，那么，质量的人文标准则侧重于体现需方的认识。

18 世纪以来，以机械取代人力、畜力为标志的第一次工业革命从英国发端，继而蔓延到全球。19 世纪产生的马克思主义和泰罗科学管理的共同特点，是以促进生产力发展和效率提升为导向的。到 20 世纪中叶和 20 世纪末，以自动取代手动为标志的第二次工业革命和以信息化、自动化为特征的第三次工业革命相继发生。三次工业革命的成果是不断地将人类物质生产力推向极致，以至于形成一方面是物质产品极大地丰富甚至于过剩，另一方面是资源过度开采、环境污染加剧、生态危机频发的局面。进入 21 世纪，面临以智能化、网络化、集成化为特征的第四次工业革命，在节约资源、改善环境、化解生态危机的生存压力下，工业品的质量将取代数量，成为企业经济效益的主要来源。在中国，越来越多的公司开始把质量视为生存的根本，将质量管理上升到战略管理的层面。由此，产品供需双方对质量的认识也在深化。供方的认识从侧重于“达标”发展为侧重于“创新”；需方的认识也从过去的以是否符合国家标准的评价用语发展为体现人文关怀和对人类“适宜性”的“强”“好”“优良”“一流”等用语。

相对于人们对质量认识的侧重点的转移，质量概念的泛化更为明显。突出的例子就是质量的外延已经从企业“产品质量和工作质量”扩展到所有行政事业单位的“工作质量和服务质量”，并进一步扩展到了发展质量①和环境质量，使质量的意识无处不在。

（二）质量成本概念与外延的发展

与质量如影随形的是质量成本。首先，随着质量概念的深化，质量成本的内容也在变化，突出的表现是，从与质量改进相关的成本发展到与质量创造相关的成本。其次，

① 2017 年中国共产党十九大报告首次提出“高质量发展”的概念，其中包括了经济发展和社会发展。

随着质量概念的泛化，质量成本的范围也在扩大，突出的表现是，原来的间接成本变为直接成本，原来不属于质量成本的费用成为质量成本。

企业对质量和质量成本的关注，从制造层面上升到经营层面，从具体操作视角上升到战略规划视角，从侧重于控制和减少消极质量成本转变到侧重于加大对积极质量成本的投入——尤其是在政府加大对企业创新的政策扶持和经费资助的条件下。

质量成本的分类及其形态也有了新的发展：作业质量成本更加明细，运营质量成本和战略质量成本更加综合，甚至于超出企业层面，达到行业质量成本、地区质量成本和国家质量成本的标准。

二、作业质量成本管理

（一）作业质量成本概念

作业质量成本是因质量作业而发生的成本。作业（Activity）是指企业消耗资源的具体生产经营业务活动。在企业所有的业务活动中，凡是与企业经营对象的质量相关的业务活动都属于质量作业，如操作技能培训、产品检验、废品处理等。广义地看，由于所有引起质量成本发生的作业都是质量作业，所以对质量成本的管理就是对作业质量成本的管理。狭义地看，只有将作业成本计算和管理的方法应用于质量成本的计算与管理，才是作业质量成本管理。所以，作业质量成本管理实际上是对质量成本责任的明晰化。

（二）作业质量成本计算

作业质量成本计算过程如图 9 –7 所示。

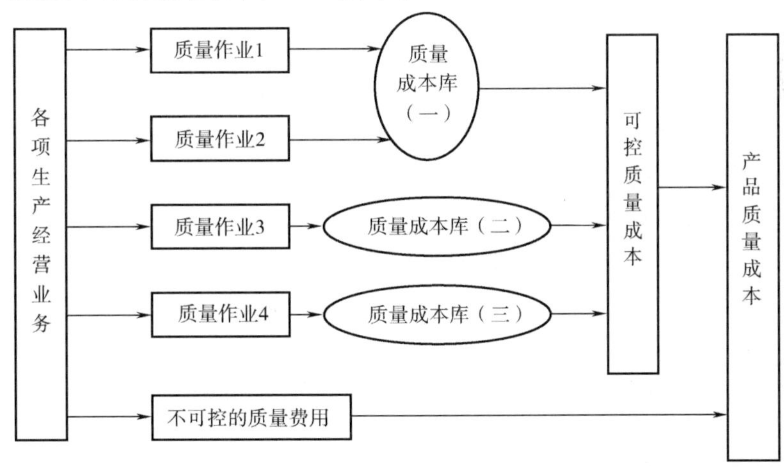

图 9 –7　作业质量成本计算

(三)作业质量成本管理特征

1. 算管结合

将可控的质量作业找出来并且设立不同的质量成本库进行归集,这个过程就是明确责任分析原因的过程。一方面,每一项质量作业的执行者便是相应的责任承担者,其对质量作业承担的责任大小通过核算可以确认;另一方面,质量作业作为质量成本的驱动因素,在质量成本发生的过程中就计算出来,可以寓控制于核算之中,更有针对性地发挥出核算的管控作用。所以,利用作业成本法对质量作业成本进行核算,是责任会计和作业会计在质量成本管理中相互结合的结果。

2. 产品质量成本计算更为准确

按照常规,对间接费用的分配仅仅采用单一的工时标准进行。作业质量成本计算的费用分配标准则根据不同质量作业的计量单位而不同。每一个质量作业成本库都按照特定的质量作业受益对象进行分配,并且成本分配标准数量越多,分配结果的准确度就越高。

需要指出,实施作业质量成本管理并不排斥前述质量成本的预测、计划、核算、控制、考核评价与质量经济效益分析。它只是在质量成本的核算和控制环节嵌入了作业成本法,使其核算更准确,使其控制更有效。

三、战略质量成本管理

(一)战略质量成本概念

1. 战略质量成本内涵

中国改革开放以来,企业赖于取胜的战略大多是低成本战略,即以规模化经营和数量取胜,“做大”成为企业家们追逐的梦想。进入 21 世纪,质量正在成为企业生存发展之本,质量的地位和重要性正在逐渐取代数量的地位和重要性。可以预期,在中国政府推进创新的政策引导下,更多的企业将放弃低成本战略而选择差异化战略,即以特色经营和质量取胜,“做强”成为企业家们追逐的梦想。

战略质量管理是将先前位于职能管理层面的质量管理提升到战略管理的层面,以产业价值链分析为着眼点,以质量效益为中心整合企业的资源配置。战略质量成本及其管理是战略质量管理的重要组成部分。

战略质量成本是从企业战略管理层面对质量成本的定位,是事关企业核心竞争力的主营业务及其产品的质量成本,也是事关企业生存发展根本的质量成本。按照常规的质量成本概念,事关产品先天性质量的研发费用不属于质量成本,与产品质量或服务质量相关的“黑天鹅事件”及其巨额赔偿也不属于质量成本，但是，由于研发费用和巨额质损既与质量相关又与企业生存发展的战略管控相关，而必须纳入战略质量成本的范畴。

2. 战略质量成本与产品质量成本、经营质量成本的关系

产品质量成本是从产品制造和经营的角度归集的质量成本，即企业为确保规定的产品质量水平和实施全面质量管理而支出的费用，以及因为未达到规定的质量标准而发生的损失的总和。

经营质量成本是从企业经营的角度归集的质量成本，它不仅包括传统的产品质量成本，而且还应包括在产品研发过程中的投入（费用化的部分）。研发是对产品功能与制造工艺的设计，它决定了产品质量的先天基因或产品使用价值得以形成的先天条件，从这个意义上讲，将研发费用计入具有投资功能的质量成本是合乎逻辑的。长期以来，华为公司奉行创新型产品差异化战略，该公司每年以 10% 的比例从销售收入中提取作为研发费用。仅 2013 年，华为研发费用支出就高达人民币 306.72 亿元，占公司收入的 12.8%。如此高强度的持续研发投入，不仅使华为公司获得了巨大的科研成效——截至 2013 年年底，累计申请中国专利 44 168 件，外国专利 18 791 件，国际 PCT 专利 14 555 件，是中国获得自主知识产权最多的企业，而且使华为公司获得了不断扩大的市场及市场份额和巨大的经济效益，最终成为全球通信设备制造业的市场领导者。

战略质量成本亦称综合质量成本，其内容和时间范围要比前两者宽泛。它一方面要将与质量相关的预提、待摊费用随战略管理覆盖的期限纳入成本，尤其是研发设备投入和巨额“黑天鹅事件”赔偿；另一方面，又要将战略管理期限内的经营质量成本及产品质量成本纳入战略质量成本，使其成为战略质量成本的组成部分。从这个意义上说，具有战略价值的企业经营质量成本或产品质量成本就是战略质量成本。

3. 战略质量成本信息的特征与来源

如果说，作业质量成本的差异性特征是精细和准确，为的是符合质量控制和落实责任的要求；那么，战略质量成本的差异性特征就是相关和及时，为的是符合战略决策和战略实施的要求。相关性和及时性特征决定了战略质量成本的获取渠道既有企业内部也有企业外部。与产品功能创新的相关研发费用，在上市公司会计信息披露的条件下和大数据环境中，企业战略决策所需要的战略质量成本信息是可以从企业外部获取的。

4. 战略质量成本管理与产品质量成本管理的比较

战略质量成本管理与常规产品质量成本管理虽然都是质量成本管理，但是在下列二十个方面存在区别（见表 9－4）。

表 9-4　产品质量成本管理与战略质量成本管理的区别

内容	产品质量成本	战略质量成本
质量成本属性	侧重于质量成本抵消收益属性	既重视抵消收益属性，更重视创造收益属性
高层重视程度	质量管理与其他职能管理相同	质量管理高于其他职能管理
质量管理目标	符合质量技术标准，提高质量达标率和顾客满意度	符合质量综合标准，追求卓越和优异绩效，提高客户满意度
质量成本目标	质量总成本最低	边际质量经济效益最佳
质量文化建设	提高全员质量意识	形成客户至上与不断创新的价值观
质量成本文化	提高质量，降低成本	质量创新，提高质量经济效益
职责分工	专设质量管理职能部门，质量成本则由会计部门配合核算	企业总裁挂帅，在职能部门之上设立委员会或领导小组，统筹协调质量暨质量成本管理
管理措施	提升预防鉴定成本，降低内部和外部损失成本	提升研发预防鉴定成本，降低内部和外部损失成本及隐形成本
管理重点领域	产品生产制造	研发、制造和售后服务
管理立足点	立足于计划和预算	立足于企业战略和发展规划
质量成本范围	聚焦于产品制造领域	覆盖产品研发、制造和营销全过程
管理期间	与日常经营周期一致	与战略期限一致且含危机处理期间
质量成本核算	根据 GB/T 13339－1991 开展	根据战略管理要求开展
核算数据来源	企业实际发生的经济事项	从企业内部与外部获取的相关数据
信息质量特征	真实可靠	相关及时
质量成本控制	依据质量成本计划与实际信息实施	依据企业内外相关信息判断分析与实施
质量改善	使之符合质量技术标准	不仅达标而且有所创新
质量成本报告	根据既定的报表格式与指标编制	根据战略分析、战略选择、战略实施和战略评价的要求提供相应的质量成本报告
标准化程度	强调与行业标准的一致性，标准化程度高	强调与企业自身特点和战略管理要求的一致性，标准化程度不高
管理方法应用	全面质量管理、费根鲍姆模型分析、对比分析、作业链分析、结构分析、“六西格玛”法、业务流程再造等	产业价值链分析、波特的“五力结构模型”分析、波士顿矩阵、安索夫矩阵、平衡记分卡、格里夫的“战略钟”、业务流程再造、“精益六西格玛”、质量成熟度分析、“质本利”分析、质量边际效益分析、“质本价”关系分析等

特别需要指出的是，战略质量成本管理并不是要否定常规的产品质量成本管理，而是要在产品质量成本管理的基础上，针对新变化的环境和企业经营战略改变的现实条件，提出“提质增效”的战略视角。从这个意义上看，常规与战略是分不开的。没有常规，战略不能落地，不能得到持之以恒的实施，但拘于常规或局限于常规，企业的可持续经营与发展前景堪忧。

（二）战略质量成本效益分析

与产品质量经济效益的分析不同，战略质量经济效益分析具有重要性、综合性、全面性和长期性的特征。重要性是指分析对象必须是与企业生存发展密切相关的重要产品或业务，而不是非主流、非代表性的普通产品或业务。综合性是指分析对象具有所有产品质量或经营质量的共同特征，具有代表性。全面性是指算账要算大账，得失比较要从全局考虑。互联网企业在计算经济效益时有一句流行的话：“羊毛出在狗身上，最后要由猪买单”。即不考虑具体产品或业务的收支对称与平衡，而是通盘考虑，因为“羊、狗、猪都在其可控的栏圈内”。长期性是指质量经济效益的计算期间要长，不是月度、季度或年度的质量经济效益，而是战略规划期间的经济效益。战略规划期间的长短随形势发展和管理需求而定，一般至少是三年、五年，或者是领导的任期，甚至是十年、二十年。

除了在特定条件下可以应用常规质量成本效益分析的方法以外，战略质量成本效益分析可以采用以下四种分析方法：

1. 产业价值链分析

产业价值链分析亦称微笑曲线分析，是通过分析产业链各环节的价值投入与产出，选择企业经营的业务或发展方向。微笑曲线由宏碁集团创始人施振荣先生1992年提出，其原理是：根据产品形成的研、产、销过程划分产业链各环节并计算每一环节的利润。由于起点研发端和终点售后服务端具有高额利润，而中间组装环节的利润最薄，由此形成U形曲线，故得名“微笑曲线”（如图9－8所示）。利用微笑曲线，加上对高附加值领域的进入成本和转移成本之权衡，可以帮助企业做出主营业务选择的战略决策。

2. 质本价战略分析

企业产品定价既是常规经营策略问题，也是战略决策问题。通常，具体定价属于常规经营定价区间，选择属于战略决策问题。在市场竞争中，产品的质量有高低之分，产品的价格有高低之分，产品的成本亦有高低之分。如果将三者的行业平均值作为高低分界则有八种组合，如图9－9所示。

此处的成本是指单位产品战略成本，其中应包括研发费用、巨额质损和隐含质量成

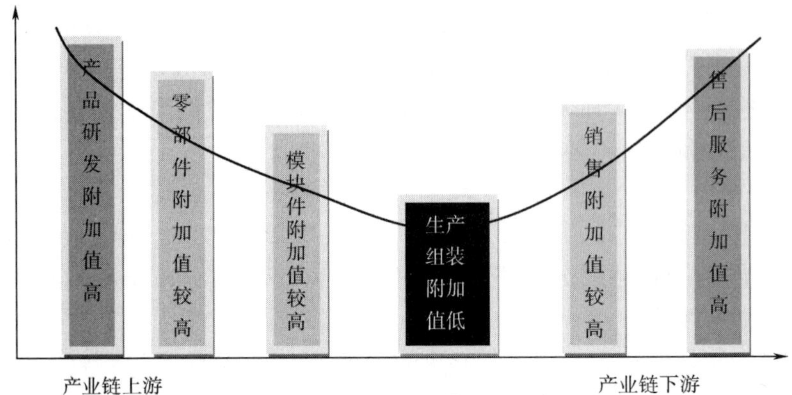

图9－8　微笑曲线(王喜文,2015)

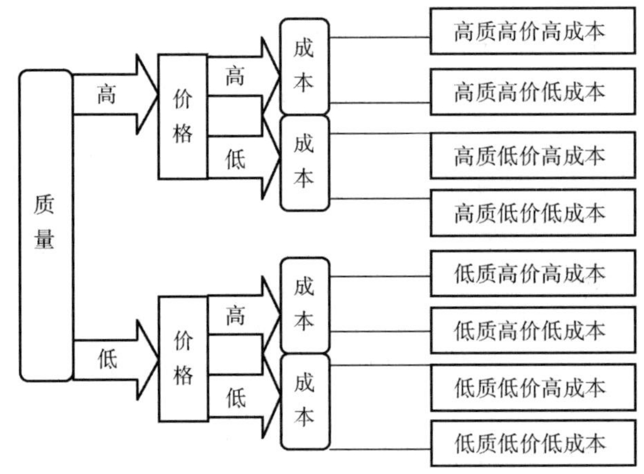

图9－9　质本价组合战略分析

本的分摊。

(1)高质高价高成本战略:采用此战略的前提是产品价格必须高于单位产品战略成本,并且将成本控制尤其是不良质量成本的减少作为工作重点。

(2)高质高价低成本战略:这是理想的选择,质量经济效益很好。

(3)高质低价高成本战略:这是失败的选择,质量经济效益差。企业一旦陷入此战略困境,就要在营销方面加大工作力度,争取价格回归,同时设法降低成本,使之低于价格,引领企业走出困境。

（4）高质低价低成本战略：这是抢夺市场份额的进取型战略，只要价格与成本之差形成的利润空间足够，企业的选择就无可非议。但是，由于质价不相称，对于企业来说也不是长久之计。

（5）低质高价高成本战略：这是不道德的选择，不是走正道，具有商业欺骗的性质。企业应该避免这种局面出现，要在产品质量提升方面下功夫。

（6）低质高价低成本战略：这是损人利己的小人行为，也是不道德的战略选择。虽然经济效益好，但商业欺诈的性质更严重。企业只有设法提升产品质量才能走上正道。

（7）低质低价高成本战略：这是危险的局面，努力降低不良质量成本是必然的选择。

（8）低质低价低成本战略：这是我国以往多数企业的战略，这条路越来越不好走，与国家实施的《中国制造 2025》的质量强国战略不符。

3. 业务组合分析（波士顿矩阵分析）

1960 年，美国波士顿咨询公司为一家造纸公司提供咨询时提出了一种投资组合分析方法，即波士顿矩阵（见图 9－10）。这种方法是把企业生产经营的全部产品或业务的组合作为一个整体进行分析，目的在于帮助企业确定经营战略。

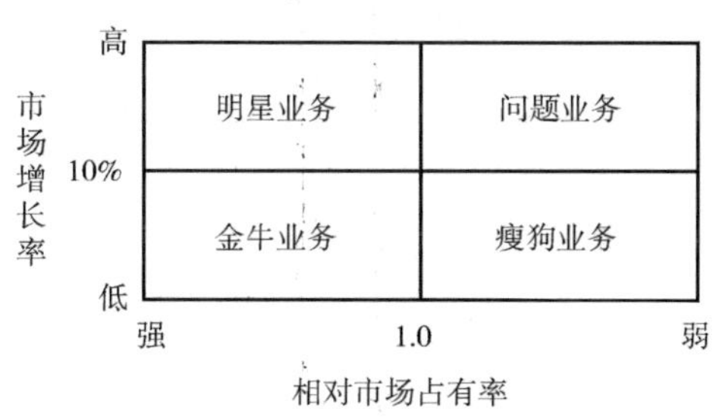

图 9－10　波士顿矩阵

图 9－10 中，矩阵的横轴表示企业某项业务的市场份额与这个市场中最大的竞争者的市场份额之比，通常以 1.0～1.5 为分界线。企业在行业中的相对市场份额能够显示企业竞争地位的强弱。纵轴表示市场增长率，是企业所在行业某项业务前后两年市场销售额增长的百分比，表明每项经营业务所在市场的相对吸引力。在分析中通常用 10% 的平均增长率为增长高低的界限。根据业务或产品的行业市场增长率和企业相对市场份额标准，波士顿矩阵可以把企业全部的经营业务定位在四个区域。

（1）明星业务。这类业务处于高增长、强竞争地位。在企业的全部业务当中，明星业务在增长和获利上有极好的长期机会，但也是企业资源的主要消费单位，需要大量的投资。

(2)问题业务。这类业务处于高增长、弱竞争地位,现金流量状况较差。高增长率使企业必须进行大量投资以支持其生产经营活动,而相对较低的市场份额使企业回收的资金很少。

(3)金牛业务。这类业务处于低增长、强竞争地位,市场地位有利,盈利率高,因此本身不需要投资,相反能够为企业提供大量资金,以支持其他业务的发展。

(4)瘦狗业务。这类业务处于低增长、低竞争地位。市场饱和、竞争激烈、获利率低,不能成为企业资金的来源。

产品组合分析指出了企业每项经营业务在竞争中的地位,使企业了解各项业务的作用和任务,从而有选择和集中地运用企业有限的资金。同时,该分析将企业不同的经营业务综合到一个矩阵中,具有简单明了的效果,可以使企业判断经营业务的机会和威胁、优势和劣势,判定当前面临的主要战略问题和企业未来在竞争中的地位。当企业选择"保留金牛业务、放弃瘦狗业务、强化明星业务、解决问题业务"的经营战略时,需要辅之以质量成本效益分析,尤其是对明星业务和问题业务。对明星业务是强化投入,对问题业务是降低成本,尤其是不良质量成本。

4. 价格杠杆分析

价格杠杆是指营业利润对价格的敏感系数。假设 E 为基期营业利润, E'为变动后的 E,p 为产品销售价格,b 为产品单位变动成本,x 为产品销售量,a 为企业固定成本,p'为变动后的 P,Re 为利润变动率,Rp 为价格变动率,Qp 为利润对价格的敏感系数(价格杠杆),则:

$$ERe = E' - E = (p'x - bx - a) - (px - bx - a) = (p' - p)x = px(p' - p)/p = pxRp$$

又因为:

$$Qp = Re/Rp$$

可得:

$$Qp = \frac{px}{E}$$

价格杠杆的含义是,营业利润变动对于价格变动的倍数。某企业的销售收入 6 亿元,营业利润 7.5 千万元,则价格杠杆为 8(6/0.75),即价格增长 1%,将使营业利润增长 8%。如果产品价格是因质量创新而变化,则由此形成的价格杠杆便是质量价格杠杆。

本章思考题

1. 什么是质量?质量与创新是何关系?

2. 什么是质量成本？其内涵和外延有何发展？
3. 常规质量成本管理有哪些环节？
4. 战略质量成本与常规质量成本有何不同？
5. 试述质量成本管理在“提质增效”中的地位和作用。

本章作业题

1. 试述“单轨制”质量成本核算的科目设置与账务流程。
2. 选用任何一种常规质量成本效益分析方法进行实例分析。
3. 选用任何一种战略质量成本效益分析方法进行实例分析。

本章参考文献

[1][美]约瑟夫·M. 朱兰,A. 布兰顿·戈弗雷. 朱兰质量手册(第6版)[M]. 焦叔斌,等译. 北京:中国人民大学出版社,2014.
[2]国家技术监督局. 质量成本管理导则[Z]. GB/T 13339－1991,1991.
[3]国家质量监督检验检疫总局,国家标准化管理委员会. 质量管理体系——基础和术语[Z]. GB/T 19000—2016,2016.
[4]王又庄. 质量成本会计[M]. 上海:立信会计出版社,2008.
[5]林万祥. 质量成本管理论[M]. 北京:中国财政经济出版社,2002.
[6]程抱全. 质量经济学[M]. 北京:科学普及出版社,1985.
[7]余美芬,林修齐. 企业质量成本管理[M]. 北京:北京理工大学出版社,1989.
[8]刘大明. ISO9000与质量改进——质量改进的理论、工具与应用[M]. 广州:广东人民出版社,1996.
[9]于启武. 质量管理学[M]. 北京:首都经济贸易大学出版社,2003.
[10]杨世忠. 管理咨询[M]. 北京:首都经济贸易大学出版社,2003.

环境管理会计

本章要点

本章介绍环境管理会计的产生发展及其所形成的微观环境管理会计和宏观环境会计。学习本章,要求学生了解环境管理会计产生的背景,国内外环境管理会计的发展动态;了解环境管理会计的基本概念——环境资产、环境负债、环境权益、环境成本、环境效益、环境审计、微观环境管理会计、环境成本管理、排污权交易管理、生态损害成本补充、环境绩效管理和环境经济综合核算体系(SEEA)等;掌握微观环境管理会计核算的基本内容和方法;掌握宏观环境管理会计核算的基本内容和方法。

第一节　环境管理会计的产生与发展

一、环境管理会计产生的背景

1962 年,美国海洋生物学家蕾切尔·卡逊(Rachel Karson,1907—1964)出版了《寂静的春天》一书。书中揭示了杀虫剂对环境的污染及其对人类的危害,尤其是各种致命化学物质对空气、土地和水域的污染,不仅难于清除,而且还进入了生物组织体内。一石激起千层浪,卡逊的著作敲响了生态危机的警钟,环境问题从此引起了人们的广泛关注。

1972 年 6 月 5 日,联合国在斯德哥尔摩召开有 113 个国家和地区代表参加的人类环境会议并通过了《人类环境宣言》(以下简称《宣言》)。这是人类第一次面对生态环境危机做出的共同宣言。《宣言》强调:由于科学技术的迅速发展,人类能在空前规模上改造和利用环境。人类环境的两个方面,即天然和人为的两个方面,对于人类的幸福和对于享受基本人权,甚至生存权利本身,都是必不可少的。保护和改善人类环境是关系到全世界各国人民的幸福和经济发展的重要问题,也是全世界各国人民的迫切希望和各国政府的责任。为了这一代和将来的世世代代的利益,地球上的自然资源,其中包括空气、水、土地、植物和动物,特别是自然生态类中具有代表性的标本,必须通过周密计划或适当管理加以保护。地球生产非常重要的再生资源的能力必须得到保护,而且在实际可能的情况下加以恢复或改善。

1973 年 1 月,联合国环境规划署成立。

1980 年,由世界自然保护联盟(IUCN)、联合国环境规划署(UNEP)和野生动物基金会(WWF)共同发表《世界自然保护大纲》,第一次提出"可持续发展"的概念。

1983 年,联合国通过 38/161 号决议,决定成立世界环境和发展委员会(WCED)。

1987 年,联合国世界环境和发展委员会发表《我们共同的未来》报告。由于该委员会时任主席是瑞典前首相布伦特兰夫人,因而该报告又称为"布伦特兰报告"。该报告系统地阐述了"可持续发展"的概念。指出:"人类有能力使发展持续下去——确保发展既满足当代人的需要,又不对后代人满足其自身需要的能力构成危害"。这个概念强调了两个方面:一方面是需要,尤其是世界各国人们的基本需要,应将此放在特别优

先的地位来考虑;一方面是限制,即技术状况和社会组织对环境满足眼前和将来需要的能力施加的限制。

1992 年 6 月,联合国在里约热内卢召开有 183 个国家代表团、70 个国际组织代表、102 位国家元首和政府首脑出席的环境与发展大会。会议通过了《关于环境与发展的里约热内卢宣言》(又称《地球宪章》)、《21 世纪议程》和《关于森林问题的原则声明》三项文件。会议期间,对《联合国气候变化框架公约》和《联合国生物多样性公约》进行了开放签字,有 153 个国家和欧共体正式签署。

从 2008 年起,联合国每年举行一次全球专业性的世界经济与环境大会(又称“世界环保大会”,WEC),每届大会均包括举办十场次专题论坛和行业会议。

2015 年 11 月,在联合国气候变化大会上达成《巴黎协定》,所有成员承诺减排,要将全球平均气温增幅控制在低于 2 度的水平。中国政府承诺到 2030 年碳排放达到峰值。

二、国外环境管理会计的产生与发展

业界将以价值运动为对象的企业会计分为企业财务会计和企业管理会计两个既相互区别又相互融合的组成部分。对于以自然资源及其环境为对象的会计,并没有严格的定义。因此,环境管理会计(Environmental Management Accounting)、环境会计(Environmental Accounting)、绿色会计(Green Accounting)和资源会计(Resource Accounting)等并未完全区分开来。环境会计或环境管理会计是在自然资源耗竭加速、环境污染越来越严重、人类面临的生态危机日益加剧、可持续发展问题日益突出的背景下产生的会计学分支,属于会计新领域,还处于理论研究阶段。但在实践中,尤其是在企业管理实务中,与资源环境相关的成本费用已经有了不同程度的核算。

1956 年,加拿大经济学家安东尼 · 斯科特(Anthony D. Scott)提出“应建立环境会计体系核算每年自然资源总量发生的变化”的设想。与发达国家开始普遍关注自然资源与环境问题相呼应,以 1971 年比蒙斯(F. A. Beams)撰写的《控制污染的社会成本转换研究》和 1973 年马林(J. TMarlin)的文章“污染的会计问题”为代表,揭开了环境会计研究的序幕(朱学义,1999)。1990 年罗伯 · 格瑞(Rob Gray)出版的《绿色会计: Pearce 之后的会计职业界》被公认为是环境会计研究的一个里程碑(周守华,2012)。

1993 年,在里约的世界环发大会的第二年,由联合国、欧盟委员会、国际货币基金组织、经济合作与发展组织和世界银行等国际组织共同发布了《环境与经济综合核算体系》(System of Integrated Environment and Economic Accounting ,SEEA)。SEEA - 1993 提出了对经济的可持续发展水平进行评估和测量的概念和方法。SEEA - 1993 是对《国民经济账户体系》(System of National Accounts ,SNA)的补充。

国民经济账户体系(SNA)主要是用来提供国民收入与支出的统计资料,考察其水平的主要内容是一个国家的综合国力。国民经济账户体系(SNA)最早可追溯至1947年的国民收入统计报告,报告中联合国统计委员会(UNSC)强调了大量法规政策的制定需要一致且具可比性的国民统计核算标准,随后国民经济账户应运而生。1953年,美国统计委员会出版了第一版国民经济账户体系(SNA),该体系包含6个标准账户和12个标准套表,并对国民经济循环流动进行了详细分类。根据实际运行经验,1960年和1964年,联合国分别对SNA进行了第一次和第二次修订。第二次修订使得SNA与国际货币基金组织的国际收支手册相一致。1968年,SNA大量扩充了国民账户并加入了投入产出账户和资产负债表,1968年版的SNA更加关注固定价格估计并致力于将SNA与物质生产系统(MPS)紧密结合。1993年修订之后的SNA对国民账户又有了很大的改进并使SNA与其他国际统计核算标准实现前所未有的融合。在1993年版的基础上,2008年根据最新经济环境变化、技术方法研究进展和用户需要,SNA再一次进行了修订。

在SEEA－1993发布之后,联合国等国际组织相继修改和发布了SEEA－2003和SEEA－2012两个版本。SEEA－2003明确了统一的概念和定义,以及各个账户核算的方法和步骤。SEEA－2012则基于一致的核算概念、定义、分类和规则,首次制定出环境—经济账户的国际统计标准,正式把自然资源与环境等因素纳入国民经济账户(SNA)中,建议各国采用环境与经济综合核算体系(SEEA)取代传统的国民经济账户体系(SNA),即把各种“坏的”GDP从GDP总值中剔除,得到“绿色GDP”。作为首个综合性的国际环境会计准则,环境与经济综合核算体系(SEEA)框架致力于把分散的基础性经济、环境和社会人口的统计信息以一种集成与概念一致的方式纳入政府会计报表,从而为不同层面的可持续发展决策提供依据。为此,1998年2月,联合国国际会计和报告标准政府间专家工作组第15次会议讨论通过了《环境会计和报告的立场公告》,形成了国际上第一份较为系统完整的关于环境会计和报告的国际指南。SEEA－2012不仅为自然资源和土地提供了价值评估指南,而且还有两个扩充部分:SEEA试验性生态系统账户(Experimental E. Ecosystem Accounts)和SEEA延伸及应用(Extensions and Applications)。这两部分内容重在提供方法和框架,并不作为国际标准发布。其中,SEEA试验性生态系统账户的核算账户设置和分类标准还没有确定。

根据SEEA－2012,环境资产包括七类资源:矿物与能源资源、土地、土壤资源、木材资源、水产资源、其他生物资源(除木材与水产资源之外)和水资源。自然资源资产隶属于环境资产,包括所有的自然生物资源(涵盖木材与水产资源)、矿物与能源资源、土壤资源和水资源,而所有人工的生物资源与土地则被排除在外。鉴于土地与土壤在空间供给所具有的不同作用,SEEA－2012把土地从自然资源中分离出来单独列示,而

把土壤资源视为自然资源的一部分。考虑到海水与空气存量太大而不具有实际分析意义，SEEA－2012没有把海水与空气纳入水资源范畴。自然资源资产可分为生产性资产和非生产性资产。生产性资产的估价与一般商品相同，非生产性资产的估价则是本书论述的重点。SEEA认为，当自然资源在市场上进行交易时，其价值能够由它们的市场价格以及它们剩余的使用年限确定。自然资源资产的价格不仅能够用于确定这些资产的经济价值，而且可以测度其耗减价值。如果一项自然资源缺乏可观察的市场价格，可以通过测算其未来现金回报的折现价值测度其当前价值。在市场价格原则下，SEEA－2012主张采用实物量与货币量两套指标体系计量自然资源资产，同时提供折余重置成本法、未来收益的贴现值法等方法计量无市场价格的自然资源资产。根据SEEA－2012，自然资源资产可以采用实物资产账户与货币资产账户分别进行会计科目的列示。SEEA－2012特别强调，为了记录部门间自然资源资产的交易与交换，事业单位的自然资源会计报表需要额外增加两个会计分录：自然资源资产的采集与处置、无偿征收。在特殊情况下，例如，国与国之间的土地交易或政治变迁导致一国总面积的变化，上述两个会计分录也适用于国家层面的自然资源会计账户。目前，各国都是在SEEA中心框架(2012)下结合本国实际情况探索资源环境核算的。

三、国内环境管理会计的产生与发展

1992年，葛家澍和李若山在《会计研究》发表“九十年代西方会计理论的一个新思潮——绿色会计理论”文章，开启了我国学术界对环境会计的研究。表10－1反映了我国学术界1992—2016年期间对环境会计的研究概况。

表10－1　国内学者对环境会计的研究概况

研究内容	主要研究者与研究年份
环境会计基本理论暨准则制定	葛家澍，李若山，1992；吴丽雅，1996；陈毓圭，1998；王立彦，周守华，1998，2008；朱学义，1999；谢德仁，李心合，孙兴华、王兆蕊，2002；许家林，2003，2004；肖序，2007；袁广达，2010；唐国平等，周守华、陶春华，2012
核算绿色GDP	王立彦，1992；雷明，1998；朱启贵，1999；高敏雪，雷明，2000；王树林，2001；肖序，2002；朱家位，2003；潘岳，王德发，牛文元，2004；解三明，侯元兆，2005；耿建新、张宏亮，孙娟、刘素珍，张劲松，2006；王秀丽，龚福和，2008
森林资源会计	王荣，1995；孟全省，刘鸣镝、杨旭东，2002；刘鸣镝，于桂娥，张卫民等，2004；樊策轩，2006；王天东、周少舟，雷新途等，2007；蔡炯等，2011；王富炜等，2012；柏连玉，中国森林资源核算研究项目组，内蒙古自治区林业厅，2015；耿国彪，2016；王骁骁，耿建新等，2017

续表

研究内容	主要研究者与研究年份
企业环境成本核算与控制	王立彦,1995;郭道扬,翟新生,1997;李祥文,1998;许家林,2000;杨耕砚,李茜,2001;吴新民、潘兴,赵细康,2003;许家林,2004;林万祥、肖序,周志芳,蔡春,2006;于增彪,2007;朱宇,2008;袁广达,2009;冯巧根,2011
矿产资源会计	朱学义,1999;潘旭红,2005;吴杰,2009;龙海纶,2010;范振林,2014;唐金荣等,李慧霞、张雪梅,2015;伍世安,季曦、刘洋轩,2016;范振林,2017
宏观环境会计核算	阎达五、耿建新,翟新生,1997;吴优、曹克瑜,1998;沈振宇,2000;张百玲,2003;张英,2005;丁丁,2007;汤琦瑾,郑石桥,2008;於方,2009;杨世忠、曹梅梅,2010;姚霖、黎禹,王乐锦等,2016
自然资源会计	许家林,1999,2008;叶慧娜等,2005;王富炜等,2011
自然资源产权主体与权益划分	肖国兴,1997;李胜兰、曹志兴,2000;沈振宇,2000;晁坤,孟昌,2003;伍中信、龚慧云,汤琦瑾,2005;宋梅,谢地,2006;陆正飞、叶康涛,张白玲,2007;郑石桥,左正强,刘灿、吴垠,2008;曹越、伍中信,2011;雷彪,2012;董金明,2013;张薇、伍中信等,李显冬、牟彤,2014;杨海龙等,2015
环境会计信息披露与报表结构分析	王立彦,2001,2003;李建发、肖华,宋子义等,2002;耿建新、刘长翠,2003;袁广达,2005,2007,2012;郭道扬,黄溶冰、王丽艳,王军等,2008;孙兴华、张宏亮,黄群慧等,2009;张新民,2009,2012,2014;周守华,于增彪,2011;谢志华,2012;张宏亮等,2016;陈红等,2017
水资源会计	杨美丽等,2002;沈菊琴等,刘丙军、邵东国,2005;甘泓、高敏雪,许家林,王昌锐,2008;周同藩,2012;甘泓,2014;陈波、杨世忠,刘汗、张岚,2015;简富缋,刘大海等,韦凤年、董明锐,商思争,2016;贾玲等,高阳等,2017
微观环境管理会计	赵贺春,2004;白蔚秋,2007;郑玲、肖序,2012;马永欢等,2014
编制自然资源资产负债表	耿建新,耿建新、王晓琪,荆新,史丹、张金昌,黄溶冰,陈红蕊、黄卫果,封志明等,张友棠等,王泽霞、江乾坤,武音茜,周志方、王玉,张航燕,王智飞,赫雁翔,洪燕云等,蒋洪强等,王淑娥、程文琪,杨双惠,高红海,甘泓等,2014。耿建新等,黄溶冰、赵谦,陈波、杨世忠,刘西友,乔晓楠等,姚霖、余振国,刘思旋、崔琳,马家欢、刘清春,李伟等,高志辉,杨睿宁、杨世忠,胡文龙、史丹,陈艳丽等,封志明等,江东等,陈玥等,杨海龙等,杜方,苏一丹,肖序等,2015;高敏雪,姚霖,刘明辉、孙冀萍,李金华,洪昊、孙巍,2016;杨世忠等,周志方等,盛明泉、姚智毅,朱婷等,林进添,陈燕丽、王普查,姚霖,许宪春,董毅,刘毅、张翠红,耿建新等,汪佑德,2017
土地资源会计	耿建新、王晓琪,2014;耿建新等,薛智超等,2015;姚霖、余振国,2016
自然资源资产和负债问题	李四能,向书坚、郑瑞坤,2015;雷进贤、王毅,耿建新、唐洁珑,向书坚、郑瑞坤,商思争,2016
草原资源会计	刘欣超等,张心灵、刘宇晨,2016

注:表中同一文章两位作者之间用顿号,不同文章之间用逗号隔开。

从表 10－1 看出，我国的环境会计研究是全方位展开的。研究者主要由学校师生、科研院所研究人员、政府部门管理者、社会中介组织与学术团体成员及企业管理者构成。从研究文献篇数看，研究自然资源资产负债表以及各分项资源资产负债表的文章数量高居榜首，且从 2014 年以来呈现“井喷”态势。其主要原因是 2013 年 11 月中国共产党十八届三中全会提出了“探索编制自然资源资产负债表，对领导干部实行自然资源资产离任审计。建立生态环境损害责任终身追究制”的明确要求，符合广大人民的切身利益而引起社会的重点关注和学界的强烈共鸣。

四、环境管理会计产生与发展综述

环境管理会计的理论研究和实践来自国外。国外环境会计的研究源于 20 世纪 70 年代，兴起于 80 年代。以 1987 年联合国世界环境和发展委员会的报告《我们共同的未来》为标志，环境会计的理论研究渐渐成为热点。从 1990 年起，环境会计成为联合国国际会计和报告标准政府间专家工作组（ISAR）每届会议的主要议题。除了对于环境会计的必要性和学科属性所进行的基础性研究以外，环境会计面向解决实务问题的研究主要是沿着两个层面和三个分支展开的，分别是宏观层面的环境经济综合核算（SEEA）和微观层面的环境财务会计与环境管理会计。

在宏观层面主要有两个方向：一是将会计的方法原理引入环境经济综合核算（SEEA）；二是基于可持续发展视角，从战略的高度出发，关注的是企业与社会、环境、经济之间的相互联系和作用。前者虽然提及资源核算中的自然资源资产负债平衡关系，但是却并非企业运行中的资产负债表的逻辑。后者主要阐述了可持续会计的定位、作用和动机，强调了非财务信息和管理的重要性。但现有研究仅指出了可持续会计是环境会计的延伸和发展方向，并没有阐明可持续会计与现有环境会计在操作层面上具体有哪些不同，也还未明确提出可持续会计的具体框架和体系。

在微观层面有两个分支：一是环境财务会计；二是环境管理会计。前者主要是基于外部性理论视角和环境信息披露视角进行研究。基于外部性理论视角研究环境会计的目的主要在于解决由于污染企业的负外部性带来的环境问题，为解决外部性问题提供了具体的办法和措施，对实施排放权交易和开征环境税具有重要的现实意义。基于信息披露视角的环境会计研究文献的数量相对较多，其理论基础和实证研究也较为成熟。其中，对于信息披露的影响因素的研究非常多，但由于角度和口径各有不同，所以结论并不相同。另外，对于公司制定披露信息的决策机制，以及投资者如何响应公司披露的信息等方面的研究还相对较少。后者主要是基于成本管理视角，侧重于内部管理和成本控制的技术和方法，主要用于为管理人员提供环境决策依据。在现有文献中，成本效益原则是普遍采用的环境成本管理的基本原则，但在计量技术和控制方法上，由于具体情况和目的不同,还没有形成权威方法和统一口径。

第二节　环境管理会计的基本概念

一、环境资产

(一)环境资产含义

根据联合国《环境成本和负债的会计与财务报告》(1998)的定义,环境是指我们周围的自然物质存在,包括空气、水、陆地、植物、动物和非再生资源(如石油、矿物)。这里定义的环境是指自然环境。该报告对于资产的定义是:企业所控制的、由过去事项所产生的,能给企业带来未来经济收益的资源。这与我国《企业会计准则》对资产的定义是一致的。该报告对于环境资产的定义是:因符合资产的确认标准而被资本化的环境成本。

根据联合国专家工作组的意见,环境成本一分为二:不能够在当期摊销的环境成本是资本化的环境成本,它是环境资产;能够在当期摊销的环境成本是费用化的环境成本,它才是货真价实的环境成本。

国内学者对环境资产的定义与联合国专家工作组的定义有两方面的不同:其一,"环境资产是特定会计主体从已经发生的事项中取得或加以控制,能以货币计量,可能带来未来效益的环境资源"(徐泓,1998)。此定义突出"特定会计主体"和"货币计量"两个特征,前者突破"企业"局限,符合实际;后者则变相地排除了采用"实物计量"而非货币计量的环境资产,自设局限。其二,"环境资产是指由过去的、与环境相关的交易或事项形成的,并且由企业拥有或控制的资源,该资源能够为企业带来经济利益或社会利益"(王立彦,2014)。此定义中的"社会利益"表述更符合实际。

我们认为,环境资产是特定会计主体从已经发生的事项中取得或加以控制,并且可能带来未来效益的环境资源。此定义中的"特定会计主体"既包括营利性组织,也包括非营利性组织,既包括微观组织,也包括宏观组织;"未来效益"包括经济效益、社会效益和生态效益。

(二)环境资产分类

环境资产的分类取决于不同的视角和管理要求。

1. 根据人类对自然环境的干预程度将其分为天然环境资产和人为环境资产两大类

天然环境资产是指天然存在于客观世界中的自然资源,如原始森林、天然湖泊和处女地等;人为环境资产是指经过人工开发利用的自然资源,如人工造林、水库沟渠和农田耕地等。

2. 根据资源形态的转化方式将其分为可再生环境资产(亦称可再生资源)和不可再生环境资产(亦称不可再生资源)两大类

可再生资源是指人类可以循环利用的自然资源,如地表水、林木、草原等;不可再生资源亦称耗竭性资源,是指人类加工利用之后不能够还原回初始形态的资源,如石油资源、矿产资源等。

3. 根据政府管理职能分工归类,环境资源分为国土资源、水资源和林业资源三大类

国土资源是指在国土资源管理部门管理范围内的自然资源,包括矿产资源、土地资源、地质遗迹及景观资源和海洋资源等;水资源是指由水利部门管理的地表水与地下水资源,包括河流、湖泊、水库和水渠等;林业资源是指由林业部门管理的自然资源,包括林木资源、林地资源和生物多样性资源等。与此分类相对应的是国土资源资产、水资源资产和林业资源资产。

4. 根据会计学对资产的分类,可将环境资产分为环境流动资产、环境固定资产、环境无形资产和环境递延资产

环境流动资产是指出于环境保护或改善的目的而取得或购入的原材料、辅助材料、零部件、半成品、商品和应收债权等流动资产;环境固定资产是指出于环境保护或改善的目的而取得或建造或购入的各种设备、设施,如污水处理设备、废气排放设备和环境监测设备等;环境无形资产是指有关环境污染治理的专利技术和非专利技术以及排污权等;环境递延资产是指由会计主体预付、受益期超过 1 年或正常营运周期以上的环境支出。

二、环境负债

(一)环境负债含义

联合国专家工作组对负债的定义是:企业由于过去的事项所产生的一种当前的义务,其清偿会导致蕴含经济利益的企业资源的流出。与此相应,环境负债的定义是企业发生的,符合负债的确认标准,并与环境成本相关的义务。

美国环境保护署将环境负债定义为:由于过去或持续制造、使用、排放或危险排放

某一特定物质,或其他不利于环境的活动导致的在将来支出的法定义务。

联合国与美国环境保护署的定义皆是从实务操作层面定义环境负债的。我们认为,环境负债的实质是人类对于自然环境所承担的保护或改善的责任,即对恢复和改善生态环境、并为未来可持续利用自然资源所承担的责任。"债"字由"人"和"责"组成,意即人所承担之责。从汉字的发展演变过程看,是先有"责"(许慎《说文解字》,东汉),后有"债"(刘树屏《澄衷蒙学堂字库图说》,1889)。人类对环境资源的开发利用要考虑到人类的子孙后代和适宜于人类生存的自然生态环境的延续,凡是对自然资源开发利用的结果有悖于此项要求的都是一种负债。譬如,由于资源的开发而破坏植被带来水土流失、荒漠化、沙尘暴、雾霾天和碳汇能力减弱等一系列灾害;兴建高耗能、高污染企业带来有害气体排放、污染水源和污染土壤等;生活垃圾处理不当带来的土壤、水体、空气污染等。此外,还有造成生物多样性减少甚至于物种灭绝、生态平衡破坏等一系列的环境灾难。

(二)环境负债分类

1. 按照负债的性质及其对环境的影响结果分类

根据负债的性质及其对环境的影响结果,可以将环境负债分为四种类型:第一种是环境改善性负债,例如,使沙漠荒原变绿洲。第二种是资源补偿性负债,例如,某城市水资源消耗超过地表水供应量,势必通过开采地下水资源进行补充。从保持生态平衡的角度看,必须控制其对地下水的持续过度开采,需要偿还超采的地下水就是负债。第三种是环境恢复性负债,例如,某矿藏资源开采之后,在环境资产和环境净资产同时减少的情况下,需要对矿山表面进行生态修复,表现为植被或绿化面积等。第四种是环境治理性负债,例如,治理被污染的水体和土壤。

2. 从责任追溯的角度分类

从负债责任追溯的角度看,环境负债可分为责任主体明确的环境负债和责任主体不明确的环境负债。

3. 从环境负债的形成和时间的关系角度分类

从环境负债的形成时期看,分为历史(往届政府管辖时期)形成的环境负债、现时(本届政府管辖时期)形成的环境负债和预计未来开发形成的环境负债。从时间角度划分,环境负债还可以分为前期环境负债、当期环境负债、后期环境负债。

4. 根据环境负债的性质和原因分类

根据环境负债的性质和原因,美国环境保护署认为,企业对环境应承担的负债有以下六种:

(1)合规性负债,即依据相关法规确认的有损于环境质量的行为责任。

(2)补救性负债,即消除或拯救污染后果的责任。

(3)违规性负债,即因破坏环境而承担的受处罚责任。

(4)赔偿性负债,即因破坏环境而造成对相关人或组织的损害赔偿责任。

(5)惩戒性负债,即不同于赔偿性负债的另一类对受害方的赔偿责任。

(6)自然资源损害性负债,即因为损害公众自然资源而承担的赔偿责任。

5. 其他分类

根据清偿责任是否确定,环境负债分为确定性环境负债和或有环境负债;根据清偿期限分为短期环境负债和长期环境负债。

三、环境权益

(一)环境权益含义

根据会计恒等式“资产 = 负债 + 所有者权益”的逻辑,企业的净资产 = 资产 - 负债。同样道理,环境净资产 = 环境资产 - 环境负债。从数量上看,环境净资产等于环境权益。从性质上说,环境权益表示环境资产核算主体对环境资产所拥有的权益(亦有人看做是环境资本)。因为环境负债所对应的环境资产属于他人(后人)所有,所以环境权益及其所对应的环境资产才是核算主体所拥有的环境净资产。

(二)环境权益分类

1. 根据产权属性分类

不同类型的环境资源具有不同的产权分类,例如,森林资源分为国有林、集体林和农户承包经营林;矿产资源分为所有权、探矿权和采矿权;农村土地分为所有权、承包权和经营权;水资源分为所有权、区域调水权、取水权和用水权等。

2. 根据权益主体分类

根据权益主体分类,如某某农户或某某单位等。

3. 根据自然属性分类

根据自然属性分类,如矿产资源权益、水资源权益和林木资源权益等。

四、环境成本

(一)环境成本含义

联合国专家工作组对环境成本的定义是:因企业对环境的影响而采取的或被要求采取的措施的成本,以及因企业执行环境目标和要求而付出的其他成本。该专家工作

组同时还认为,虽然赔偿、罚款、罚金等并不属于这一环境成本的定义范围,但应视为与环境相关的成本予以披露。联合国专家工作组的定义表明:企业环境成本是由于环境影响而形成的。美国环境质量委员会认为,环境成本包括四层含义:第一,环境保护成本,是指为防止污染的产生而采取措施,能够使自己不再受污染影响的成本,例如,企业为防止噪音污染而建立安装隔音装置的费用等;第二,环境损耗成本,是指因环境污染对人体与自然造成损害而引发的各项支出,例如,将有害废水直接排入河流导致的渔业受损、烟雾受害者的肺病治疗费等;第三,环境污染消除费用,是指为消除现有的环境污染而产生的费用,例如,企业建造废水处理厂的成本费用等;第四,环境事务成本,是指企业对环境事务进行管理发生的费用,例如,员工环保培训、污染程度测算以及环境污染情报收集等。

我国政府部门并没有制定统一的环境成本定义。国家会计制度中对环境成本体系的建设还没有相关规定,对于环境成本的研究还主要停留在理论阶段。虽然有的企业尝试进行环境成本核算,但是由于缺乏明确的指导理念,在核算原则和方法上也不一致,还不能提供相应的会计信息,也不能成为国家进行宏观环境经济综合核算的数据来源。从学者研究层面看,郭道扬教授(1997)认为,应把"绿色成本"作为实现"绿色经济"发展的立足点,并由此尝试建立起"绿色成本"的概念:本着维持生态平衡的原则,在充分考虑产品生产全过程对生态环境造成的影响后,按照一定的人力资源与自然资源消耗标准所计量和控制的产品投入,以及对资源、能源的消耗和环境治理补偿费。按照成本分流计量与控制的思想,将"绿色成本"分为活劳动的必要消耗、物化劳动的必要消耗、自然资源消耗补偿与环境维护补偿费。王立彦教授(1998)从不同的空间范围、时间范围以及功能的角度阐释了环境成本的概念。其中,依据空间范围的不同,提出了内部环境成本和外部环境成本的内涵、特点及相互之间的关系;依据时间范围的不同,可以分为对过去、当期和未来环境成本的当期支出,同时也相应地就会计处理中可能面临的难点、问题提出了一些建议;依据功能的不同,即基于不同的环境支出动因,环境成本被划分为三种不同用途的环境性支出:用于补偿已经发生的环境损失、用于维持环境现状以及用于防止未来不良环境后果出现的环境性支出。肖序教授(2001)认为,企业环境成本是企业为降低环境负荷而产生的直接或间接成本,并且包含了从产品研发、生产、销售、回收的整个生命周期,还包括一些其他方面的环保支出。袁广达教授(2010)认为,环境灾害成本与环境成本基本一致,环境灾害成本内容包括资源消耗成本、环境支出成本、环境破坏成本、环境补救成本、环境管理成本、环保支援成本和其他环境成本。此外他还指出:环境成本的确认目前在我国有两种方式:一是为了达到环境保护法规所强制实施的环境标准所发生的费用,比如环境质量标准、污染物排放标准、环保基础标准、环保方法标准和环保样品标准等;二是在国家实施经济手段保护环境时

企业所发生的成本费用，比如国家征收的超标排污费、环境税、资源税、环境保护基金，以及企业之间的排污权交易等。

根据上述国内外组织及学者对环境成本的表述，可以将环境成本概括地定义为：因修复、治理和改善生态环境而发生的费用（或付出的代价），其性质为环境负债的减少。这个定义采用的是归因法而不是列举法，它隐去了成本的承担主体和具体内容。

（二）环境成本分类

1. 根据环境成本分类

根据环境成本的视角或承载主体（负担主体）分为微观环境成本和宏观环境成本。微观环境成本是企业所承担的环境成本，亦称企业环境成本。狭义的宏观环境成本是由政府和公民自然人共同负担的环境成本，即政府环境成本和公众环境成本；广义的宏观环境成本是由全社会共同承担的环境成本，即企业环境成本、政府环境成本与公众环境成本之和。

2. 根据环境成本发生的时间和功能分类

根据环境成本发生的时间和功能分为预防成本、维护成本和弥补成本。预防成本亦称事前成本，是指为了避免不良环境影响而提前发生的支出；维护成本亦称事中成本，是指为了保持环境现状不至于恶化而发生的支出；弥补成本亦称事后成本，是指企业弥补已经发生的环境损失的支出。

3. 根据环境资源流转平衡理论分类

根据环境资源流转平衡理论，即通过对资源的获取及向环境排放两个层面上对环境成本进行分类，可分为事前的环境保全预防成本、残余物发生成本和事后的环境保全成本三类。事前的环境保全预防成本是指企业在生产中为了避免、减少和管理环境问题而发生的成本；残余物发生成本是指“三废”及废品所耗用资源而产生的费用；事后的环境保全成本是指企业在生产后对废弃物进行处理的成本。

4. 结合绿色 GDP 核算的数据需求和宏观环境成本内容分类

结合绿色 GDP 核算的数据需求和宏观环境成本内容，企业的环境成本可以分为费用化环保成本、资本化环保成本和或有环保成本三类：一是环境保护运行成本即费用化支出，是指企业在活动中为了控制环境影响而发生的环保费用，包括污染处置设施年运行费用（包括设备折旧、材料费、电力、燃料、维修、人工费等）、环境管理方面的费用（环保宣传、环境检测、职工环境教育及培训、环境污染诉讼、排污、排污许可证费等）与企业当期收益有关的费用。二是资本化环保成本，是指与企业本期和以后期间获益相关的费用支出，通常包括污染物处置设施（建筑、仪器、设备等）的投入、环保无形资产的研究开发支出中符合资本化条件的支出等。三是或有环境成本，主要是根据企业历史数据,运用数学模型推测得到的未来期间的环境成本,属于企业预提的费用,由于数据缺乏精确性,因此可以单独列为一类,便于理解和分析。

五、环境效益

(一)环境效益含义

环境效益是环境收益减去环境成本以后的剩余。当环境收益大于环境成本时,环境效益为正效益,这是保持或改善生态环境所必须坚持的常态,也是可持续发展的保证。当环境收益小于环境成本时,环境效益为负效益,说明人们对资源的开发利用得不偿失,这种状况需要采取措施加以扭转。

(二)环境效益分类

1. 根据环境效益的性质分类

根据环境效益的性质分为环境经济效益、环境社会效益和环境生态效益。环境经济效益是指开发利用环境资产而获得的经济收入减去环境成本以后的剩余。环境社会效益是指企业(或事业单位)开发利用环境资产而为社会公众带来的有益变化。例如,开发水利资源带来的用水、用电、航运、渔业、观光、就业和增加财税收入等。环境生态效益是指开发利用和修复改善环境资源而为生态系统带来的有益变化。例如,通过开发利用光能、风能,修筑道路设施和实施绿化工程,改善沙漠戈壁的生态环境。

2. 根据环境效益的核算主体分类

根据环境效益的核算主体分为企业环境效益和区域环境效益。一般而言,企业环境效益主要是企业环境经济效益;区域环境效益则体现为区域社会效益和生态效益。

六、环境审计

(一)环境审计的含义和内容

环境审计是由审计机构(内部或外部)基于环境管理的法规或政策要求而对有关组织(微观或宏观)及其业务活动所进行的专项审计。

据原欧共体颁布的《工业企业自愿参加环境管理和环境审核联合体系的规则》(以下简称《生态管理审核规则》,Eco - Management and Audit Scheme, EMAS),企业内部的环境审计过程包括了解管理系统,评价管理系统的优势和不足,收集相关的证据,评价审计发现,准备审计结论,报告审计发现和结论。EMAS 将获取审计证据的审计程序称为审计活动,包括与员工讨论、检查运营状况和设备、检查记录、记录程序和其他相关文

档。将环境绩效的指标分为所有类型组织需遵循的核心指标和其他与环境绩效相关的指标。上述指标要求:能够对组织的环境业绩有准确的评价;可理解性和明晰性;能够对组织的环境绩效进行年度比较;能够与行业、国家或区域的标准进行比较;能够与监管的要求进行比较。其中,核心指标与环境领域有关,即能源效率、原材料效率、水、废弃物、生物多样性和排放物。

(二)环境审计的分类

1. 根据审计主体的不同分类

根据审计主体的不同分为外部环境审计和内部环境审计。外部环境审计是由政府审计机构或会计师事务所对有关组织(企业或政府)进行的环境审计。内部环境审计是由企业或行政事业单位的内部审计机构基于环境管理要求对本组织的业务活动及其结果进行的环境审计。

2. 根据审计内容的不同分类

根据审计内容的不同分为环境管理合规性审计、环境责任审计和环境绩效审计。环境管理合规性审计是针对组织及其活动是否合乎有关政策法规的要求而进行的审计。环境责任审计又可分为领导离任审计和事故责任追溯审计。前者针对领导干部任期内的环境管理责任履行情况进行审计,后者针对具体的环境事故进行责任追溯审计。环境绩效审计是对组织行为及其对环境的影响结果进行审核。

3. 根据审计的方法分类

根据审计的方法分为结果导向的审计方法、问题导向的审计方法和系统导向的审计方法。结果导向的审计方法是对预期目标是否实现进行评价的方法。问题导向的审计方法是对特定问题的原因进行检查与分析的方法。系统导向的审计方法是检验管理系统的功能是否合适的方法。

第三节　微观环境管理会计

根据会计主体的社会职能定位不同,环境会计分为微观与宏观两个层面。微观环境管理会计是为微观组织的管理当局涉及资源环境事项服务的会计。在微观组织中,对自然资源进行开发利用的往往是企业,所以微观环境管理会计往往以企业为背景进行介绍。企业环境管理会计的内容包括环境资产的核算与管理、环境负债与环境权益的核算与管理、环境成本的核算与管理、排污权和用水权等权益交易管理、环境绩效的计算与分析等。对环境会计与现行财务会计的关系处理有两种模式：一种是“双轨制”，即在现行财务会计核算体系之外单设一套环境会计核算体系；另一种是“单轨制”，即把环境会计核算嵌入现行财务会计核算体系之中。本书以“单轨制”模式介绍环境会计核算。

一、环境资产的核算与管理

（一）企业的环境资产

在企业的全部资产中，凡是用于开采加工的自然物以及维护或改善生态环境、治理环境污染的资产都属于环境资产。在现实中，虽然环境资产与非环境资产之间的界限难以分清，但是，根据管理会计的差量分析逻辑，这种区分是可以进行的。首先，从资产的用途看，凡是用于开采加工的自然物和除尘、水处理、“三废”回收等环境事项的有形资产均属于专用性的环境资产；其次，从资产的权属关系看，涉及环境资源的权益——如与企业获得的探矿权、采矿权、用水权相对应的自然资源资产属于环境资产；再次，对无形资产中所包含的企业废气、废水、废渣的排放权也属于环境资产；最后，对于具有多用途的通用资产，如运输工具、交通设施、厂房建筑物、加工维修设备等，可以根据其用于环境事项的工作时间或工作量进行分配，分配结果是环境资产。其中，固定资产、无形资产和长期资产根据用于环境事项的时间长短或工作量大小进行多次（多期间）分配；材料辅料和人工费用等流动资产则完成一次性价值转移，根据其用途在核算期间内进行分配。

（二）环境资产的计量

环境资产的计量，既有实物计量也有价值计量。实物计量取决于资产的自然属性、管理要求和技术手段。例如，水资源的自然属性是液体、无固定形状、受重力作用和地形地物影响而成流动或蓄积状态，常以体积（立方米）或重量（吨）为计量单位。以此类推，土地资源的计量单位是面积，林木资源蓄积量的计量单位是立方米，森林资源按照覆盖面积（亩或平方公里）计量，金属矿产资源以重量计量等。价值计量有多种方法，如市场法、成本法和收益法。

1. 市场法

市场法是指以同类资源的市场交易价格为参照确定环境资产价值的方法。市场法分为直接市场法和间接市场法。直接市场法是根据同类资源的市场实时交易价格或某一时期的平均交易价格确定环境资产价值的方法。间接市场法是根据环境资产与其他

交易性资产或有价资产的功效比较确认环境资产价值的方法。其计算公式为：

某环境资产价格 = 该环境资产功效 × 参照资产功效价格比率

资产功效价格比率 = 资产价格/资产功效

2. 成本法

成本法是指以取得环境资产的成本为依据确定环境资产价值的方法。成本法分为直接成本法、参照成本法和机会成本法三种。直接成本法是以取得环境资产所发生的实际耗费及其成本构成确认环境资产价值的方法。参照成本法是参照同类环境资产的获取成本并乘以调节系数而折算出环境资产价值的方法。机会成本法是根据在获取或使用环境资产过程中所费资源的机会成本确认环境资产价值的方法。例如，企业拥有价值 1 000 万元的资源，面临开采经营某种矿产资源或用于经营其他业务的选择。当企业决定投入 1 000 万元开采经营该种矿产资源时，该矿产资源的价值就是企业的 1 000万元用于经营其他业务的收益。

3. 收益法

成本法中的机会成本法实质上就是收益法。收益法是根据环境资产的收益确认环境资产价值的方法。收益法主要是通过计算环境资产收益的净现值确认其价值，即预测开发利用环境资产而产生的未来各年现金净流入量，以一定的资本成本（或货币时间价值）为折现率，折算出该环境资产的现值。

（三）环境资产的核算

1. 会计科目设置

设置“环境资产”科目，需在其下根据环境资产的形态或种类设置二级或明细科目。为了与企业或其他核算主体的经营管理相衔接，需在“环境资产”科目下面分别设置原材料、固定资产和无形资产等二级科目。该科目借方反映环境资产增加或增值，贷方反映环境资产减少或减值，期末余额在借方，表示企业或其他核算主体拥有的环境资产。此余额与“环境资产负债表”左方的“环境资产”项目数相等。

设置“待处理资源消耗”科目，用于核算因资源开发利用而减少的环境资产，借方登记核算期间消耗的环境资产，贷方登记核算期间经批准核销的环境资产，余额通常在借方，表明未经批准核销或超额开发的资源性环境资产。期末余额与“环境资产负债表”左方的“待处理资源消耗”项目数一致。

2. 环境资产的取得

企业取得环境资产分为有偿获取和无偿获取两种。不同的环境资产和不同的获取方式所涉及的会计核算科目不同。

（1）有偿获取环境资产。在复式记账法下，一方面，借记具体环境资产所在科目，贷记“银行存款”或“现金”等科目；另一方面，根据环境资产的权属关系，借记与支出类科目相对应的权属科目，贷记与具体环境资产所对应的权属关系科目。以矿产资源为例。企业有偿获得某地域范围内的采矿权，借记“环境资产——某地域矿产（储量）”，贷记“银行存款”；同时，借记“盈余公积”，贷记“环境权益——采矿权”。

（2）无偿获取环境资产。借记“环境资产”，贷记“环境权益”。二级科目核算具体环境资产与环境权益，如获得排放权，借记“环境资产——无形资产”，贷记“环境权益——排放权”。

（3）在采矿过程中新增储量。

①未经核准：借记“环境资产——某地域矿产（储量）”，贷记“环境负债”。

②经过核准：借记“环境负债”，贷记“环境权益——采矿权”。

3. 环境资产的使用及消耗

（1）按照使用（开发）程度转移环境资产价值。

①资源正常消耗：当资源开采时，借记“环境资产——原材料”和“待处理资源消耗——尾矿”，贷记“环境资产——某地域矿产（储量）”；当原材料耗用时，借记“环境成本——原材料”，贷记“环境资产——原材料”；同时计入生产成本：借记“生产成本——直接材料”，贷记“环境成本——原材料”。

②固定资产价值消耗：借记“环境成本——管理费用”，贷记“环境资产——固定资产折旧（摊销）”；同时，借记“管理费用”，贷记“环境成本——管理费用”。

③无形资产价值摊销：借记“环境成本——管理费用”，贷记“环境资产——无形资产”；同时，借记“管理费用”，贷记“环境成本——管理费用”。

④资源超额消耗（过线）：借记“待处理资源消耗——原材料和尾矿”，贷记“环境资产——某地域矿产（储量）”；同时，借记“环境权益”，贷记“环境负债”。

（2）资源消耗核准并计入当期损益。核准时：借记“环境成本”，贷记“待处理资源消耗——原材料和尾矿”；同时，借记“管理费用”，贷记“环境成本”。计入当期损益时：借记“本年利润”，贷记“管理费用”；同时，借记“环境负债”，贷记“本年利润”。

（3）环境资产调出。借记“环境权益”，贷记“环境资产”。

（4）环境资产出售。借记“银行存款”，贷记“环境资产”；同时，借记“环境权益”，贷记“营业外收入”。

（四）环境资产的管理

对环境资产的管理——在其采购、建造、安装、使用、维护、保管及报废的过程中实施的基于使用价值和价值的双重管理，与现实中的资产管理并无两样。即基于使用价值的业务管理和基于价值的财务管理。此外，对环境资产的动态管理还可以通过分析

"环境资产变动表"进行。

二、环境负债的核算与管理

(一)企业的环境负债

联合国专家组的定义是:企业发生的符合负债的确认标准,并与环境成本相关的义务。实际上,企业凡是与环境事项相关的债务——无论是企业自身确认抑或是政府要求企业确认的,都属于环境负债。企业的环境负债既有恢复或保持生态环境而形成的负债,也有为改善生态而形成的负债。前者如污染防治、尾矿处理和植被恢复等,后者如植树造林和荒漠改造等。

(二)环境负债的核算

1. 会计科目设置

设置"环境负债"科目,并根据债务的性质和类型设置二级或明细科目。该科目贷方登记债务发生(增加)数额,借方登记债务减少数额,余额通常在贷方,反映环境负债的期末存量。此数应与"环境资产负债表"右方的"环境负债"项目数一致。环境负债与该表左方的"待处理环境损失"与"待处理资源消耗"之和相对应,其差额反映环境负债中的结算性债务。

设置"待处理环境损失"科目,用于核算因环境事项而形成的具体债务。该科目借方登记各项待处理的环境事项——如尚未完成的环境污染治理等,贷方登记已完成的环境事项,期末余额在借方,反映尚需完成的环境治理事项。

2. 环境负债账务处理

(1)环境负债发生。

①政府环保部门开具罚单并支付:借记"待处理环境损失",贷记"银行存款"或"现金";若计入当年损益,则借记"本年利润",贷记"环境负债";若抵减企业权益,则借记"盈余公积",贷记"环境负债"。

②企业超限度开发矿产资源(同前)。

③结算中形成:借记"环境成本",贷记"环境负债"。

(2)环境负债减少。

①核销待处理环境损失:借记"环境成本——管理费用",贷记"待处理环境损失";同时,借记"环境负债",贷记"本年利润"。

②核销待处理资源消耗:借记"环境成本——原材料和管理费用",贷记"待处理资源消耗——原材料和尾矿";同时,借记"环境负债",贷记"本年利润"。

③偿还结算中形成的债务：借记“环境负债”，贷记“银行存款”等。

（三）环境负债的管理

通过对“环境负债”科目下属明细科目的核对与分析（从数额多少、形成原因、责任大小以及对企业的不利影响等方面），采取相应的对策与措施，控制或减少相应的环境负债。对环境负债的分析与审计，也是追究企业领导环境责任的重要内容。

三、环境权益的核算与管理

（一）企业的环境权益

企业的环境权益，可以从两个角度认识：从性质来看，环境权益是附着于环境资产的权属关系；从数量来看，环境权益是环境资产减去环境负债的余额。换句话说，附着于环境资产之上的权属关系有两类：一类是环境权益，即核算主体对环境资产所拥有的权益；一类是环境负债，即核算主体所欠下的对自然、对他人（含子孙后代）的债务。

伴随环境资产的不同类型，环境权益有所不同。对矿产资源而言，分为所有权、探矿权和采矿权；对土地资源而言，分为所有权、使用权、承包权和经营权；对水资源而言，分为所有权、调水权、取水权和用水权；对森林资源而言，分为所有权和承包经营权等。随着国家政策的调整与变化，旧的环境权益会弱化或消失，新的环境权益会出现和得到公认。

（二）环境权益的核算

1. 会计科目设置

设置“环境权益”科目，并根据环境权益的类型设置二级或明细科目，如探矿权、采矿权等。该科目贷方登记环境权益增加数额，借方登记环境权益减少数额，余额通常在贷方，反映环境权益或环境净资产的期末存量。此数应与“环境资产负债表”右方的“环境权益”数一致，并与该表左方的“环境资产”、与该表右方的“环境负债”之差相等。

2. 环境权益账务处理

（1）核算主体获得环境资产的同时也获得相应的环境权益：借记“环境资产”，贷记“环境权益”。

（2）核算主体的环境资产及其权益减少：借记“环境权益”，贷记“环境资产”。

（3）核算主体的环境资产投入生产经营：借记“环境成本”，贷记“环境资产”；借记“生产成本”“管理费用”等，贷记“环境成本”；同时，根据“环境成本”的贷方数额，借记

“环境权益”,贷记“本年利润”。

(4)核算主体超额消耗环境资源引起“环境权益”减少、“环境负债”增加(账务处理同“资源超额消耗”)。

废气、废水、废渣的排放权也属于环境权益(其对应的资产形态是无形资产)。在市场化日益发展的形势下,排放权交易日益频繁,涉及排放权交易的会计事项也要纳入环境权益核算的范围。当企业获得政府派发的排放权额度时,借记“环境资产——无形资产”,贷记“环境权益——排放权”;当企业从交易市场购入排放权额度时,在做出上述会计分录的同时还要借记“盈余公积”,贷记“银行存款”;当企业使用排放权额度时,借记“环境成本——管理费用”,贷记“环境资产——无形资产”,同时借记“环境权益——排放权”,贷记“本年利润”;当企业出售节约的排放权额度时,借记“银行存款”,贷记“营业外收入”,同时借记“环境权益——排放权”,贷记“环境资产——无形资产”。

(三)环境权益的管理

企业对环境权益的管理,实质上是处理不同权益主体的利益关系。例如,某企业拥有对某矿山资源的采矿权,需要处理的就是与矿山资源的所有者——国家之间的利益关系,国家对矿山资源的所有者权益必须通过向企业征收资源税或其他方式确认和实现。与环境资产的管理相似,环境权益的管理可以通过填制和分析“环境权益变动表”进行。

四、环境成本的核算与管理

(一)环境成本的核算

1. 核算原则及其背景

联合国专家组对环境成本的定义指的就是企业环境成本。一般的,凡是涉及环境事项的应于核算期间承担的费用都属于环境成本。环境成本的确认应当根据相关性标准进行。一项支出若同时满足三个条件即可确认为环境成本:第一,企业的经济活动是否与环境保护相关;第二,企业与环境保护有关的经济活动是否确定已经发生并很可能引起企业经济利益的流出;第三,该经济活动产生的环境成本的金额是否可以合理计量或估计。

企业进行环境成本核算的背景是执行现行会计制度,因此,环境成本核算应当遵循六项原则:第一,客观性原则。企业在确认环境成本时必须以实际真实发生的经营活动为依据。第二,一致性原则。企业进行环境成本核算要与现行制度保持一致,如记账方法、记账程序和会计科目定位等。第三,可比性原则。企业选择的会计核算方法与指标

口径应前后一致，使会计数据具有可比性。第四，实质重于形式原则。企业应当在经济活动实质发生时再确认环境成本，如签订合同时不能进行确认，应当在经济活动实际发生时确认。第五，权责发生制原则。企业的环境成本核算也适用于权责发生制。当期发生的环境成本支出只能在当期列支，不能延至下期或提前列支。第六，划分收益性支出与资本性支出原则。环境成本划分资本支出与费用支出有利于企业再生产的进行。资本支出是金额较大、不经常发生、使用周期较长的环境保护设备或生产线等，费用化支出是当期计入管理成本等的短期环境成本支出。

2. 会计科目设置

设置“环境成本”科目，并根据不同的费用性质设置明细科目，如“原材料”“管理费用”等。该科目借方归集各项环境成本，贷方反映转入当期损益的环境成本，期末无余额。该科目在核算期内的贷方发生额，与“环境损益表”中的“环境成本”栏目数额一致。

3. 环境成本账务处理

(1)对于一次性价值转移的自然资源：

①借记“环境成本——原材料”，贷记“环境资产——原材料”。

②计入产品成本时，借记“生产成本——直接材料”，贷记“环境成本——原材料”；同时，借记“环境权益”，贷记“本年利润”(销售产品部分)和“产品成本差异”(在库或在途产品部分)。

(2)对于逐次价值转移(摊销)的环境资产：

①借记“环境成本——管理费用”，贷记“固定资产”“无形资产”等。

②计入当期损益时，借记“管理费用”，贷记“环境成本——管理费用”；同时，借记“环境权益”，贷记“本年利润”。

(3)对于生态恢复污染治理等环境事项发生的费用：

①借记“环境成本——管理费用”，贷记“银行存款”或“环境负债——应付罚金”等；待罚金支付完毕，借记“环境负债——应付罚金”，贷记“银行存款”等。

②计入当期损益的账务处理同上。

(4)对于经批准核销的超额消耗的资源：

①借记“环境成本——原材料”，贷记“待处理资源消耗——原材料”；借记“环境成本——管理费用”，贷记“待处理资源消耗——尾矿”。

②将环境成本计入产品成本和计入当期损益的账务处理同上。

(5)对于经批准完成的待处理环境损失：

借记“环境成本——管理费用”，贷记“待处理环境损失”；将环境成本计入当期损益的账务处理同上。

4. 在权责发生制下计入产品成本的环境成本分配方法

环境成本中需要计入产品成本的情形主要有两种:一是开采的原材料(包括原材料的开采、筛选、运输和储存);二是计入制造费用的相应部分(设备折旧、生产一线环保人员薪酬)。

(1)一次性分配法。当环境成本计入生产成本时,相应的环境权益或环境负债随之减少。相当于全部环境成本都计入当期损益。在产销平衡的情况下,如此处理简单快捷,较为合适。

(2)按照产销比例分配。根据当期的产销比计算分配当期环境成本:计入当期损益的环境成本 = 当期环境成本 × 当期产销比。其中,当期产销比 = 当期销售产品数量/当期生产完工的约当产量。

当产 > 销时,计入当期损益的环境成本 < 当期发生的环境成本,即有一部分当期发生的环境成本随着未销售出去的产品一道停留在仓库里。

当产 < 销时,计入当期损益的环境成本 > 当期发生的环境成本,即计入当期损益的环境成本包含了往期的环境成本(原材料和部分制造费用)。

当产 = 销时,计入当期损益的环境成本 = 当期发生的环境成本,结果与一次性分配法相同。

(二)环境成本的管理

环境成本是企业履行环境责任的体现。企业的正常运转要求做到用收入弥补它所负担的各种成本,即以收抵支或以产出弥补投入,这是企业存续下去的经济前提。企业是营利性的经济组织,核算环境成本的内在动机是进行效益分析。如果环境成本一直高于其所带来的经济效益,就会威胁企业的生存。换句话说,如果环境成本一直得不到有关收入的补偿,企业就要对引起环境成本发生的动因进行分析并加以消除。如果这种动因涉及企业经营的根本,企业就面临转产、转型的现实考虑。可见,企业加强对环境成本的补偿及其管理是非常必要的。

企业环境成本管理的基础是环境成本核算。通过环境成本核算获取相关信息,一是据以了解其对企业生存发展的影响;二是分析其形成的原因,并做出相应的预测、决策与控制。环境成本对企业的影响体现在两个方面:一是积极方面,承担环境责任是企业承担社会责任的体现,有利于树立企业的良好形象并获取社会信誉,得到社会和政府在开采利用自然资源方面的更多支持;二是消极方面,超出企业承载能力的环境成本,会影响企业的生存与发展。环境成本的形成原因有多种,可以将其归纳为两种:内部原因和外部原因。内部原因是由企业的生产经营活动造成的,多属于制度不严、管理不善、不懂法规、缺乏环保意识和资源节约意识或主观故意造成,由其形成的环境成本属于企业可控环境成本；外部原因是由企业外部人的行为——非企业管辖的人员或里应外合行为、政府制定或修订的政策法规、有关部门执法宽严失范等造成的，由其形成的环境成本往往是企业的不可控环境成本。针对环境成本的发生做出预测，针对预测结果做出有针对性的决策与控制，就是微观主体环境成本管理的过程。

控制环境成本需要进行成本习性分析。一般的，事先发生的预防性、改善性环境成本与事后发生的治理性、处罚性环境成本的习性是相反的：前者支出高则后者支出低，反之，则相反。在对环境成本习性分析的基础上进行环境成本控制，其有效性更强。

五、环境经济效益的计算与分析

（一）企业环境经济效益核算流程

企业的经济性质决定了企业是营利性的经济组织。过去，资源型企业单纯追求经济效益，忽略资源节约和生态环境保护，造成的灾难性损失，用其取得经济效益都补偿不过来。算小账与算片面账的结果，往往是顾此失彼、因小失大，顾了眼前丢了未来。要建设社会主义生态文明，资源型企业必须核算环境经济效益。

环境经济效益的计算离不开对环境成本的核算。在“单轨制”下，对环境会计要素的核算要嵌入企业现行会计核算体系，即在资产类科目中增设“环境资产”和“待处理资源损耗”科目；在成本费用类科目中增设“环境成本”科目；在收入类科目中增设“环境资产收入”等二级科目；在权属类科目中增设“环境负债”和“环境权益”科目。

“单轨制”下涉及企业当期损益的环境会计账务处理程序见图 10－1。

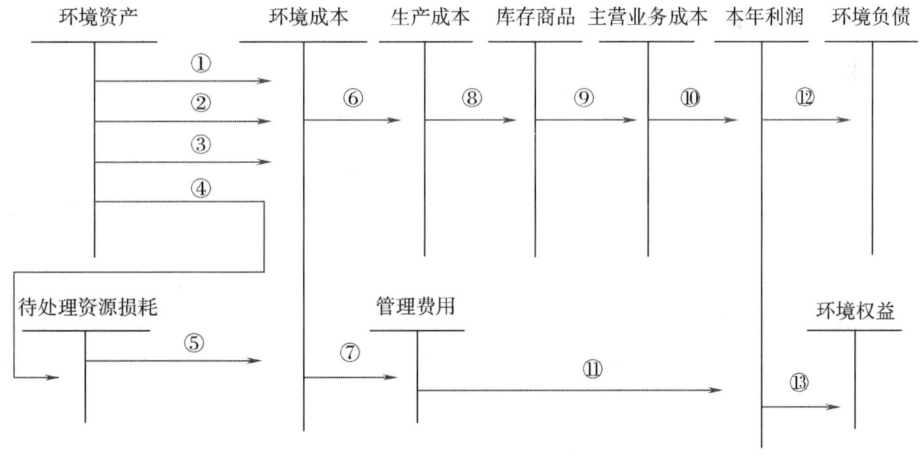

图 10－1　环境损益核算账务处理程序

图 10－1 中，①列入环境资产的原材料投入使用；②列入环境资产的固定资产折旧；③列入环境资产的无形资产价值摊销；④超采的资源或环境资产损失；⑤经批准核销的超采资源或环境资产损失；⑥结转应计入产品成本的环境成本；⑦结转除产品成本以外的应计入当期损益的环境成本；⑧随完工产品入库而结转产品的成本；⑨结转当期销售产品成本；⑩计算当期营业利润；⑪计算当期税前利润；⑫与事项⑤相联系的批准核销的超采资源或环境资产损失，根据具体批复入账——在税前或税后；⑬与事项①②③环境资产减少相联系的环境权益减少，此事项应在税前入账。为避免虚增当期利润，此事项还可在①②③项发生的同时，借记“环境权益”，贷记“盈余公积”。

（二）企业环境经济效益指标

1. 企业经营利润

根据现行企业会计制度，企业营业利润＝主营业务收入－主营业务成本－主营业务税金及附加＋其他业务利润－营业费用－管理费用－财务费用。由于资源型企业的环境成本已经转入主营业务成本和管理费用，所以此处的营业利润就是扣除了环境成本以后形成的绿色经营利润。企业经营利润是绝对数，不能完全反映企业的绿色经营成效，所以还要辅之以企业经营资产利润率。

2. 企业经营资产利润率

企业经营资产利润率＝（企业经营利润/企业经营资产）×100%

3. 企业环境资产报酬

企业环境资产报酬＝企业环境资产×企业经营资产利润率

4. 企业环境资产报酬率

企业环境资产报酬率＝（企业环境资产报酬/企业环境资产）×100%

5. 企业环境权益报酬

企业环境权益报酬＝环境权益×环境资产报酬率

6. 企业环境权益报酬率

企业环境权益报酬率＝（环境权益报酬/环境权益）×100%

7. 企业经营资产社会贡献

企业经营资产社会贡献＝企业经营增值额（＝企业缴纳增值税/增值税税率）
＝企业经营利润＋营业税金及附加＋职工薪酬＋公益捐赠
＝企业经营收入－（材料成本＋折旧与摊销＋外购劳务）

8. 企业经营资产社会贡献率

企业经营资产社会贡献率＝（企业经营资产社会贡献/企业经营资产）×100%

9. 企业环境资产社会贡献率

企业环境资产社会贡献率＝（企业经营资产社会贡献/企业环境资产）×100%

（三）企业环境经济效益指标分析

1. 从企业经营资产角度分析

对于资源型企业而言，企业经营资产利润率（额）可以较好地反映企业环境经济效益。如果资源型企业的环境资产等于经营资产，则企业经营资产利润率（额）与企业环境资产利润率（额）等效。一般的，用企业环境资产报酬率（额）可以准确地反映出企业环境经济效益。

2. 从企业经营权益角度分析

企业环境权益率（额）可以较好地反映企业经营环境权益产生的环境经济效益。只是环境权益报酬的计算没有考虑环境负债的杠杆作用。

3. 从人类社会开发利用环境资源的角度分析

企业经营资产社会贡献率（额）和企业环境资产社会贡献率能够较好地反映环境经济效益。

六、企业的环境会计报表

以企业为例。在政府或行业管理机构尚未对企业环境会计信息披露提出规范性要求之前，企业环境会计报表就是企业环境管理会计报表。根据我们的研究，企业环境会计报表主要有《环境资产变动表》《环境权益变动表》《环境资产负债表》和《环境损益表》。

（一）环境资产变动表

环境资产变动表是一张时期报表（动态报表），它反映报告期企业环境资产的增减变动情况，根据“期初存量 + 本期增加量 = 本期减少量 + 期末存量”平衡公式编制而成。报表从左到右分别是环境资产项目、期初存量、本期增加量和本期减少量，最后是期末存量；报表自上而下分别是企业各种环境资产，按照其流动性排列。环境资产变动表是对企业进行分类核算的各项环境资产的总括反映。根据重要性原则，按照环境资源的大类、子类和个别重要资源分项反映。某矿山企业环境资产变动如表 10 - 2 所示。

由于篇幅限制，此表未完全展开。例如，矿产资源的增量和存量可以进一步分为核准与未核准两部分，还可以附加“尾矿”栏目；无形资产也可以附注“有偿”和“无偿”两个部分。

表 10－2　环境资产变动表　　单位：吨、万元

环境资产项目	期初存量		本期增加量				本期减少量				期末存量	
			新增储量		购入或拨入		核准开采		价值转移			
	数量	金额	数量	金额	数量	金额	数量	金额	数量	金额	数量	金额
(一)矿产资源												
1. 金属												
铁												
钒												
钛												
2. 非金属												
石英岩												
其中:冶金用												
玻璃用												
化肥用												
矿产资源合计												
(二)固定资产												
A 设备												
B 设备												
…												
固定资产合计												
(三)无形资产												
探矿权												
采矿权												
排放权												
无形资产合计												
总计												

(二)环境权益变动表

环境权益变动表也是一张时期报表(动态报表),它反映报告期企业环境权益的增减变动情况,同样是根据"期初余额＋本期增加额＝本期减少额＋期末余额"的四柱平衡公式编制而成。报表从左到右分别是环境权益项目、期初余额、本期增加额和本期减少额,最后是期末余额;报表自上而下分别是企业各种环境权益,按照其层级排列,最下方是环境负债,按照其偿还的迫切程度排列。环境权益变动表是对企业进行分类核算的各项环境权益和环境负债的总括反映。某矿山企业环境权益变动如表10－3所示。

表10－3　环境权益变动表　　单位:吨、万元

环境权益项目	期初余额		本期增加额				本期减少额				期末余额	
			购入		无偿拨入		一次性转移		逐次转移			
	数量	金额	数量	金额	数量	金额	数量	金额	数量	金额	数量	金额
(一)环境权益												
1. 所有权												
2. 探矿权												
3. 采矿权												
环境权益合计												
(二)环境负债												
1. 资源消耗负债												
其中:A资源												
B资源												
2. 环境损失负债												
其中:甲污染												
乙污染												
……												
环境负债合计												
总计												

(三)环境资产负债表

环境资产负债表是反映企业在某一特定日期(如年末)全部环境资产、环境权益和环境负债情况的核算报表,它是一张揭示企业在一定时点环境资源禀赋及其权益状况

的静态报表。环境资产负债表利用二维分类平衡的原理编制,是"环境资产 = 环境权益 + 环境负债"公式的表格化。报表左方是环境资产及其待处理资源消耗和环境损失,右方是环境负债与权益,右方总计与左方总计相等。仍然以矿山企业为例,其报表见表 10 – 4。

表 10 – 4　环境资产负债表　　单位:吨、万元

环境资产	期初		期末		环境负债与权益	期初		期末	
(一)矿产资源	数量	金额	数量	金额	环境负债	数量	金额	数量	金额
1. 金属					(一)资源消耗负债				
铁					其中:A 资源				
钛					B 资源				
2. 非金属					(二)环境损失负债				
石英岩					其中:甲污染				
其中:冶金用					乙污染				
矿产资源合计					……				
(二)固定资产					环境负债合计				
A 设备					环境权益				
B 设备					1. 所有权				
固定资产合计					2. 探矿权				
(三)无形资产					3. 采矿权				
探矿权					环境权益合计				
采矿权									
排放权									
无形资产合计									
待处理资源消耗									
(一)尾矿——铁									
(二)超额开采——钛									
待处理环境损失									
(一)尾矿治理									
(二)待摊排污费									
环境资产总计					环境负债与权益总计				

(四)环境损益表

环境损益表是反映核算期间环境经济效益的报表,根据"收入 - 成本 = 效益"的原理,结合现行企业会计制度,自上而下按照收入、成本、效益的顺序排列,由左到右按照序号、项目、计划、实际的顺序排列。某矿山企业的环境损益表见表 10 - 5。

表 10 - 5　环境损益表　　单位:吨、万元

序号	项　　目	计划		实际	
		数量	金额	数量	金额
1	主营业务收入				
2	减:主营业务成本				
3	主营业务税金及附加				
4	主营业务利润				
5	加:其他业务利润				
6	减:营业费用				
7	管理费用				
8	财务费用				
9	经营利润(经营资产报酬)				
10	经营资产				
11	环境资产				
12	环境资产报酬				
13	环境权益				
14	环境权益报酬				
15	经营资产利润率(%)				
16	环境资产报酬率(%)				
17	环境权益报酬率(%)				

(五)环境会计报表之间的勾稽关系

《环境资产变动表》各项目的"期初存量""期末存量"分别与《环境资产负债表》左

边各项目的“期初数量”“期末数量”相等,《环境资产变动表》是对《环境资产负债表》左边环境资产各项目“期初数量”和“期末数量”差异的原因揭示。

《环境权益变动表》各项目的“期初数量”“期末数量”分别与《环境资产负债表》右边各项目的“期初数量”“期末数量”相等;《环境权益变动表》是对《环境资产负债表》右边环境负债和环境权益各项目“期初数量”和“期末数量”差异的原因揭示。

《环境损益表》的第 11 行“环境资产”与《环境资产负债表》左边的“环境资产总计”数一致;《环境损益表》的第 13 行“环境权益”与《环境资产负债表》右边的“环境负债合计”数一致。

第四节　宏观环境管理会计

与微观环境会计的主体是企事业单位不同,宏观环境管理会计主体则是负责从事宏观经济与社会管理的各级政府管理机构,即宏观环境会计是为政府管理资源环境服务的会计。微观会计与宏观会计的区别主要看会计主体,对全社会事务进行管理的组织属于宏观管理主体,仅对一部分利益相关者的权利范围内的事务进行管理的组织属于微观主体。

一、宏观环境会计主体与会计期间

(一)宏观环境会计主体

从历史看,早在我国西周时期,朝廷就专门设置了负责核算的官员——司书。据《周礼·天官》记载,司书负责“邦中之版,土地之图,以周知入出百物……以知民之财、器械之数,以知田野、夫家、六畜之数,以知山林、川泽之数,以逆群吏之征令。”司书对于在朝廷版图范围之内的“入出百物”,包括百姓财富、生产资料、田畴六畜和山林河湖等都要进行核算,做到心中有数,以此稽核各级官员们征收的税赋。史学家们认为,这便是中国的官厅会计。中国官厅会计的主体是朝廷,由此可以说,宏观会计早已有之。

从现实看,政府的财政收支预算与决算显然已经超出了微观的范畴。为政府预算的编制、执行、绩效评价而进行的核算被称为预算会计。预算会计属于宏观会计范畴。

根据宪法规定,我国自然环境资源的终极所有权属于全体人民,由政府代为行使其管辖权。在政府管辖权范围内的环境资产及其权益增减变动的知情权,理应由政府掌

控并加以落实。环境会计,尤其是宏观环境会计的实质,就是为全体公民实现对自然资源的所有权和政府代表人民行使管辖权的体现。自然资源具有地理区域属性,从政府组织的管理范围看,对区域内资源具有管辖权的是区域政府。因此,各级政府应当成为宏观环境会计的主体。层级低的政府,如最基层的政权,虽然管辖范围小,但是仍然可以对其辖区内的自然资源及其环境实施管控。层级高的政府,需要在辖区范围内协调各地区对环境资源的开发、利用和环境治理。

除了各级政府成为环境会计主体以外,国家公园——作为对特定区域自然环境实施保护与开发的社会经济组织,其管辖区域往往大于一般的基层政府,所以亦可成为宏观环境会计主体。

(二)宏观环境会计期间

宏观环境会计期间的确定,取决于自然或社会两个方面的因素。在自然方面,要保证人类社会的可持续发展,就要根据资源尤其是可再生资源的生长周期确定其会计期间;在社会方面,要根据有关的法律法规和政策确定其会计周期。

具体看,会计期间有定期或不定期两种。定期有五种期间可供选择:一是长周期,根据资源再生的周期或是国家发展目标及其阶段确定;二是规划周期,如根据国家发展的五年计划确定;三是任职期,即根据政府届别或主要领导的任期确定;四是短周期,如自然年度或预算年度;五是超短期,如月、旬、周等。不定期则是根据工作需要确定会计期间,如某类资源的普查期。

二、环境经济综合核算体系(SEEA)

1993 年,联合国统计司、欧盟委员会、国际货币基金组织、经济合作与发展组织和世界银行等国际组织共同发布了《环境与经济综合核算体系》(System of Environmental and Economic Accounting, SEEA - 1993),用以指导全球自然资源及环境会计的发展。SEEA - 1993 首次建立了与《国民经济核算体系》(System of National Accounts, SNA)相一致的、可系统地核算环境资源存量和资本流量的框架,提出了对经济的可持续发展水平进行评估和测量的概念和方法。

2003 年,上述组织共同修订了 SEEA - 1993,发布了《国民核算手册:综合环境与经济核算体系 2003》(以下简称 SEEA - 2003)。SEEA - 2003 对环境经济综合核算体系进行了全面阐述,详细说明了把资源耗减、环境保护和环境退化等问题纳入国民经济核算的概念、方法、分类和基本准则,构建了环境经济综合核算基本框架,可以就环境对经济的贡献和经济对环境的影响进行一致的分析。

2012 年,上述组织进一步修改了 SEEA - 2003,发布了 SEEA - 2012。在明确各类

自然资源定义和分类的基础上，设置了七组自然资源资产账户，即矿产和能源资源账户、土地资产账户、土壤资源账户、木材资源资产账户、水生资源资产账户、其他生物资源账户和水资源资产账户。这些自然资源资产账户包含实物量与价值量两大类核算（见表10－6），可以将自然资源的形成来源和用途配置以“资产来源＝资产使用（占用）”的形式反映出来。目前，SEEA－2012已成为各国进行宏观资源环境核算实践的权威指导性文件。

表10－6　环境资产账户基本格式

环境资产期初存量	
存量增加量	
存量增长	
重新分类	
发现新存量	
上调估值	
存量增加量共计	
存量减少量	
开采	
存量正常损失	
灾害性损失	
下调估值	
重新分类	
存量减少量共计	
存量重新估价	
期末环境资产存量	

三、自然资源资产负债表及其核算系统

（一）自然资源资产负债核算的探索与试点

基于建设中国特色社会主义生态文明的现实需要和国际上开展资源环境经济核算的实践探索，2013年11月，中国共产党十八届三中全会《关于全面深化改革若干重大

问题的决定》提出了“探索编制自然资源资产负债表，对领导干部实行自然资源资产离任审计，建立生态环境损害责任终身追究制”的要求，由国务院授权国家统计局组织落实自然资源资产负债的统计核算工作。2015 年 8 月，中共中央办公厅、国务院办公厅印发了《党政领导干部生态环境损害责任追究办法（试行）》，开始追究“县级以上地方各级党委和政府及其有关工作部门的领导成员，中央和国家机关有关工作部门领导成员”的环境责任。

2015 年 9 月，中共中央、国务院颁发《生态文明体制改革总体方案》。方案包括：制定自然资源资产负债表编制指南，构建水资源、土地资源和森林资源等的资产和负债核算方法，建立实物量核算账户，明确分类标准和统计规范，定期评估自然资源资产变化状况。在市县层面开展自然资源资产负债表编制试点，核算主要自然资源实物量账户并公布核算结果。

2015 年 11 月，国务院办公厅发布的《编制自然资源资产负债表试点方案》，提出了编制自然资源资产负债表的总体要求、试点内容、基本方法、试点地区、时间安排和保障措施。其指导思想是“按照党中央、国务院关于加快推进生态文明建设的决策部署，全面加强自然资源统计调查和监测基础工作，坚持边改革实践边总结经验，逐步建立健全自然资源资产负债表编制制度”。其基本原则是“坚持整体设计，突出核算重点，注重质量指标，确保真实准确，借鉴国际经验”。其核算内容主要是土地资源、林木资源、水资源和矿产资源。其基本方法是依据“期初存量 + 本期增加量 - 本期减少量 = 期末存量”的平衡关系，按照人为因素和自然因素的分类，依据行政记录和统计调查监测资料，建立自然资源增减变化统计台账，及时填报相关指标；对自然资源资产的分类，原则上采用国家标准，尚未制定国家标准的，可暂采用行业标准。

根据试点地区的编制实践，对土地资源资产、林木资源资产和水资源资产的存量和增减变动数量的核算取得一定的成果——细化了分类、建立了台账、明确了数据来源及其责任单位、编制出了相应的自然资源资产变动表。由于矿产资源的数据来源不为基层政府所掌握，所以只能由地级市以上的政府管理部门编制该层级的矿产资源资产负债表。对附着于自然资源资产之上的权益关系（包括负债）未能纳入报表系统进行核算。

（二）会计坐标系下的自然资源资产负债核算系统

国务院发布的《编制自然资源资产负债表试点方案》是建立在单式记账方法和“四柱平衡”公式基础之上的，它简单明了，便于推广应用。但是要想了解附着于自然资源资产之上的权属关系（包括负债）及其变动情况，以及据此追溯环境责任就勉为其难了。于是，利用复式记账方法及其资产负债平衡关系建立自然资源资产负债核算系统

的路径被指出来了。

按照资产负债表的逻辑,自然资源资产负债表是汇总分类反映自然资源赋存、变化及其权益关系与环境责任的核算报表。编制自然资源资产负债表的目的是有助于各级政府摸清管辖区域范围内的自然资源"家底",分清不同组织对环境改善、环境修复和环境治理所承担的责任。自然资源资产负债表对于企业资产负债表而言,不仅仅是一个名称上的变化,更重要的是会计主体的转移和方法逻辑的延伸。会计主体从"以资为本"的企业扩大到"以民为本"的政府①,方法逻辑从企业资产负债表延伸到自然资源资产负债表。企业资产负债表的方法逻辑表现为四种核算方法所形成的四项数量平衡关系:分层分类法形成汇总与分类之间的平衡;四柱结算法形成跨期变动平衡;二维分类法形成资产权责平衡;借贷记账法形成借贷平衡。

编制自然资源资产负债表的现实目的是摸清自然资源的家底,明确对自然资源保护、开发及利用的责任。表 10-7 是根据企业资产负债表的方法逻辑而编制的自然资源资产负债表主表的框架示意,其左方旨在列示各种形态类型的自然资源资产,目的在于厘清"家底"和现状;其右方旨在列示附着于自然资源资产之上的各种权益关系,目的在于明确权益与责任。

表 10-7　自然资源资产负债表(框架示意)

编制机构:　　　　______年____月____日　　　　单位:资源当量

自然资源资产	期初数	期末数	自然资源负债与资本	期初数	期末数
一、水资源			一、水资源负债与资本		
(一)地表水			(一)水资源负债		
其中:Ⅰ类水			其中:企业负债		
Ⅱ类水			社会团体承担负债		
Ⅲ类水			剩余水资源负债		
(二)地下水			(二)水资源资本		
其中:Ⅰ类水			其中:企业水资源资本		
二、土地资源			二、土地资源负债与资本		
(一)农用地			(一)土地资源负债		

① 《中国共产党章程》(中国共产党第十八次全国代表大会,2012 年 11 月 14 日),北京:人民出版社,2012:17-19.

续表

自然资源资产	期初数	期末数	自然资源负债与资本	期初数	期末数
其中:耕地			其中:集体土地负债		
林地			农场土地负债		
园地			国有土地负债		
(二)建设用地			(二)土地资源资本		
其中:交通用地			其中:集体土地资本		
居民点及工矿用地			农场土地资本		
(三)未用地			国有土地资本		
三、生物资源			三、生物资源负债与资本		
(一)动物类			(一)生物资源负债		
其中:牲畜			其中:集体林地生物资源负债		
家禽			林场生物资源负债		
鱼类			企业生物资源负债		
(二)植物类			国家公园生物资源负债		
其中:森林			(二)生物资源资本		
药材			其中:集体林地生物资源资本		
花卉			林场生物资源资本		
水果			企业生物资源资本		
(三)其他			国家公园生物资源资本		
四、矿产资源			四、矿产资源负债与资本		
(一)能源			(一)矿产资源负债		
其中:石油			其中:国有企业矿产资源负债		
煤炭			集体企业矿产资源负债		
(二)金属			外资企业矿产资源负债		
其中:黄金			(二)矿产资源资本		
铁			其中:国有企业矿产资源资本		

续表

自然资源资产	期初数	期末数	自然资源负债与资本	期初数	期末数
(三)非金属			集体企业矿产资源资本		
其中:煤炭			外资企业矿产资源资本		
五、其他资源			五、其他资源负债与资本		
(一)气候			(一)其他资源负债		
其中:日照天数			其中:企业经营其他资源负债		
年降雨量			(二)其他资源资本		
年均气温			其中:企业经营其他资源资本		
空气质量			……		
……					
自然资源资产总计			自然资源负债和权益总计		

自然资源资产负债的实际报表要比表10-7的简单示意复杂得多,但是原理相同,即四种平衡关系成立。“会计坐标系”与“统计坐标系”之间并非截然对立的关系,而是递进与承接发展的关系。在资源产权关系简单、核算主体单一的条件下,即便资源有许多的分层分类,核算平台也有多级,利用“统计坐标系”进行核算也堪大用。“会计坐标系”包容了“统计坐标系”,因为“统计坐标系”所编制的报表能够反映出“自然资源资产类”的存量与增减量的变化,甚至还能够分别反映出“自然资源负债类”和“自然资源净资产类”的存量和增减量的变化。但要使其有机地联系在一起,还是需要“会计坐标系”。

四、基于环境会计核算的环境责任分析

2015年8月,中共中央办公厅、国务院办公厅印发《党政领导干部生态环境损害责任追究办法(试行)》提出“地方各级党委和政府对本地区生态环境和资源保护负总责,党委和政府主要领导成员承担主要责任,其他有关领导成员在职责范围内承担相应责任”。

2015年11月,中共中央办公厅、国务院办公厅发布《开展领导干部自然资源资产离任审计试点方案》,要求审计的内容是:贯彻执行中央生态文明建设方针政策和决策部署情况,遵守自然资源资产管理和生态环境保护法律法规情况,自然资源资产管理和生态环境保护重大决策情况,完成自然资源资产管理和生态环境保护目标情况,履行自

然资源资产管理和生态环境保护监督责任情况，组织自然资源资产和生态环境保护相关资金征管用和项目建设运行情况，履行其他相关责任情况。经过两年的试点，2017年11月，中办和国办联合印发了《领导干部自然资源资产离任审计规定（试行）》，从2018年开始，各级审计机关按照干部管理权限受组织部门委托组织开展离任审计，形成经常性的审计制度。

从宏观层面看，政府环境会计核算系统是开展环境责任审计的切入点。首先，《自然资源资产负债表》反映出某一时点的自然资源资产及其权属关系的赋存状态，在报表右边，列示出对自然资源资产的权益归属和负债内容。如果将不同时点的自然资源资产负债表进行对比，可以揭示出报表列示项目的变化结果。其次，联系《自然资源资产变动表》和《自然资源负债与权益变动表》，可以看出《自然资源资产负债表》列示项目的变化内容与变化程度。最后，通过对变化原因的分析——人为抑或自然，本级抑或上（下）级，直接抑或间接等，追溯出环境责任的主体及其应承担的责任。

本章思考题

1. 环境管理会计是如何产生和发展的？它的目标是什么？
2. 什么是环境资产？如何分类？
3. 什么是环境负债和环境权益？如何界定？如何分类？
4. 什么是环境成本？如何分类？
5. 如何计算与分析环境效益？
6. 如何开展微观环境会计核算？
7. 如何进行宏观环境会计核算？
8. 如何利用环境会计核算系统开展环境责任审计？

本章参考文献

[1]联合国专家工作组（ISAR）. 环境成本和负债的会计与财务报告[M]. 刘刚，译. 北京：中国财政经济出版社，2003.
[2]余绪缨. 管理会计学[M]. 北京：中国人民大学出版社，1999.
[3]王立彦，蒋洪强. 环境会计[M]. 北京：中国环境出版社，2014.
[4]徐泓. 环境会计理论与实务[M]. 北京：中国人民大学出版社，1998.
[5]肖序. 环境会计理论与实务研究[M]. 大连：东北财经大学出版社，2007.
[6]财政部. 企业会计制度[M]. 北京：经济科学出版社，2001.

[7]财政部．关于全面推进管理会计体系建设的指导意见(财会〔2014〕27 号).
[8]王满,耿云江．管理会计[M]．北京:清华大学出版社,2014.
[9]美国管理会计师协会．管理会计公告[M]．刘霄仑,主译．北京:人民邮电出版社,2012.
[10]杨世忠．环境会计主体:从"以资为本"到"以民为本"[J]．会计之友,2016(1):14-17.
[11]杨世忠,曹梅梅．宏观环境会计核算体系框架构想[J]．会计研究,2010(8):9-15.
[12]杜荣瑞,肖泽忠,周齐武．中国管理会计研究述评[J]．会计研究,2009(9):72-80.
[13]杨世忠,李岚,侯强,邓玉玲．论环境成本的核算、补偿与分担[J]．商学研究,2017(1):72-78.
[14]杨世忠,等．自然资源资产负债表编制与审计问题研究——自然资源资产负债核算系统的设计与应用[R]. 2017-08.

图书在版编目(CIP)数据

成本管理会计研究/杨世忠等编著. --北京:首都经济贸易大学出版社,2018.10

ISBN 978-7-5638-2863-0

Ⅰ.①成… Ⅱ.①杨… Ⅲ.①成本会计—研究 Ⅳ.①F234.2

中国版本图书馆 CIP 数据核字(2018)第 209553 号

成本管理会计研究

杨世忠 马元驹 许江波 编著

责任编辑 乔 剑

封面设计 小 尘

出版发行 首都经济贸易大学出版社

地　　址 北京市朝阳区红庙(邮编 100026)

电　　话 (010)65976483 65065761 65071505(传真)

网　　址 http://www.sjmcb.com

E-mail publish@cueb.edu.cn

经　　销 全国新华书店

照　　排 北京砚祥志远激光照排技术有限公司

印　　刷 北京玺诚印务有限公司

开　　本 787 毫米×980 毫米 1/16

字　　数 450 千字

印　　张 20

版　　次 2018 年 10 月第 1 版 2018 年 10 月第 1 次印刷

书　　号 ISBN 978-7-5638-2863-0/F·1580

定　　价 39.00 元